Aitana

Germán Espinosa

Aitana

ALFAGUARA

© 2007, Germán Espinosa

© De esta edición:
2007, Distribuidora y Editora Aguilar, Altea, Taurus, Alfaguara, S. A.
Calle 80 N° 10-23
Teléfono (571) 6 39 60 00
Fax (571) 2 36 93 82
Bogotá - Colombia

• Aguilar, Altea, Taurus, Alfaguara S. A.
Av. Leandro N. Alem 720 (1001), Buenos Aires

• Santillana Ediciones Generales, S. A. de C. V.
Avda. Universidad, 767, Col. del Valle,
México, D.F. C. P. 03100. México

• Santillana Ediciones Generales, S. L.
Torrelaguna, 60. 28043 Madrid

ISBN: 978-958-704-544-4
Impreso en Colombia - *Printed in Colombia*

© Diseño:
Proyecto de Enric Satué
Primera edición en Colombia, abril de 2007

© Diseño de cubierta: Santiago Mosquera Mejía
© Imagen de cubierta: Archivo fotográfico de Santillana

A ti, ángel mío en la distancia:
Josefina. Tu memoria me fortalece.
La ráfaga que te arrebató
no conseguirá separarnos.

I

La tarde en que Aitana murió, alentaban erectas todavía, en el jarrón de la mesa esquinera, las rosas blancas que un día antes habíamos traído desde el Centro Comercial Andino. Nadie ignora que se trata de las flores más fugaces y, cuando mis ojos se detuvieron en ellas, el pecho se me estrujó de ver cómo hubiera sido imposible, hacía menos de veinticuatro horas, imaginar que iban a sobrevivirla.

Más increíble parecía aún el hecho de tenerla ante mí, en uno de esos sillones de la sala donde la noche anterior bromeábamos con nuestros hijos, yerta para siempre como una flor marchita, con los ojos casi en blanco y, en la mano inerme depositada sobre la pierna derecha, el dedo meñique muy separado de los demás, detalle que, ignoro por cuál razón, habría de obsesionarme durante días.

En julio de aquel año, esto era, menos de tres meses atrás, Aitana y yo habíamos cumplido cuatro décadas de casados. No es fácil declarar feliz a ningún matrimonio, salvo si juzgamos por la pervivencia del amor. En nuestro caso, pese a vicisitudes naturales y a muy esporádicas y leves querellas —normales en cualquier pareja—, el amor se había preservado incólume como lo hace la blancura de una garza, así tenga esa ave de blando plumaje que desafiar extensiones cenagosas o tolvaneras irascibles. El mundo nos había zarandeado como a cualquier humano, pero también nos había dejado conocer sus esplendores que son a veces como la luz que se enmascara al reflejarse en una superficie de caoba.

Contemplándola ya en su ausencia definitiva, aún en posición sedente en aquel sillón junto a la mesilla del teléfono, podía recordar la luz en su mirada franca, alguna vez, viendo cómo el río Sava se vertía en el Danubio, en el parque Kalemegdan de Belgrado. Podía recordarla en los *bistrots* de París, mientras compartíamos un buen vino francés. La evocaba en Roma, en un discreto restaurante, cuando saboreábamos aquella ínclita lasaña. En Barcelona, recorriendo las Ramblas o viendo agonizar la tarde en la desembocadura del Llobregat. En Nairobi, en tiempos en que fui allá cónsul general, sembrando arbolillos de azalea o de rododendro en nuestro vasto jardín o preguntándome, entre risas, si aquella gente negra que poblaba las calles de la ciudad africana practicaría aún el canibalismo. En Guadalajara de México, mientras recorríamos templos coloniales y sobrellevábamos la cháchara insulsa de un peruano con humos de conocedor. En el barrio viejo de la ciudad de Panamá, en uno de cuyos edificios vetustos el alcalde nos declaró visitantes ilustres. En el barrio porteño de La Boca, compartiendo cierta noche con amigos argentinos una pizza de anchoas y queso derretido. En Lima o en Santiago de Chile, al calor de aromáticos piscos. En Guayaquil, mirando el estuario del Guayas que reflejaba la luz de la aurora. Siempre esa luz de amor en sus ojos amados, como otra aurora que despuntase eternamente sobre mi vida. Ahora, esos ojos estaban casi en blanco, exánimes al modo del visaje postrero de un crepúsculo entre la neblina y la lluvia.

Pero no se equivoque el lector. Tengo por fuera de duda que escribir sobre el amor, cuando es uno mismo el protagonista, equivale a caminar sobre la cuerda floja. El ridículo nos acecha a cada lado, como un abismo sin red receptora. En uno de los más bellos libros escritos sobre el tema, *Del amor* de Stendhal, el escritor francés nos obliga a distinguir los amantes vulgares de los amantes superiores.

Los primeros, incapaces de amar de verdad, suelen revestirse, al dirigirse a la mujer objeto de su interés, de una frialdad calculista. No brota de su boca sino aquello que conviene a sus propósitos. Los amantes superiores, en cambio, dan rienda suelta a su sinceridad y de sus labios surgen, en aquellos momentos, «cosas del más humillante ridículo». En los párrafos que siguen, para dar una muestra somera del amor que profesaba a Aitana y que ella me profesaba, haré lo posible por evitar ese abismo, aunque creo bueno anticipar que, en caso de caer en él, poseo la edad suficiente para que ello no me ruborice y, en cambio, pueda excusarlo alegando la necesidad de ser sincero.

Ha sido el del amor tema socorrido de la literatura, de la filosofía y de la ciencia. Nadie, creo, ha superado el último verso de la *Commedia*, en el que afirma Dante que mueve el sol y las estrellas. Creo que fue Henry W. Beecher el primero en intuir que puede la razón decirnos de qué modo nos impresiona el amor, mas nunca en qué consiste. A menudo, en conversaciones íntimas, me he guarecido bajo una presunción de los esoteristas: aquélla según la cual existen «almas gemelas» que se conocieron en un plano anterior de la existencia y sólo prosiguen en esta vida el amor irrevocable que se profesaron en otra. Hay una segunda posibilidad, de tono más platónico: la de una promesa realizada entre dos arquetipos, vale decir, entre dos modelos ideales, para que sus reflejos en el mundo material se busquen desesperadamente y formen la pareja perfecta. Otros teóricos hablan de la eventual separación de un ser único en dos partes, cada una de las cuales participa de un mismo espíritu, y que por tanto necesitan la proximidad. En cualquiera de estos casos, la psicología parece contentarse con hablar de dependencia, sin ver que a veces puede ésta llegar a ser recíproca, lo cual la libra de toda connotación de esclavitud. Dos seres que se necesitan mutuamente no hallan servidumbre en la proximidad, sino sólo una estimable cuota de bienestar.

Voy a hablar de mi matrimonio, ese mismo que fue truncado por un súbito ramalazo de la fatalidad, y de cierta dependencia, para emplear el lenguaje de los psicólogos, que padecimos el uno hacia el otro, Aitana y yo. Hay varones que se han casado por conveniencia o por el mero deseo de crear una familia. La esposa puede, en esos casos, llegar a constituir un objeto enormemente intercambiable. Mi caso (y también el de Aitana) fue otro. De mí sé decir que me casé porque una fuerza misteriosa me exigía unirme a ella, al extremo de imaginar, no bien la vi por primera vez y sin conocer aún la tesis esotérica atrás esbozada, que se trataba de alguien a quien había amado ya en vidas anteriores, con quien me ligaba un tiempo mucho más anchuroso que el mero lapso de una existencia. Tal sensación fue haciéndose mucho más intensa en la medida en que pasaban los años. Lo curioso es que ella experimentaba idéntico sentimiento y que, en nuestra vida cotidiana, éste llegó a erigirse en un hecho axiomático.

Con el transcurso de los años nuestra necesidad de cercanía fue tornándose más imperativa. No era difícil ver que cualquier separación, por efímera que fuera, podía llegar a volvérsenos inquietante. En los últimos diez años de nuestra vida juntos, no acepté invitaciones si no era invitada también ella, y tal cosa se aplicaba sobre todo a los viajes. Una habitación de hotel sin Aitana podía llegar a convertirse en un infierno. La situación derivó por caminos insospechables. Un día Aitana me preguntó si el universo, los hombres, la historia y las geografías no serían una burla que algún dios guasón nos hacía. De ser así, seríamos los dos únicos seres verdaderos y lo demás una prestidigitación, una ilusión bien tramada. Me llamó la atención —porque alguna vez había sospechado lo mismo— que no se creyese ella el solo sujeto de la burla, sino que me incluyera en esa unidad. Entonces supe que también ella me consideraba inseparable de sí misma.

Otras circunstancias significativas hubo. A algunos meses de nuestro matrimonio, un sueño recurrente empezó a martirizarme. Era bastante mudable, pues solía presentarse en los escenarios más diversos e incluso en épocas diferentes. Todavía unas semanas antes de su muerte, valga la verdad, me visitaba con matices obsesivos. Su argumento era siempre el mismo, aunque con variantes que acaso intentaran lograr cada vez una mayor perversidad. En él, mientras nos ocupábamos en algo banal, de pronto Aitana se ausentaba bajo cualquier pretexto. Pasado un tiempo (o un lapso de eso que en los sueños suplanta al tiempo), comprendía que me iba a resultar muy trabajoso reencontrarla. Emprendía entonces una búsqueda larga y repleta de angustia, me hundía en las situaciones y en los paisajes más complejos, siempre en vano. En algunas de esas ensoñaciones llegué a verme buscándola por el estiaje mediterráneo; junto a una crecida del Nilo; por la Bagdad de los califas coreichitas, que en la vigilia no hubiera podido imaginar; por tierras de miedo y devastación; entre los médanos de desiertos desconocidos; por los laberintos de París o de Bogotá. Al cabo de peripecias inútiles, despertaba con el corazón al trote y con una atroz ansiedad respiratoria.

Me ocurría también soñar (y experimentaba entonces una desolación incalculable) que ella había resuelto dejarme y que se iría con un tercero a alguna bella ciudad del mundo. En ese sueño, que recurría por igual, intentaba hacerme muy amigo de ese rival repentino, a veces desdibujado, para encarecerle que la tratase bien y que jamás le hiciera daño. No me sorprendió por cierto, al cabo de algún tiempo, descubrir que ella padecía idéntica visión, en la cual era yo quien la abandonaba por otra. En tales espejismos oníricos se dejaba barruntar una raíz no tan abscóndita: el temor a la muerte del otro, que alguna vez debería sobrevenir en la realidad. El súbito rival del sueño no era otro, me parece, que la muerte. Varias veces nos preguntamos, en la vigilia, qué haría el sobreviviente el día en que uno de nosotros falleciera. Tal interrogante era una llaga en pleno espíritu. Siempre dudé que el impacto de tal ocurrencia pudiera llegar a ser mitigado por el tiempo. Éste, que según La Bruyère debilita el amor, en nosotros lo fortaleció, haciendo además que su transcurso lo colmara de ansiedad. Temíamos más la del otro que la propia muerte.

Cuando apenas barruntaba la posibilidad de emprender el relato que me ocupa, fijaba mi meta en lograr, para la cerrazón y la congoja que me trajo su fallecimiento, una suerte de detersión por la palabra. Me esforzaba por creer en la tenue posibilidad de ese propósito, aunque mi viejo trato con la poesía hubiera llegado casi a convencerme de que tal catarsis era poco menos que inalcanzable. En nuestros primeros años de casados, quise sin fatiga paliar mediante la escritura de poemas las angustias por falta de recursos numularios y por la general incomprensión de quienes nos rodeaban hacia la pintura de Aitana y hacia la humilde literatura que ensayaba yo por entonces. El éxito no acompañó a aquella aspiración desesperada. Me dije pues que, al redactar estas páginas, lo más factible era que se acreciese mi dolor por la incomprensible ausencia de alguien a quien siempre creí que iba a preceder en la muerte. Temía que aumentara mucho más en la medida en que avanzara la relación de estos sucesos vitales. Eran lo único que, a mi ver, me quedaba ya por escribir y su recapitulación constituiría tal vez mi definitivo testamento y mi pasaporte hacia la muerte. Hacia la muerte que anhelaba por encima de todo en este mundo y a la cual habría de confiar, por razones que comprenderá el lector si persevera en la lectura, el necesario, el imprescindible reencuentro con Aitana en otra dimensión del universo, esa misma en la cual habíamos pactado acaso aquel amor que durante cuarenta años alimentó nuestra felicidad de vivir y nos signó para siempre.

No obstante, había resuelto instalarme ya frente al computador, frente al impávido computador en cuyos fríos archivos volcaba hacía años mis opresiones y también mis alegrías (hacía más de un año, dicho sea de pasada, no había vuelto a encenderlo), cuando insospechado, nítido, esplendente se operó el milagro.

II

He de puntualizar ante todo que el fallecimiento de Aitana sobrevino como el, para mí, más trágico eslabón de una cadena de sucesos que un año antes no hubiese conseguido presentir ni el más sombrío de los agüeristas. No fui el único en concluir que tal cúmulo de atrocidades procedía de una maldición, lanzada no sólo sobre mi esposa y sobre mí, sino también sobre nuestros más caros allegados. Acerca de tal eventualidad la intuición me alertó desde un principio, sin que ello, por desdicha, me condujera a actuar. Ya daré cuenta adelante de las voces de alerta que recibí asimismo de una médium y hasta de un chamán. La hipótesis se hallaba lejos de ser gratuita. Nuestros actos más inocentes pueden incubar en ciertos espíritus la sed de venganza. Y la apelación a fuerzas demoníacas constituye una manera de vengarse sin correr en apariencia el más leve peligro, razón por la cual seduce muy a menudo a los cobardes.

Los efectos de aquella posible maldición comenzaron a hacerse presentes en momentos en que mi carrera de poeta parecía fulgurar más que nunca. Mis amigos no habrán olvidado de qué modo la crítica internacional me había prodigado sus halagos ni la fecha de mediados de junio, hará dos años por los días que corren, en que el embajador de Francia, a nombre del Ministerio de la Cultura de su país, me otorgó una condecoración que me convertía en caballero de la Orden de las Artes y de las Letras. En aquella ceremonia, realizada en la sede de la misión diplomática, me vi rodeado de algunos de mis amigos más cercanos (tampoco faltaron malquerientes, que deslizaban al oído de todo mundo comentarios venenosos) y experimenté una íntima dulzura al constatar, por una oleada que me llegó desde su espíritu, la emoción y el contento que embargaban a Aitana. No dejo de memorar la forma como, de un grupo de jóvenes entusiastas presentes en la ceremonia, me llegó una pequeña algarada de vivas que al embajador, lector reciente de mi obra literaria en versión francesa, hizo asomar a los ojos un brillo de satisfacción.

El día anterior, un colega bien intencionado me había hecho el magro servicio de comunicarse con el director de la sección cultural de un diario de enorme circulación, para pedirle que me entrevistara con motivo de aquella distinción. El periodista no titubeó en llamarme por teléfono, mas sólo para expresarme que, si el honor hubiese sido concedido a determinado escritor cuya arbitrariedad y modales escandalosos eran ya proverbiales, no habría dudado por supuesto en entrevistarlo, ya que de su boca hubiesen brotado unas cuantas blasfemias, insultos y vulgaridades de ésos que adora el público grueso. Sabía muy bien que yo, en cambio, en lugar de mostrarme arrogante y belicoso, produciría unas cuantas delicadezas y finas observaciones que a nadie habrían de interesar. Le respondí que no se preocupara: la ordinariez no figuraba entre las variables de mi temperamento y, si ello me podía granjear cierto desencanto entre el lector gregario, no era asunto que me preocupara en modo alguno. Por lo que a la publicidad periodística concernía —agregué—, hacía tiempos me había desentendido de ella, dado que mis lectores no eran precisamente de aquéllos que se dejaban orientar por el mal gusto de los así llamados «comunicadores», irónicamente hábiles, casi siempre, para lograr las más yermas incomunicaciones.

Entre los amigos que asistieron al acto (iba a escribir *solemne*, pero no lo fue, pues tanto el embajador como yo supimos distanciarnos todo lo imaginable de la formalidad y de la pompa), unos cinco se contaban entre los más afectos. Me refiero ante todo al novelista J. M. Rubio-Salazar, unos ocho años menor que yo (tenía la misma edad de Aitana), pero coincidente conmigo en casi todas las apreciaciones estéticas y de fondo. Al viejo periodista Piero Casas, de quien fui compañero de trabajo en la juventud y que había sido, además, nuestro padrino de casamiento. Al jurista Absalón Bermeo, a quien conocía desde la infancia. Y a un par de jóvenes recién graduados en literatura, ambos de la misma edad —veinticuatro años—: Nicolás Sarmiento, que acababa de presentar una tesis de grado, finalmente laureada, sobre la obra de Alfonso Reyes; y John Aristizábal, cuyas reseñas críticas aparecían ya en revistas de buena circulación. Rubio-Salazar y su esposa Glenda habían tardado un tanto en arribar, debido a una congestión de tránsito, y su momentánea ausencia llegó a inquietarme por momentos. Casas y su esposa Yadira demoraron aun más, pero cuando los vi me sorprendieron por lo que se me antojó una especie de fragancia que emanaban, hecha de contento y de solidaridad. Lejos nos encontrábamos Aitana y yo de suponer que a Rubio-Salazar, tan exuberante esa noche de salud y optimismo, sería la postrera vez que lo veríamos en posesión de ventura y de alegría.

Me ocuparé ahora de las llamadas telefónicas del brujo, del hombre que invocó la maldición. La primera se produjo a la mañana siguiente. Me encontraba yo bajo los efectos de la resaca, por los alcoholes consumidos en la embajada y los muchos con que, ya en casa, coroné la noche. Tal fue la razón de que Aitana no creyera prudente pasarme al teléfono y preguntara al hasta entonces presunto amigo si quería dejarme un recado con ella. El hombre entró en una especie de frenesí porque, según dijo, un diario de Cali —la ciudad en donde residía— traía aquella mañana una información según la cual cierto poeta nacional, considerado el primero de mi patria y a quien muchos torpes juzgaban el principal obstáculo para que fuese yo el ungido con aquel dudoso título, había sido acusado de plagio por un crítico de provincia. Se le antojaba, pues, imperativo que me uniese a aquella acusación, promoviendo un escándalo en los medios más leídos y hasta en los noticieros de televisión. Así, eliminaría al rival y quedaría situado en la cúspide de la poesía de mi país. De resto, el brujo —cuyo acoso me había obligado, unos años atrás, a escribir un prólogo para uno de sus libros más calamitosos— solicitaba la dirección y el número telefónico de Rubio-Salazar para, según dijo, requerir de él algo análogo como preámbulo de un nuevo guisote que se proponía publicar. Aitana, claro, no vio inconveniente en suministrarle lo que pedía. Al fin y al cabo, esas señas no eran difíciles de lograr en cualquier oficina cultural del Estado.

Cuando hube despertado, mi esposa no tardó en ponerme al corriente de lo conversado por la línea telefónica. Sonreí ante las pretensiones del brujo, pues ya el poeta en cuestión había anticipado hacía uno o dos meses, en una entrevista de prensa, que su libro recién aparecido había sido inspirado por aquella fuente a la que ahora sus malquerientes deseaban hacer creer que plagiaba. Tales recreaciones no son extrañas en el ámbito de la literatura (bastaría, para demostrarlo, apelar a tantos ejemplos como se prodigaron en el Siglo de Oro), y sólo las juzgan delictuosas quienes no llegan a comprender jamás las entretelas del acto creador. Ahora bien, el hecho de que el hombre hubiese solicitado las señas de Rubio-Salazar me preocupó un poco, porque conocía de sobra el temperamento de mi amigo y sabía que su negativa habría de ser seca y enfática. Siempre me he preguntado por qué los autores mediocres viven a la caza de prólogos, como si pudieran éstos constituir un espaldarazo capaz de trocar en bueno, a los ojos del lector docto, lo que a todas luces es un adefesio. Por lo que a mí concierne, ni uno solo de mis muchos libros llevó prólogo jamás. Prefiero que la obra sea mía y solamente mía de comienzo a fin.

Al brujo lo había conocido unos cuarenta y cinco años atrás, cuando era yo un escritor novel, sin acceso a los grandes medios de divulgación y sumido en una bohemia aniquiladora al lado de escritores y de pintores fracasados que mitigaban mediante el alcohol sus resentimientos y reconcomios espantables. Se llamaba Armando García, escribía unos poemas que, según él, iban a inaugurar en el país algo que denominaba «poesía urbana» y trataba de ascender en el mundo de la política reptando ante este o ante aquel caudillo partidista con opciones de triunfo. Me parece que a los caciques a los cuales se acercó, no tardaron en resultarles evidentes su oportunismo rampante y cierta hipocresía indigesta que trataba de hacer menos ostensible mediante la puesta en acción de una mirada en apariencia transparente, aunque estudiada largamente ante el espejo. Muy pronto, dado su carácter propenso al exhibicionismo y a tratar de deslumbrar con oropeles de todo género, se matriculó en escuelas esotéricas que, de buena o mala fe, trataban de predecir el porvenir o de fundar teorías sobre extraterrestres y platos voladores. En aquellos días, le oí afirmar con toda la desfachatez haber sido transportado por viajeros galácticos a la luna Ganímedes del planeta Júpiter, donde según dijo alentaba una civilización alienígena ante cuya tecnología la nuestra se encontraba en la Edad de Piedra. Por ese camino, conforme amigos próximos me aseguraron —pues durante algunos años me mantuve en el extranjero y perdí contacto con él—, derivó en menos de un periquete hacia la magia negra, que ya no sólo habría de hacerlo interesante en las tertulias alcohólicas, sino que le granjearía una alta dosis de poder. A mis oídos llegaron noticias según las cuales había aprendido a manipular la voluntad y la salud de las personas, con lo cual su cuenta bancaria crecía en forma realmente llamativa. Aunque había reunido en años anteriores ciertas constancias acerca del poderío irrefragable de la magia negra (para cuya práctica no se precisan dotes muy delicadas y que suele resultar más expedita a las almas viles y vulgares), el hecho no me intranquilizó, dado que al personaje parecía simpatizarle y, cuando de modo muy eventual nos juntábamos para conversar, solía volcarse en encomios de mi literatura y afirmar que era yo el más alto poeta del país.

Quizá por esa razón no quise dudar, por lo demás, de que su afán por que saliese a la palestra y me sumase a las acusaciones contra aquél a quien consideraba «mi rival», fuese movido por algún sentimiento de afecto. Por desdicha, tal afecto —de existir en realidad— lo incitaba a esperar de mí algo absolutamente mezquino, que por una distorsión de criterio él confiaba en que iba a redimirme de alguna inveterada injusticia. Por regla general, cuando de juicios estéticos se trata, detesto establecer comparaciones entre dos creadores de cierto nivel. En materia literaria, cada creador es dueño de un universo en nada confrontable con aquéllos que han construido sus colegas. Cada cual se desplaza en una órbita muy propia, cuyo sol —cegador y, por tanto, no discernible del todo con los medios indigentes del lenguaje— podría definirse con algún ignoto sinónimo de la voz *perfección*. En el Siglo de Oro, Francisco de Quevedo y Luis de Góngora y Argote demoraron intercambiando improperios, algunos de calibre muy grueso, cada cual con la esperanza de dejar al rival fuera de combate. También Lope de Vega trató de infamar a Cervantes, creyendo que así limpiaba de obstáculos el camino de su posteridad. Pasados los siglos, cualquiera puede percibir la forma como todos aquellos creadores hallaron su nicho respectivo en la gloria, sin que la grandeza del uno llegase a humillar la grandeza del otro. En los días en que frecuentaba tertulias literarias, oía a menudo discusiones sobre si Shakespeare era o no superior a Cervantes. Para mí, cada uno de ellos se movió en un orbe intransferible, de suerte que la estatura del uno para nada disminuye la del otro.

Quede claro que la sugerencia de Armando García no me hubiera en absoluto disgustado, a despecho de su palmaria impertinencia, a no ser porque cometió el mal gusto o la incorrección y torpeza de obsesionarse con ella. De meses atrás, había instruido a Aitana para que tratase de no pasarme al teléfono cuando fuese él quien llamaba, debido a su costumbre vituperable de prolongar, a veces hasta por horas enteras, sus conversaciones insustanciales, que trataban de adornarse con chascarrillos de los más pedestres. Era así como mi esposa me mantenía alejado de la línea, alegando que dormía o que trabajaba o que me hallaba fuera de casa. Y he aquí que ahora el hombre, obsedido por la idea de que debiera yo romper lanzas contra «mi rival», juzgó atinado insistir en sus telefonemas día y noche, al extremo de, en más de una ocasión, llamar en horas totalmente descorteses de la madrugada. Aquello se convirtió, sin que medie exageración alguna, en un torpedeo abusivo y cargante, que vulneraba mi sistema nervioso y me tornaba irritable incluso con las personas más cercanas. Aitana pretextaba en forma infatigable la supuesta imposibilidad en que me encontraba de acudir al aparato, con lo cual conseguía tan sólo que media o una hora después la llamada se repitiese. Comencé entonces a preguntarme si los móviles del brujo provendrían tan sólo del deseo de verme elevado a la cúspide de la poesía nacional o si, más bien, pretendían eliminar el peldaño más alto del escalafón para así satisfacer un sentimiento de envidia que, en el caso de ser lograda aquella supresión, muy probablemente sería trasladado a mi persona.

Llevaríamos ya como dos semanas bajo aquella metralla inalámbrica, cuando J. M. Rubio-Salazar se comunicó para comentarme la forma harto ordinaria y hasta chanflona como García lo había llamado casi a ordenarle escribir un prólogo para su centón de versos infumables. Aquello no me causó asombro, pues de viejo conocía los modales harto inciviles que solía gastarse el pretenso «poeta», pese a que hubiera sido de esperarse un ápice de gentileza para solicitar a boca de jarro merced tan francamente enojosa para quien debe preservar su estatura y su prestigio como la que supone un exordio por fuerza laudatorio, ya que quienes demandan este género de textos no esperan del que va a escribirlos páginas de rigor crítico, sino torrentes de alabanzas y de aclamaciones. Rubio-Salazar, en cierto modo, mostraba enojo no sólo con el cargante, sino de manera tácita con Aitana y conmigo por haberle suministrado su número de teléfono. Debí hacerle entender que, de cualquier forma, al brujo le hubiera resultado fácil averiguarlo, y me apresuré a indagar cuál había sido su respuesta. Tal como lo imaginé, mi amigo no había dudado en utilizar un tono áspero y tajante para rehusar la pretensión de aquél a quien ignoraba poseedor de habilidades satánicas para tomar venganza de todo el que se negara a satisfacer sus deseos vanidosos. La verdad es que tampoco yo creía a Armando García en posibilidad de desencadenar una maldición de efectos, digámoslo así, intensivos entre un grupo de personas. En alguna remota ocasión, alguien había pretendido hacerme creer que cierta poetisa de relativo y moderado prestigio celebraba en su hogar ceremonias satánicas para inducir la muerte de quienes la superaban en las jerarquías acordadas por la crítica. Yo, por supuesto, conforme al pintoresco chisme, me hallaba incluido en la nómina de los así sentenciados, por lo cual debería precaverme y recabar los servicios de algún brujo blanco. Lo cierto es que no hice el menor caso

de aquella fábula y que, por el contrario, unas semanas más
tarde asistí en casa de la poetisa a un simpático ágape en el
cual resulté objeto de sus finezas más exquisitas.

No podía barruntar, pues, que en esta ocasión las
cosas fueran a discurrir por conductos menos apacibles ni
que Armando García resultase susceptible de rencores tan
dramáticos. Por aquella época hacía tiempo había empezado a reunirme en forma asidua con estudiantes o con recién
egresados de departamentos de literatura, que iban confor-
mando ya la más lozana de las generaciones literarias en un
ámbito cada vez más enrarecido por la mercantilización del
arte y por la puja entre literatos que trataban de disputarse
el mercado y el favor de la juventud. Aitana solía analizar
en detalle a aquellos muchachos, por determinar cuáles de
ellos merecían nuestra solidaridad y a cuáles habría que ir re-
tirando con cierto tacto. Sabía mi esposa calibrar con harto
tino el talento y el talante de los aspirantes a escritores, empresa en la cual desfallecía yo muy a menudo, ya que cierta
propensión sentimental me inclinaba a secundarlos a todos
y a fraternizar con ellos, en el supuesto de ser los jóvenes
la sal de la vida y constituir todos una promesa verdadera
que sólo el encarnizamiento y la inhospitalidad de la sociedad de los hombres pervierte y desvía de los cauces iniciales. Mi mujer, por el contrario, era consciente de la medio-
cridad que puede embozarse tras la apariencia más atrayente
y de un factor que a mí me resultaba un tanto críptico: el
hecho de haber elegido la mayoría de aquellos muchachos,
como proyección hacia el porvenir, el oficio o la enseñanza
de la literatura, sólo por juzgarla una facilidad en la cual podían encontrar justificación vidas que, de otro modo, se
hundirían en el fracaso o en una suerte de inmovilidad inducida por la inepcia. No componían, pues, esa mayoría literatos vocacionales, sino plumíferos en cierne, movidos por
instancias inconfesables.

Celebrábamos las reuniones en una cafetería del centro de Bogotá, que en las noches se transformaba en un hervidero estudiantil animado por grupos musicales de última moda cuyas estridencias destrozaban el sistema auditivo, pero que en las mañanas constituía algo así como una poza en que se detuvieran aguas ansiosas de tregua y sosiego. Desde un comienzo, Aitana me señaló a Nicolás Sarmiento y a John Aristizábal como los dos que, entre la riada de escritores en cierne, actuaban con sinceridad, leían e investigaban como era de esperarse e iban erigiéndose con los días en promesas auténticas. Poco a poco, se convirtieron en nuestros benjamines de base y no tardamos en trasladar las pláticas con ellos a la intimidad de nuestro apartamento. Sarmiento era de corte más intelectual, lector cuidadoso y, de manera progresiva, analítico e intuitivo. Aristizábal, en cambio, dejaba ver un temperamento impetuoso, ávido, como si la herencia literaria de todos los tiempos fuese un aluvión en el cual deseara sumergirse con la esperanza de aflorar lo más pronto ungido de repertorios y extractos inmemoriales, infiltrado por los siglos para emerger de esa experiencia como una síntesis súbita, apresurada de ellos. Más tarde conocí la forma como vivía asediado por presentimientos infaustos, por premoniciones lúgubres. Sospechaba quizás que no dispondría de mucho tiempo para las conquistas titánicas que se había impuesto como derroteros últimos. La verdad es que no hubiera yo conseguido intuir, en aquel continente alto de estatura, robusto de tórax, de cabellera lacia derramada sobre las anchas espaldas y piernas largas y musculosas, el universo de presagios en que se debatía un espíritu anheloso de difíciles empresas y de superar retos inextricables.

Habían egresado ambos de la Universidad Filotécnica, una de las más desmedidas, por el costo de las matrículas, en esta urbe superpoblada donde pululaban los institutos de enseñanza profesional, pero donde también la mayor parte de ellos, más accesibles a los estratos de menor poder, impartían una enseñanza morosa y deformante. No es que la Filotécnica se encontrase libre de reparos —particularmente en el departamento de letras, caído hacía tiempos en manos de un grupúsculo de mujeres de tendencia feminista y gustos equívocos—, pero sin duda perduraban allí algunos buenos catedráticos de tiempos mejores y, por lo demás, el graduado en ella veía abrirse ante sus ojos, por la aureola irrefragable que aún la nimbaba, estimulantes perspectivas. Tanto a Sarmiento como a Aristizábal los sabíamos Aitana y yo lo bastante conscientes de tales circunstancias como para abstenerse de presumir de sus estudios en una institución dispendiosa y, al tiempo, argumentable. El primero, es cierto, provenía de la clase adinerada; su padre era un empresario lleno de éxito y su madre, una jurista de nota. El segundo, en cambio, había nacido en una familia de modestos comerciantes de provincia y puedo suponer que hubiese tenido que ayudarse con trabajos esporádicos para satisfacer los costos elevados de su carrera. En ambos existía noción clara de la necesidad de arduamente complementar con lecturas y arrestos propios las falencias de que pudieran ser responsables sus mentores universitarios.

Sarmiento en particular había ampliado numerosamente, por consejo mío, las lecturas que derivara de las cátedras. Su mente se hallaba ahora abierta a diversidad de autores hispanoamericanos, fundadores de lo que llamaba yo los cimientos de un pensamiento propio que muchos europeístas (de pega, desde luego) porfiaban en negar. Era así que había transitado ya, por ejemplo, los caminos esplendorosos de un José Enrique Rodó —el campeón del arielismo— o de un Alfonso Reyes. De hecho, sobre este último gigante mexicano había discurrido su tesis de grado, cuyo director fue por fortuna uno de los profesores que permanecían distantes de la camarilla de mujeres poderosas. En alguna ocasión, cuando aún se esforzaba por trasponer el postrer semestre de la carrera, una de éstas trató de infamar el nombre de Rubén Darío, tildándolo de «poeta cursi». Nicolás Sarmiento no vaciló en solicitar la palabra para alegar la extraordinaria revolución de modernidad realizada por el nicaragüense en las letras hispánicas. La engolada catedrática, una «poetisa» de media petaca a quien la adulación de sus amigos más próximos hacía creer que la fama había tocado a sus puertas (cuando en verdad —si hiciéramos caso omiso de su reputación perfectamente melancólica dentro del recinto de la universidad— flotaba como una polilla azorada en las estratosferas del anonimato), intentó refutarlo afirmando que esas «antiguallas conceptuales» le habían sido inculcadas por cierto «literato anacrónico» —se refería, claro, a mí— que aún admiraba las literaturas de «épocas extintas» y que, por ello, escribía en un «estilo jurásico» y pretendía «musicalizar sus versos» a partir de «trucos retóricos hacía tiempo superados». Mi joven amigo, Aitana y yo reímos llenos de regocijo evocando aquella salva de pretendidas inhabilitaciones que, procedente de una marisabidilla incompetente y más bien ridícula, sólo conseguía ennoblecerme.

Entretanto, los telefonemas del brujo habían llegado a su grado más estrambótico. Mañana, tarde y noche timbraba el teléfono y Aitana, con gesto de cansancio, me comunicaba que había sido él, infatigable en su empeño de sacar de mí, como fuera, una declaración en disfavor de mi excelso colega. Una noche, acababa yo de cenar y me dirigía a la sala cuando sonó el aparato y, olvidando que podía tratarse del cazador impenitente, lo descolgué. Lo primero que oí fue su voz, ahora gorjeante y dulzarrona, saludarme con un dejo impertinente de paternalismo y, en lugar de hacerlo dirigiéndose a mí por el nombre que recibí en la pila de bautismo, emplear el diminutivo de éste, costumbre muy frecuente en mi país pero que me ha sacado siempre de quicio, porque lejos de envolver una expresión de cariño, supone un velado irrespeto. Le pregunté quién lo había autorizado a nombrarme de esa manera y por qué me había decretado aquel bombardeo telefónico. Emitió una risita socarrona y opinó que no se trataba de un bombardeo, sino de una ayuda muy útil que deseaba prestarme al sugerirme que me uniera a las acusaciones contra el gran poeta. Le dije que no era yo persona afecta a tales procedimientos y que, por lo demás, las mencionadas acusaciones no poseían fundamento alguno y se inspiraban únicamente en sentimientos de envidia. Contestó que tal posición de mi parte iba a vedarme el ascenso que merecía en la consideración de la crítica. Traté de hacerle ver que no me interesaba dicho ascenso y que, por el contrario, estimaba que la crítica había sido conmigo asaz generosa. Como tratara de prodigarse aún más en sus argumentos inoportunos, decidí cortar la conversación notificándole que no estaba interesado en lo que él pensara y que prefería que pusiese para siempre fin a su cañoneo de llamadas.

—Está bien. Si así lo quieres, entonces nunca volveré a llamarte —dijo, tornando corrosivo y virulento su tono de voz, para agregar, tras una corta pausa: —Pero no me parece que vaya a convenirte mucho suprimir mi amistad. Ya lo verás.

Y colgó con estruendo. Sentí alivio por haberme librado de aquel acoso enloquecedor, sin saber que muy pronto la amenaza de Armando García se haría corpórea en la realidad y cobraría formas impredecibles. Unos dos días después, el joven Nicolás Sarmiento me hizo conocer que había tratado de comunicarse con J. M. Rubio-Salazar y que su esposa se había excusado de pasarlo al teléfono, indicando que se hallaba en cama por razón de una fuerte indisposición estomacal. Llamé a Glenda por saber de qué se trataba y me dijo que tal vez sólo de una pasajera gastritis, pero que a la mañana siguiente habían hecho cita en la Clínica Reina Sofía para un examen a fondo. Cuando calculé, pasados unos días, que debían tener ya en su poder los resultados de aquel reconocimiento, llamé de nuevo y el propio Rubio-Salazar me hizo saber, con voz acongojada, que los médicos habían diagnosticado un cáncer de esófago.

III

Ignoro si será sólo presunción de mi parte presentar mi relación con Aitana, en estas páginas, como algo por encima de lo que es habitual en las parejas que pudieran ser tomadas por tradicionales o por meramente corrientes y trilladas. Entre nuestras amistades, a porrillo las había de este último corte. Tal era el caso, por ejemplo, de la que formaban Absalón Bermeo, el jurista, y su mujer, una cartagenera que vivía vanamente presumiendo de ancestros nobiliarios y que se resistía a acompañarlo a ninguna reunión de amigos y solía enrostrarle —no sin cierta razón, pero con saña improcedente y despótica— una inclinación alcohólica que ella misma promovía acaso con su permanente acritud y con sus remilgos irritantes. Otro era el caso de Rubio-Salazar y Glenda, así como el de Piero Casas y Yadira. Nunca accedí, debo decirlo con claridad, a sus intimidades conyugales, pero bastaba verlos incesantemente juntos, y calibrar el trato que se daban entre sí, para concluir que los unía un amor distinto del común. Esto no es difícil percibirlo y siempre me ha espinado el que estas uniones sean las que, sin duda, corren mayor peligro de ser puestas en la mira de sus dardos por las gentes de lengua ponzoñosa.

Por los días en que supe de aquel mal insidioso que afligía a Rubio-Salazar, debimos asistir Aitana y yo, en casa de Bermeo, al festejo del septuagésimo cumpleaños de éste. La verdad es que el abogado, brillante como el que más, con varios libros a su haber sobre derecho del mar y sobre filosofía neotomista, y miembro de todas las academias de

jurisprudencia en la capital, solía adoptar, para sus reuniones íntimas, un obstinado regionalismo que lo impulsaba
a invitar únicamente a paisanos de Cartagena de Indias, ciudad en la cual su familia ocupaba un lugar preeminente y
de la que, incluso, había sido años atrás alcalde. Aquella noche, pues, la totalidad de los presentes (salvo, claro, las esposas o esposos de algunos pocos, entre ellos Aitana) eran
cartageneros establecidos en Bogotá: esos mismos que, per-
tenecientes todos a la clase adinerada, soportan con una sonrisa que trata de ser cándida los venablos que suelen dirigir-
les sus comunícipes, incapaces de aceptar que pueda alguien,
oriundo de la ardiente costa atlántica, acomedirse a vivir
en el frío y, según ellos, modoso altiplano andino donde
se erige la capital. A mí, por ejemplo, no faltó un periodista coterráneo que me fustigara por haber aparecido foto-
grafiado, en la solapa de alguno de mis libros, vistiendo saco, chaleco y corbata —lo cual me parece apropiado para
la necesaria discreción—, en vez de lucir en ese retrato una
camisa de colorinches y unos (ojalá rotos y agujereados)
pantalones vaqueros de mezclilla.

Bermeo era también un cultor de la elegancia indu-
mentaria, en oposición casi rabiosa a las «modas informales» implantadas en el mundo a partir del decenio de 1960.
La fortuna que había acumulado a lo largo de su vida le permitía ordenar la confección de sus ternos a una prestigiosa
sastrería londinense, a la cual mantenía al día en lo relativo a sus gustos y a sus medidas. Aquella noche, por ejemplo, vestía un traje azul a rayas blancas y tenues, conforme
al último dictado de los modistas tradicionales. La blancura de la camisa era interrumpida por una corbata bermeja
con dibujos en negro y su calzado —de franca procedencia italiana— se ajustaba a sus pies como si se tratase de un
guante de seda. No había oropeles en su continente: ni pi-
sacorbatas, ni anillos (salvo el de su boda), aunque sí geme-

los en los puños de la camisa, pese al desuso en que han caído, pues —imagino que se diría— preservan los mandamientos del clasicismo. Debo decir que admiraba su forma de vestir, pero también que no me era posible emularla, dada nuestra distancia en punto a ingresos. Prefería, para ser sincero, depositar en Aitana la misión de proclamar nuestros gustos no informalistas y nuestra adhesión a lo clásico.

Entre los nutridos asistentes, la conversación, en esa velada saturada de whisky, carimañolas y quibes suculentos, había empezado a girar sobre los ciegos que utilizan niños lazarillos, para alegar que se trataba de una forma de explotación de la infancia. Temas como éste son decididamente traídos de los cabellos, a veces para presumir de un humanitarismo bastante insincero, de forma que Bermeo, que había sido años atrás embajador en no recuerdo qué país del Oriente Lejano, viendo el tedio evidente en que empezábamos a sumirnos, nos propuso a Aitana y a mí acompañarlo a la intimidad de su biblioteca para mostrarnos una colección de viejas monedas japonesas, acuñadas en oro y plata. En realidad, nuestro amigo se había mantenido durante un período más o menos extenso en el servicio diplomático, y ello había servido para que su morada ostentase preciosas porcelanas y terracotas chinas, cristalerías francesas o checas, plata martillada de origen muy vario y toda una multitud de objetos ornamentales de fino gusto, que lo enorgullecían desde luego y que —lo afirmo con cierto énfasis— a su esposa más bien la envanecían. Trato de dar a entender la disimilitud de sentimientos que aquello gestaba en cada uno de ellos, pues el jurista valuaba aquellos ornatos por su valor intrínseco, en tanto su cónyuge lo hacía tan sólo por la fruición con que podía pasear la lengua por el labio superior una vez había hecho saber a sus visitantes el precio (no el valor) de los mismos.

En cambio, sólo el jurista parecía conceder importancia a la colección numismática. Al menos eso sacamos

Aitana y yo en conclusión, al advertir no sólo la indiferencia, sino el palmario desprecio que asomó al rostro de la infatuada cartagenera cuando su marido nos propuso la incursión en su biblioteca. Ésta, por cierto, se nos antojó aún más esplendorosa que el muestrario de yenes. Se había cuidado Bermeo de hacer empastar en cuero legítimo la totalidad de los libros, con lo cual su conjunto ofrecía a la vista un espectáculo ciertamente vistoso, que se acrecía al comprobar la selección exquisita de títulos y autores allí acumulados a lo largo de una vida. No era la primera vez que visitábamos su morada, pero antes jamás nos había dado acceso a aquel recinto dotado de esa misteriosa y, por acogedora, a la vez afectuosa reserva que debe distinguir esta índole de refugios para la meditación y el nutrimento del espíritu. Así, pues, conocida y admirada la colección japonesa, el amigo deseó con ansia nada oculta desplazarse hacia el que era uno de sus temas favoritos: la filosofía del Renacimiento español, tan negada por quienes sostenían que el pensamiento teológico no hallaba cabida en el orden filosófico. Había publicado varios estudios sobre el particular, que Aitana y yo conocíamos de sobra, pero su indagación seguía en pie y ahora extraía de uno de los anaqueles un tomo de obras de Francisco de Vitoria, en las cuales creía hallar una anticipación de las modernas doctrinas sociales.

—Asistí —nos dijo— a uno de esos cursillos sobre derecho internacional dictados en la asociación salmantina que lleva el nombre del sabio dominico. Me resulta asombrosa la forma como aquel sacerdote y teólogo se preguntó sobre la licitud, para los cristianos, de hacer la guerra. Sobre si es o no justo que quienes siguen la fe del Crucificado la declaren a sus enemigos. Como pueden ver, en ello se distanció enfáticamente de multitud de prácticas eclesiásticas, en especial las que puso en acción el Santo Oficio o, incluso, las acometidas por los mismísimos cruzados. De resto, no está de más recordar su influencia sobre Francisco Suárez, un tratadista que, sin apartarse de ciertos lineamientos escolásticos, pero otorgándoles una faz nueva y sin duda muy briosa, influyó a su vez sobre varios pensadores del futuro.

Ponía en sus palabras un ardor deleitoso. Sin duda, era un católico convencido, mas no del género que abundaba entre sus coetáneos, que a menudo preferían abroquelarse en las generalidades predicadas por cualquier cura párroco, sin remitirse a las genuinas fuentes teológicas. Con no pocos intelectuales había librado polémicas por disipar frecuentes errores relacionados con el cuerpo doctrinal del catolicismo, ante todo por la ignorancia existente, según él, acerca de la revisión que del tomismo hicieron, a partir del siglo XIX, pensadores como Liberatore, como el conde de Hertling o como Maritain. Para Bermeo, no sólo el Concilio Vaticano II se había preocupado por actualizar a la Iglesia de Roma: el neotomismo había marchado a la vanguardia y sólo el desconocimiento podía hacer pensar a los descreídos que el credo católico seguía, antes del llamado Papa Bueno, siendo el mismo que habían practicado Bernard Gui o Tomás de Torquemada. Maritain, por ejemplo, había sido —según afirmó haciendo flotar en el aire sus brazos en ademán persuasivo— un adversario de la doctrina y la política totalitarias. No pude repeler en mis repliegues interiores la tentación de preguntarle por qué, si el cristianismo constituía una prédica emanada en derechura de Dios, históricamente había venido necesitando de reformas y de actualizaciones. De ser verdadera la primera proposición, su cuerpo doctrinario habría tenido que devenir inmanente.

Aquietó por completo sus brazos, que había dejado descansar sobre las piernas, y lo vi de pronto mirarme con una especie de estupor o aun de sobresalto intelectual. No salió de sus labios palabra, sino que siguió mirándome de ese modo, cual si hubiese yo proferido una estupidez portentosa o hubiera removido en él algún sigilo inviolable y sibilino. Su repentina inmovilidad podía dar a entender o bien que se hallaba mudo de asombro ante mi simpleza, o bien que mi argumento lo había insultado en lo profundo de sus convicciones. Aquella actitud me llenó de incomodidad, me mortificó en mis fibras más secretas, máxime si había estrechado aún más la amistad infantil con Absalón Bermeo desde los años de la adolescencia, cuando éramos estudiantes y compartíamos un cuarto de pensión en el barrio Teusaquillo. Por regla general habíamos mostrado, a partir de entonces, respeto ante las posiciones divergentes del otro, sobre todo en materia religiosa. Con el rabillo del ojo espié la actitud que Aitana pudiese estar asumiendo ante tal reacción del dueño de casa, sólo para comprobar que se había desentendido de la conversación y que hojeaba al azar un tomo de poesía extraído de una de las repisas más recónditas. Al detener otra vez la vista en Bermeo, lo vi mantener el gesto que —ante todo por la fijeza de sus ojos— interpretaba yo ceñudo y reprobatorio. Decidí entonces intentar alguna suerte de retroceso o de dilucidación. Al fin y al cabo, el amigo lo merecía y no iba yo a arriesgar un alejamiento con quien durante más de cincuenta años había sostenido una proximidad respetuosa, por el mero deseo de cuestionar, acaso en una forma burda, el origen sagrado de sus creencias.

—Bueno —acepté—, supongo que, entre las pruebas que debe el ser humano cumplir en el mundo material, se encuentra en lugar de preeminencia la de perfeccionar las vías con que debe satisfacer los dictados de la divinidad. Ésta quizá haga sólo sugerencias, que el hombre debe reglamentar hasta haber configurado la justeza auténtica del culto.

Me sentí un tanto hipócrita al pronunciar aquella parrafada. Por ello me satisfizo que Aitana no estuviese dando atención al diálogo. Odié siempre que me sorprendiera en estas concesiones contemporizadoras. Escruté de nuevo en la expresión de Bermeo, por ver si mi salto atrás había terminado por pacificarlo o, al menos, por suavizar un poco la conmoción que mi objeción irreverente había desatado en él. Pero advertí, con angustia, que tanto su mirada como el aspecto general de su rostro no parecían haber variado en lo más leve. Sostenía aquel gesto difícilmente legible en quien, desde cuando lo conocí, había demostrado poseer una personalidad tolerante y abierta al razonamiento. Entonces, reparé también en cierta palidez que iba creciendo en el tono de su cara, como si fuera posible percibir por instantes el proceso de ajamiento de una hoja que, del cariz saludable que mostraba hacía apenas segundos, pasara con rapidez progresiva al deslucimiento y acaso al envejecimiento irreversible. Di un salto en la silla. Mi voz sonó átona y ronca cuando grité a Aitana:

—¡Amor, ven a ver lo que ha pasado!

Al comienzo, ella no entendió. Me observó con ojos interrogantes y debió pensar, de fijo, que había vertido mi vaso de whisky sobre la ropa o algo parecido. Pero avistó la mirada de terror que lanzaba yo sobre Absalón Bermeo y trasladó la suya hacia él. Hecho lo cual su continente dejó ver un débil sobresalto y no tardó en hacer de lado el libro que repasaba y movilizarse en dirección al amigo. Lo contempló con asombro, tasó en un parpadeo los signos que se manifestaban en su rostro y, acto continuo, con esa sabiduría que suele aflorar en el sexo femenino cuando hay razón para el desconcierto, se apresuró a palpar con los dedos la arteria carótida. La constancia suscitó en los ojos de mi esposa una respuesta urgente. Tomó con ambas manos la cabeza de Bermeo, acercó la suya a su boca y, sin decir palabra, empezó a proporcionarle respiración artificial. Fue una operación que se prolongó por expectantes minutos. En vano. La inutilidad de aquel esfuerzo se asomó también a los ojos de Aitana, que me miraron con desolación. Me puse, pues, en pie de un salto y corrí hacia la sala, donde la fiesta parecía haber hallado su grado más efusivo: un conocido empresario —uno de ésos que aportan sumas considerables a la totalidad de las campañas políticas y luego cobran a los gobernantes electos aquel servicio en términos de medidas favorecedoras del capital— se había colocado en el centro del recinto y se esforzaba por mostrar a la concurrencia cuáles debían ser los pasos correctos de un bolero que emanaba del fonógrafo. Se encontraba en estado absoluto de beodez y, así, su exhibición era tambaleante y grotesca. Al tal punto, que casi perdió el equilibrio, con peligro de haberse derrumbado en el piso, cuando —sin lograr poner en orden mis ideas ni discurrir con calma cómo notificar a todos de lo sucedido— grité a todo pulmón:

—¡Vengan pronto, por favor, vengan pronto!

Creo que la concurrencia, al mirarme, conjeturó en masa que me postraba la borrachera.

—Ha ocurrido algo espantoso —declaré, tratando de que fuesen ellos quienes comprobasen la ocurrencia y no yo mismo quien diera de ella noticia súbita; me preocupaba, entre otras muchas posibilidades, el que la repentina viuda y algunos ancianos presentes pudiesen experimentar ante la brusca revelación un vahído o colapso o enervación o qué sé yo. Fue la cónyuge de Bermeo la primera en reaccionar y, avisada tal vez por el instinto, arrojarse hacia la biblioteca con zozobra. Tras ella se precipitaron los más solícitos o despabilados de entre los presentes, pues otros sólo bosquejaron un gesto torpe y permanecieron donde estaban, mirando en nuestra dirección con el vaso de whisky sostenido en la mano. Aitana, al ver llegar a la viuda, plasmó en un gesto de aflicción el nerviosismo que le causaba el que a Bermeo le hubiese sobrevenido esta calamidad en circunstancias en que sólo nosotros lo acompañábamos. La dueña de casa se abalanzó sobre su marido buscando algún signo de vida en su rostro y en su continente. Pronto, un grito espantoso surgió de sus labios, que temblaban y se dislocaron hacia abajo como cuando hemos recibido en ellos una bofetada mayúscula. Mi esposa la rodeó con los brazos, sin saber por supuesto qué decirle. Para consolar a un deudo sobran los lugares comunes en la velación o en el funeral, mas no suelen acudir vocablos en instantes en que el acontecimiento acaba de precipitarse, peor aún cuando ha sido imprevisto, sorpresivo.

Yo había resuelto mantenerme a la zaga de los demás, de todos aquellos invitados medio ebrios que se interrogaban con los ojos, no muy seguros todavía de lo que pudiera haber sucedido. ¿Se trataba de un desmayo? ¿Acaso de una indisposición pasajera? El alarido de la viuda había sido, desde luego, más que elocuente, pero en casos como aquél todos tratamos de seguir alentando la certidumbre de que algo así el cielo no permite que ocurra. Entonces, uno de los invitados —hombre de unos sesenta y cinco años, con el cabello blanco y el rostro irrigado de estrías como surcos en un campo roturado— se adelantó hacia el cadáver y recordó ser médico en ejercicio. La viuda, tal vez con un rescoldo de esperanza, se apartó para dejarlo actuar. Pero el diagnóstico fue tan conclusivo como el que mi esposa, a fuerza de pura habilidad femenina, había emitido con su sola expresión momentos antes. Absalón Bermeo había fallecido. Sin duda, a consecuencia de un paro cardíaco, algo fulminante y devastador. Me pregunté para mi capote si todas las muertes no son producidas, en últimas, por una cesación de los latidos cardíacos, de suerte que atribuir ésta en particular a tal motivo no completaba precisamente un diagnóstico. No obstante, el médico no tardó en explicar el modo como, por causas muy diversas, el corazón deja de latir sin aviso previo. Una autopsia, claro, podría revelar algunos pormenores, pero no pensaba que fuera deseable, si de todas maneras no iba a servir para resucitar a nuestro amigo. No dejó de asombrarme —lo confieso con un poco de rubor— que todo un profesional de la medicina juzgase bochornoso y quizás vejatorio ese festín que se celebra a diario en los institutos de medicina legal, en el cual los cuerpos son destazados por doctores entusiastas que comen emparedados mientras hocican en tripas y vísceras. Suspiré de alivio cuando comprendí que aquel médico, pese a la pura espontaneidad de su intervención, iba a facilitar el certificado de rigor.

No contaba, por supuesto, con la oposición de la viuda. Ésta, en medio de un océano de lágrimas y de reproches a los poderes celestiales por haber permitido insuceso tan trastornador (hacía tiempos era claro que no amaba a Bermeo, pero ahora también que su deceso descabalaba sus cómodas rutinas), manifestó con ademán bastante agrio que ellos tenían su médico privado y que sólo él, a quien consideraba el mejor de Bogotá, poseía la autoridad suficiente para declarar difunto a su marido. Fue un milagro, pensé, que por partida doble no proclamara a aquel profesional, para probar así —según su estilo— el rango que lo asistía, como el más costoso de la ciudad. Tras varias rápidas y desesperadas gestiones telefónicas, fue imposible, sin embargo, localizar al ostentoso facultativo. Y es lo cierto que el médico allí presente, sin tomar en cuenta la humillación de que había sido objeto, en noble gesto siguió accediendo (pienso que guardaba hacia el occiso cierta exaltada devoción) a emitir el certificado obituario. Fue así como la celebración del septuagésimo cumpleaños de Absalón Bermeo se convirtió a continuación en una visita de pésame, en un velorio preñado no sólo de drama, sino asimismo de estupor. Borrosamente recuerdo la presurosa visita de un oficial de la policía, que sin saber palabra de medicina se permitió examinar el cuerpo. Mi amigo continuaba en la misma posición en que, un rato antes, supuse que atirantaba su expresión para reprocharme mis irreverencias teológicas. El libro de Vitoria reposaba todavía en su regazo. Varias personas lo velaban o escoltaban, algunas de ellas en alto grado de ebriedad. Pero el grueso de los convidados nos habíamos vuelto a la sala, en la que imperaba ahora un mutismo apenas quebrantado por temerosos susurros, que debían ser heraldos de súbitas y consternadas opiniones, o bien de referencias a algún hecho análogo en un pasado incógnito.

Habría transcurrido hora y media desde el suceso fúnebre, cuando arribó la gente de la funeraria. Traían los implementos necesarios para transportar el cadáver sin llamar demasiado la atención. El velatorio se celebraría a partir de la mañana siguiente, en el local de alguna institución de juristas. Aitana y yo hicimos compañía aún durante cierto tiempo a la viuda, de lo cual ésta no creo que tomara nota. Al abandonar el apartamento, advertimos que la mayoría de los varones se habían largado a dormir, pero que algunas de sus esposas permanecían consolando a la dueña de casa. Cuando salimos a la noche, abarcando con un ademán el paisaje nocturno y arrebujándose luego en el rebozo que vestía sobre los hombros para significar el frío agudo de esa noche infortunada, Aitana me dijo algo así como:

—Mira, así será en adelante el universo sin Absalón Bermeo.

—Y algún día seguirá siéndolo sin nosotros —repuse de una manera un tanto maquinal y cansada, sin que por mi mente cruzara ni por un segundo la idea de que, al cabo más bien de poco tiempo, lo seguiría siendo sin ella.

Llegados a casa, procedí a ducharme, tal era la sobrecarga pegajosa que había conseguido acumular aquella noche. Al abandonar el cuarto de baño, mi esposa me salió al encuentro e informó:

—Acaba de telefonear Armando García. Me dijo inexplicablemente que el asunto comienza apenas. Que pronto estarás de acuerdo en lo erróneo que fue cancelar su amistad.

IV

Yo, que de tanto equivocarme pensaba haberlo aprendido ya todo, cometí la que acaso haya sido la más pánfila equivocación de mi vida la noche de aquel mediodía en que asistimos al sepelio. En la iglesia y luego en el cementerio tomaron la palabra varios prominentes jurisperitos, que dieron prueba de considerar a Absalón Bermeo el hombre más versado de nuestra patria en derecho del mar. De hecho, había regentado durante años la filial colombiana de una entidad internacional que velaba por la observancia de la legislación marítima —ante todo por lo referente a la sanidad ecológica—, en desarrollo de lo cual trajo a Bogotá a la máxima autoridad del mundo, una hija de Thomas Mann.

Concluida la ceremonia, sugerí a mi esposa que almorzáramos en algún restaurante del norte de la ciudad. Pese al ánimo luctuoso en que el funeral nos había sumido, la tarde prometía una diafanidad dadivosa, capaz de encender en una explosión multicolor el paisaje urbano y los objetos, y de sembrar un optimismo próvido y quizás misericordioso en el espíritu. El establecimiento al que entramos se especializaba en comida del Caribe y hacía tiempos Aitana y yo no frecuentábamos aquellos manjares que, en opinión de algunos gastrónomos europeos, pueden ser colocados, junto a los árabes, los hindúes, los mexicanos y los mediterráneos, a la cabeza de la alta cocina del mundo. El entusiasmo con que llegábamos se vio, sin embargo, ensombrecido de repente por una de esas coincidencias fatales que sobrevienen cuando nos creemos santificados por una exaltación imperturbable. En un ángulo del ancho local hallamos muy arrellanado, a la espera de su pitanza, a uno de los seres más insufribles del mundillo literario bogotano: el «poeta» Eduardo Obeso, hombre de unos setenta años, lleno de puntillos irritantes y de insondables prejuicios. Se encontraba solo como de costumbre, ya que casi todo mundo escurría el bulto ante la presencia de un individuo, como él, poco apto para ocultar sus vibrantes envidias y sus oxidados bordones intelectuales.

Aunque devolvimos su saludo sólo a distancia, con la esperanza de que se mantuviera en su lugar y no resolviera unírsenos, una vez nos vio instalados en una mesa del fondo el hombre se alzó de su puesto y, portando en las manos la botella y el vaso de cerveza que se había hecho servir, se vino hacia nosotros con gesto resuelto. No preguntó si era bienvenido, sino que fue ocupando uno de los asientos y, como para precaver o a secas suprimir cualquier conato de rechazo, entabló aprisa la conversación, indagando por la salud de Rubio-Salazar. Se había enterado apenas aquella mañana del mal que afligía al novelista, mas no se atrevió a llamarlo, según dijo, porque hacía tan sólo unos meses, la última vez que lo vio, habían sostenido una discusión un tanto subida de tono en torno a la conveniencia o no de la lucha guerrillera en el país. Obeso aducía que en la guerrilla se cifraba la sola esperanza de construir un país mejor, en tanto Rubio-Salazar trataba de hacerle ver cómo aquellos alzados en armas no significaban otra cosa que un poderosísimo cártel de narcotráfico, de extorsión y de terrorismo. Al parecer —ya el novelista me había dado cuenta del incidente—, el «poeta» insistió en que todos aquellos cargos provenían únicamente de calumnias periodísticas, dijo que los guerrilleros ni traficaban con alucinógenos ni secuestraban ni mataban a nadie y terminó por sostener que su interlocutor era demasiado «inmediatista» al observar los hechos políticos. Éste se permitió recordar que ostentaba un diploma en ciencias políticas y que, por consiguiente, la calificación de Obeso era impertinente y ofensiva. El asunto no pasó de allí, pero Rubio-Salazar no vaciló en proclamar, ante todo el que quisiera oírlo, su convicción de que Obeso era un «adolescente mental», lleno de «ideas propias de hacía cuarenta años» y «torpe, muy torpe de entendederas». Me parece que le sobraba razón.

Aitana y yo, mientras el paracaidista empezaba a saborear el plato de mar que había ordenado, pedimos ambos una carne desmechada, unos fríjoles dormidos y un pinopo, que constituyen algo de lo más paradisíaco en la mesa cubana y que desde hace algún tiempo, como platillo, ha sido pintorescamente bautizado «ropa vieja». No he dicho antes que mi esposa era casi —no, claro, del todo— abstemia, de suerte que sólo yo ordené en esa ocasión un whisky doble en las rocas, mientras ella se conformaba con un zumo de papaya. Cuando iba a apurar el primer sorbo, Obeso —por enésima vez desde que lo conocía— inició un recuento en catálogo de los males fisiológicos que puede acarrear y de los abismos psíquicos a que es capaz de conducir el alcohol. Una vez hubo agotado la retahíla, le pregunté por qué, pues, se animaba a ingerir la fuerte cerveza alemana que había ordenado. Dio comienzo entonces a un nuevo repertorio, esta vez para encomiar las virtudes salutíferas de esa bebida, que nos alimentaba gracias a la cebada y al lúpulo y que no participaba de las máculas incalculables que decía advertir en los demás alcoholes. Por lo demás, aclaró, él nunca pasaba de una o dos y tomaba la precaución, una vez ingeridas, de arroparlas con una sal de frutas que siempre cargaba consigo. Lo felicité por su culto animoso a la salud, a la robustez y a la lozanía, pero traté de explicarle —aunque en verdad no valiese la pena— la forma como en el universo existimos seres un tanto desorientados respecto al tino y conveniencia de nuestros procederes y también a nuestra justificación cósmica; seres asaz titubeantes e incapaces de conceder a nuestros juicios y a nuestros actos una validez absoluta. En fin, seres relativistas que abrigamos dudas sobre nosotros mismos y que, por tal razón, precisamos ciertos estímulos para seguir adelante en la vida.

Me miró con sorna satisfecha y opinó que, probablemente, aquella deficiencia se debiera a una ausencia de «formación filosófica». Por lo que a él concernía, añadió con regodeado aire de suficiencia, había sabido educarse en las templanzas de Nietzsche y de Schopenhauer, a lo cual atribuía el trascendente equilibrio de que disfrutaba. Sólo en un intento por recobrarme y tomar una mínima satisfacción por el guantazo que me acababa de propinar, le pregunté cómo el equilibrio podía brotar de un desquiciado delirante y pernicioso como Friedrich Nietzsche. Hizo con manos y boca un gesto de simulada desesperación ante la que juzgaba enormidad brotada de mis labios y dio principio a una enumeración minuciosa de las virtudes filosóficas del autor en cuestión, sin privarse, claro, de traer a cuento algunas citas memorizadas de *Aurora*. Debí arrepentirme con amargura y desolación de haberlo increpado de ese modo y de haber olvidado la encarnizada capacidad de argumentación de aquel individuo, esa misma que Chesterton denunciaba precisamente en los desequilibrados. Obeso, practicante del marxismo desde muy joven (lo cual hubiera tornado incomprensible, de no conocer yo los extremos a que su mente errática podía transportarlo, su entusiasmo nietzscheano), había llegado con sus ya luengos años a un grado impresionante de fanatismo. Siempre se iba a los extremos de las cosas y, acaso sin haberse puesto jamás al corriente del anatema carnicero lanzado por el marxismo contra Sigmund Freud, sostenía que la única forma *moderna* de crítica literaria era la basada en el psicoanálisis, ignorante asimismo de la revisión a fondo hecha en la segunda mitad del siglo XX —y desde mucho antes por Adler y por Jung— a esa directriz.

Durante más de treinta años, Obeso había fungido como profesor de literatura en la Universidad Filotécnica y, como tal, había impartido cátedra a Nicolás Sarmiento y a John Aristizábal, mis dos amigos jóvenes. Lo único que podía argüirse en su favor era el haber permanecido todo lo lejos posible de la cuadrilla femenina de regentes. Incluso, el permitirse sobre ésta uno que otro comentario ácido con personas que suponía de confianza. No parecía perdonable, en cambio, que dictara cursos semestrales sobre autores como Baudelaire y Marcel Proust, sin conocer una palabra de la lengua francesa. Los había leído en esas aflictivas traducciones que se consiguen aun en librerías de medio pelo, en las que el autor de *Les fleurs du mal* es vertido en verso libre y blanco, cuando fue un maestro de la métrica y la rima. Ello al punto de indagar, un día en que le mostré una traducción mía de Rimbaud, por qué había introducido rimas consonantes, si en el original —según dijo— se hallaban ausentes. No quiso abatir velas ni siquiera cuando lo contradije con el texto francés en la mano. Las pruebas más palmarias solía despreciarlas en aras de sus conceptos inconsistentes pero voluntariosos. Casi nunca condescendía a averiguar las cosas de un modo fidedigno: le bastaba con imaginar sobre ellas lo que su turbulenta y quisquillosa fantasía quisiera dictarle.

Ocurría con él lo que, en gran número de mis coetáneos literarios, había observado de muchos años atrás: decían haberse consagrado a la literatura, pero no mostraban amarla. De ese modo, se permitían la curiosa licencia de ignorar la mayoría de los desenvolvimientos por ella obtenidos a lo largo de los siglos. En alguna ocasión, hallándome con Obeso en alguna mesa de café, la conversación había recaído sobre Quevedo. El hombre, con ademán rumboso, deseó mostrar su versación en ese autor, y afirmó que era de los pocos por él admirados en la literatura española, por su «alejamiento de las mojigaterías católicas». Al parecer, Obeso había alimentado desde niño un odio montaraz hacia el catolicismo, por haberlo —según decía— «traumatizado sexualmente». Yo, por mi parte, tampoco había comulgado jamás con la totalidad de las enseñanzas de Roma, pese a preservar un enorme respeto hacia las lecciones originales de Jesús, pero me hallaba lejos de guarecer odio alguno contra ninguna de las religiones del mundo, a las cuales juzgué siempre parcialmente verdaderas. De allí que preguntara al pretendido profesor en qué podía fundar la aseveración que acababa de formular. Citó, con expresión de triunfo, ciertas letrillas y sátiras quevedescas en las cuales se vapuleaba a la sociedad española, para agregar que aquella sociedad se basaba en las «doctrinas sectarias de la confesión romana». Sin duda, eran tales piezas lo único que conocía, acaso en selecciones antológicas, del poeta madrileño. Intenté corregirlo, pues, trayendo a colación obras como la *Política de Dios y gobierno de Cristo*, el *Memorial por el patronato de Santiago* o la *Virtud militante*. Puesto en evidencia ante otros contertulios que habían oído su aserción, el hombre se batió en retirada pretextando el habérsele hecho tarde para una cita. Con la sandez por mí rebatida, lo único que deseaba aquel «poeta» analfabeta era, por lo demás, poner en solfa a España, nación a la que aborrecía por razones, como paso a explicarlo, del todo improcedentes.

Obeso acostumbraba culpar a España o, lo que es lo mismo, al régimen colonial por muchísimas de nuestras taras completamente autóctonas. No quiero dudar de que la nación colonizadora nos haya legado una que otra lacra (ello es perfectamente probable), pero nunca me he sentido inclinado a descargar en ella el cúmulo de defectos históricos que nos han caracterizado. Por el contrario, siento gratitud hacia quienes nos transmitieron una tradición espléndida, representada ante todo en una lengua que los hispanoamericanos hemos, sin duda, enriquecido, perfeccionado y acaso decantado. Obeso, en cambio, desde sus experiencias universitarias como estudiante de derecho y sus embelesadas aproximaciones a grupos de agitación comunista, había aprendido con cierta candidez a valorar a España por la imagen que ésta exhibía en tiempos de la dictadura de Franco, lo cual equivale a decir por esa exaltación del español de pandereta encarnada en personajes como Lola Flórez o el «Gitano Señorón». Una película como *El último cuplé*, por ejemplo, pese a la presencia adorable de Sarita Montiel, arrojaba de España en esos tiempos la apariencia de un país insustancial y distante de las disciplinas de la reflexión y del pensamiento. Nada más falso, claro está. De haberlos puesto en contacto alguna vez, lo cual no hice en honor a la prudencia, Absalón Bermeo hubiese podido aportar al catedrático de la Filotécnica unas cuantas iniciaciones sobre el significado de la filosofía medieval y renacentista de España. Yo, si él no hubiera hecho siempre oídos sordos a mis encarecimientos, habría quizá por mi parte conseguido transmitirle algunos rudimentos de lo que fue, antes de la Contrarreforma, que la sumió sin duda en pasajero oscurantismo, la poesía hispánica del medioevo —el Arcipreste, Manrique, tantos otros—, así como la música renacentista, para no hablar, por supuesto, de las cúspides alcanzadas —Cervantes, a quien en forma enciclopédica ignoraba, Lope, Góngora, Velázquez, Valdés Leal, Zurbarán, el Greco— durante el Siglo de Oro.

A contrapelo de lo que uno pudiese predicarle, Obeso insistía en su saña hacia todo lo español. Fue así como una tarde, acaso con idénticos contertulios que en la ocasión ya relatada, al recaer en la cultura española el tema de conversación, el hombre se puso más inflado que nunca para afirmar, con un dedo en alto, que si España «había permanecido *siempre* en el atraso», ello se debía sin duda a haber sido ocupada durante ocho siglos por los árabes (este término etnográfico lo articuló con el más imperioso desprecio), raza que, según él, «no había hecho aporte alguno a la civilización humana». Yo pensé, Dios mío, en Al Gahiz, en Abú Béquer, en el nasib, en las casidas, en *Calila e Dimna*, en las escuelas filológicas de Basora, en el paciente arabesco, en el álgebra, en los números arábigos que permitieron a Europa acceder al sistema decimal por la importación de la cifra cero (acaso discurrida por los hindúes), pero opté por callar, en espera de la reacción de los demás. Ésta fue inmediata y bastante indignada. Un profesor de historia y filosofía lo conminó a recapacitar en el dislate que acababa de proferir. Obeso palideció, mas no tardó en realizar con las manos un gesto de apaciguamiento y solicitar, como quien reclama una merced muy ecuánime, considerar su aserto «sólo como una hipótesis». Con mi única excepción, los presentes le exigieron retirarse de la mesa. El hombre debió obedecer, no sin lanzar hacia todos una gesticulación colérica y despectiva. Unos días después, haciendo memoria de lo ocurrido aquella tarde, Eduardo Obeso opinó que en tal reunión había prevalecido «un cinismo impúdico». Cuando le pregunté por qué aseveraba semejante cosa, respondió que era muy probable que no me hubiese dado cuenta, pues no estaba habituado yo «a esos entornos de sofisticación académica», pero que él, fogueado en los ambientes más repulidos y hasta mundanos de las altas esferas de la ciudad, conocía de sobra «esas manipulaciones intelectuales con las cuales se pretende arrojar lodo sobre las almas claras e independientes».

El día en que Aitana y yo almorzábamos con él —forzados a hacerlo, claro, por el despropósito de haberse trasladado a nuestra mesa—, una vez concluida la perorata sobre los estragos del whisky, Obeso inició una sarta de recriminaciones a nuestro suelo natal por razón de la indiferencia con que la crítica había recibido el último de sus libros, el cual, por cierto, se tomó unas semanas antes la molestia de enviarme por correo y yo me apresuré, tras una ojeada sumaria, a arrojar en el buitrón de los desechos. Se trataba de un rosario de «poemas» dedicados a los indigentes de las calles de Bogotá. En él, no se paraba a considerar cómo la mayoría de ellos eran en realidad despojos de la drogadicción, sino que pretendía enjuiciar a la sociedad por la marginación y el maltrato que supuestamente les propinaba. Aitana y yo no éramos, por supuesto, ignorantes de las iniquidades sociales de nuestro medio ni mucho menos nos encontrábamos en disposición de excusarlas, pero es lo cierto que Obeso, en su baturrillo, confundía las áreas desfavorecidas por nuestro sistema social con aquéllas oscuramente sumergidas en la delincuencia o en la falsa mendicidad.

Pocos desconocen, por ejemplo, de qué manera la mayoría enorme de los ancianos o niños limosneros de las calles capitalinas son forzados por gente mafiosa a desempeñar ese papel bajo amenaza de golpearlos o incluso de matarlos. El dinero recogido, que a menudo puede significar montos altísimos, sólo comparables con los de ejecutivos de grandes compañías, deben transferirlo a esos nuevos negreros o sanguijuelas, y retener para sus necesidades sólo una suma exigua. Por regla general, las familias pobres o desempleadas de nuestras grandes ciudades se ingenian industrias domésticas o eso que ahora llaman «trabajos informales» para asegurar la manutención, sin descender jamás, por cierto puntillo de honor, al pordioseo. En más de una oportunidad se ha dado que estos núcleos familiares consigan educar profesionalmente a sus hijos, a quienes no es raro ver ascender a posiciones de alto rango. En cierto porcentaje, los necesitados, antes que mendigar, optan por derivar hacia el crimen. De estos últimos han brotado capos azarosos y ya amargamente célebres del narcotráfico. A Obeso no era hacedero hacerle entender estos pormenores, pues en forma previsible respondería no parecerle extraña aquella inferencia en «reaccionarios» como nosotros. Estas muletillas que vinieron repitiéndose a lo largo del siglo XX, lejos de haber sido archivadas en el caramanchón de las ideas obsoletas, tornan con su faz ajada y decrépita cada vez que personas como Eduardo Obeso se sienten impotentes para exhibir legítimos argumentos. Las filípicas versificadas o en prosa a favor de las gentes menesterosas o de cualquier otra causa política son, en últimas, un alegato hace tiempos expatriado de la literatura auténtica por haber sido manoseado en exceso desde Dickens, pasando por Zola y por Neruda, hasta los sedicentes revolucionarios de ciertas «vanguardias» todavía recientes.

Inquirí a Obeso si estimaba que la indiferencia crítica hacia su libro obedecía a una censura motivada en su temática. Repuso que, desde luego, era una de las razones, pero que, por lo demás, entre nosotros *jamás* había alentado la crítica literaria. Esto lo atribuía como de costumbre a «la herencia española», pues según afirmó, «en España la crítica no había hecho aparición debido a no haber ese país disfrutado la fortuna de vivir como Italia y el resto de naciones occidentales el Renacimiento». Me permití refrescarle la memoria —si es que la había adquirido— acerca de críticos peninsulares de la corpulencia de Menéndez y Pelayo, de «Azorín» o de Menéndez Pidal. Su única respuesta fue un gesto desdeñoso. Le hablé también de críticos criollos como Carlos Arturo Torres o Baldomero Sanín Cano, sólo para granjearme un mohín análogo. Decidí entonces rebatir su postulado sobre ausencia de Renacimiento en

España y borrosamente aludí a Juan de Juanes, a Berrugue-
te, a Forment, a Garcilaso, a Luis de León, a la música po-
lifónica religiosa, al palacio de Monterrey, al Escorial y, por
supuesto, por honrar las inclinaciones del amigo que acabábamos de sepultar, a la filosofía —tan intonsamente des-
meritada en los tiempos actuales— del jesuita Suárez. De
este último memoré de qué modo representó el primer intento de una metafísica independiente posterior a Aristóteles y asimismo su doctrina jurídica, precursora de la de Grocio. Por igual, una anécdota bastante olvidada: la manera
como Jacobo I de Inglaterra ordenó incinerar su *Defensio
Fidei* por afirmarse en ese libro que los reyes reciben el poder del pueblo y no de Dios, con lo cual el teólogo renacentista se anticipó a la Ilustración francesa. Y el hecho de haber sido elogiado por hombres como Descartes, Leibniz o
el citado Grocio, padre como es sabido del derecho internacional.

A esas alturas, mientras me esforzaba yo en acumular argumentos, Obeso había pedido con manifiesto fastidio
al mesero indicarle cuánto debía, no sin especificar en voz
alta que sólo pagaría sus propios consumos, como si en momento alguno hubiese sugerido nadie que pagase los nuestros. Cuando hubo cancelado, fingió escuchar con cara de
disgusto mis postreros razonamientos y a continuación, haciendo con la mano el ademán de espantar una mosca, nos
dio la espalda y profirió con voz muy recia:

—¡No! ¡España nunca tuvo Renacimiento! ¡Las di-
sertaciones en contrario proceden sólo de personas que co-
mulgan con la beatería y el misticismo frenético que han
predominado en ese país! —y desapareció por la puerta
principal.

Aitana me miró con ojos de reconvención.

—¿Para qué —me dijo— les das coba a personas
como ésa?

—No puedo evitarlo —respondí, consciente como estaba de haber ambos recibido una humillación—. Siempre he deseado redimir a los estólidos y siempre me he quedado con un palmo de narices.

Mas no fue aquélla la gran equivocación de ese día. Habíamos pagado ya y nos disponíamos a marcharnos, cuando el mesero, obsequioso como siempre, nos preguntó si queríamos que nos ordenara un taxi por teléfono. Pese a saber que ya caía la noche, sentí deseos de caminar un poco, al menos las dos o tres cuadras que nos separaban de la carrera séptima, donde no sería difícil tomar un vehículo. En forma impetuosa, irreflexiva y necia (que no me caracteriza, pero que pudo surgir del nerviosismo desatado por el individuo que acababa de partir) rechacé la oferta y nos lanzamos a la calle, donde la hora adelgazaba ya el aire y recalaba el cuerpo con estremecimientos que recordaban una de esas rápidas y ligeras pulsaciones capaces de producir variaciones muy leves de tono y que en música son llamadas *vibratos*. Mientras mi esposa trataba de meterse en su abrigo de visón, heredado de mi madre, hice lo propio con mi gabardina. Anduvimos con toda la lentitud que reclamaban nuestras fisiologías y, no bien arribamos a la vía arteria, un taxi acudió a nuestras señas. Dimos al conductor la dirección del conjunto de edificios en donde vivíamos, situado en el centro, y nos desentendimos de todo para seguir comentando los desbarros de Obeso, que poseía la destreza de mantenerlo a uno en una especie de suspensión nerviosa mientras se hallaba presente, para sólo desencadenar una vez ido la más sorda de las irritaciones. De pronto, comprendimos que el vehículo se había apartado de la ruta habitual y se encaminaba por callejas empinadas y sumidas en la oscuridad.

Cuando indagué con el conductor a qué podía deberse aquella anomalía, entendí de un golpe mental que acababa de cometer una equivocación prócer. El sujeto no respondió palabra y siguió avanzando por un dédalo de vías ignoto para nosotros. En determinado instante, los seguros de las portezuelas, que nos habíamos preocupado por bajar, saltaron y vi con claridad lo que iba a ocurrir. Dos hombres abrieron desde fuera y se instalaron uno a cada lado de nosotros. Con cuchillos en sus manos, nos obligaron a cerrar los ojos y procedieron al atraco. No es fácil mantener en tales circunstancias, cuando el terror envuelve como un raudal nuestro organismo, los párpados bajos y, de tiempo en tiempo, Aitana o yo los alzábamos en un rapto de nervios. Entonces los hombres nos agredían con todo género de procacidades y nos amenazaban con rompernos la crisma y el alma si volvíamos a abrirlos. No querían, desde luego, mostrar su rostro. Temiendo ante todo por ella, imploré a Aitana esforzarse por mantenerlos apretados. El asaltante situado a mi derecha introdujo una mano de improviso por el cinto de mis pantalones y me palpó el miembro viril y los testículos que, desde luego, se habían encogido hasta la más irrisoria pequeñez por la angustia y el miedo. Soltó una carcajada y comentó qué genitales tan breves poseíamos «los burguesitos bogotanos». Por un impulso, que hoy veo completamente ridículo, protesté no ser ni burguesito ni bogotano. Los hombres rieron con sarcasmo complacido. Pronto nos habían aligerado de todo lo que llevábamos de algún valor, incluidos el abrigo de visón y la gabardina, así como el dinero y ciertas joyas que Aitana lucía y que le habían sido legadas por mi madre. Por fortuna, no llevaba encima yo ni tarjetas de débito ni mucho menos de crédito. Solía echármelas al bolsillo únicamente cuando era indispensable y aquel día conservaba alguna suma extraída el día anterior del cajero electrónico. De haber portado conmigo alguno de esos adminículos ultrasensibles, los ladrones nos hubiesen forzado a recorrer multitud de cajeros antes y después de la medianoche, a fin de despojarnos de nuestros ahorros. En algún momento del drama, el conductor del vehículo, que no había dejado ver su cara desde el comienzo, dijo con voz chillona y afrentosa:

—Esto es para que escriba sobre cómo se siente un atraco.

Sabía quién era yo, el muy tunante. Por último, tras un recorrido con el corazón a vuelo de campanas por insospechables rutas de la ciudad, nos hicieron descender en uno de esos barrios periféricos, especies de tumores o verrugas de la miseria urbana, cloacas de la delincuencia que puede embozarse tras las apariencias más candorosas, y nos ordenaron correr sin mirar atrás. Nos hallamos, pues, solos en un paisaje de casuchas que parecían elevarse de la tierra como se alza del pan ese moho negro que germina al contacto con la superficie húmeda de la materia orgánica muerta. Su crecimiento se hubiera dicho velloso, con hifas que se alargaban hacia lo alto, hasta cubrir las techumbres, algunas de tejas denegridas y otras tan sólo de cartón o lata. No percibíamos un alma en derredor, pero era como si presencias estratégicamente apostadas nos observaran sin dejarse ver para abalanzarse en algún momento y asestar el zarpazo. El frío no era ya como un *vibrato*, sino como el hálito de una boca sepulcral. Lodoso era el suelo de las calles sin pavimento y se pegaba a las suelas como bosta de vacuno. Se oían ladridos de perros no tan lejanos y, mezclados con ellos, de repente, el ruido de un motor que se acercaba. Nos pareció —así supe después que Aitana lo había sentido también— como si estuviera a punto de sobrevenir un nuevo y más espantoso imprevisto. Pronto, discernimos en la sombra una patrulla de la policía, lo cual, porque a veces las experiencias porfiadas no bastan para difumar en nuestro inconsciente los sentimientos esperanzados, se nos antojó de buen augurio. Se detuvo y dos agentes de rostros patibularios nos preguntaron qué hacíamos a tales horas por esos contornos. Expusimos lo acontecido y los hombres o bien fingieron no hacerlo o, en efecto, no nos creyeron. En Bogotá, aunque en aquel trance tan aflictivo hubiésemos tratado de no recordarlo, un encuentro con la policía es más temible que con rufianes.

Aitana se empeñó en razonar con ellos. Pugnó por explicarles quiénes éramos y, creyendo apaciguarlos de esa manera, les advirtió ser yo un poeta de admitida trayectoria. Les informó además dónde residíamos y hasta les suplicó que nos condujesen allá, pues no teníamos con qué pagar un transporte. Uno de los hombres sonrió de modo siniestro, sobre todo por el destello que envió desde su boca un diente de oro, y opinó con una cachaza escalofriante:

—Ustedes han sido sorprendidos en una de las zonas más delincuenciales de la ciudad. No tienen documentos. —Volvimos a explicarle que nos habían sido robados, pero simuló no oír—. Los descargos que quieran hacer, háganlos ante el comisario.

Nos condujeron a una comisaría de las inmediaciones y nos embutieron sin más en sendos calabozos. Cuando logramos ver al aludido funcionario y le explicamos quiénes éramos, nos preguntó riendo por qué no habíamos ofrecido unos cuantos billetes de banco a los agentes para ablandarlos. Volvimos a encarecer que habíamos sido despojados. El hombre se carcajeó con mucha gana y nos gritó que nos fuéramos antes que resolviera encalabozarnos otra vez. Sin numerario en los bolsillos, debimos hacer a pie el largo trayecto a casa.

Una vez allí, repicó el teléfono y Aitana, que lo atendió, me comunicó perpleja que Armando García, batiendo las mandíbulas al modo como lo había hecho el oficial, acababa de notificarle que esto de hoy no comportaba otra cosa que un divertimento.

—Lo bueno —concluyó— está por venir.

V

Entre las evocaciones (a ratos puedo conjeturarlas infinitas) que acostumbro hacer de Aitana como compañera inseparable y también insuperable, no se encuentra en último lugar aquélla referida al orden que sabía imprimir en nuestra morada, un orden que diría yo milagroso, paradigmático y, por supuesto, siempre seductor. A nuestros hijos Fabián y Gustavo los asombraron desde niños ese tino y ese equilibrio con que sabía prever todo lo que sería adecuado para cada circunstancia, esa sabiduría que parecía manifestarse en cada milímetro de nuestro hogar, canonizado además por la presencia de ella, de su hermosura física y espiritual. A ellos, aunque alguna vez trataron de hacerme creer que me debían (o cuando menos pensaban deberme) los sólidos principios de los cuales fueron buenos receptores, fue Aitana quien supo imponerles gustos y disciplinas muy afortunados desde la primera infancia. Es posible que yo les hubiera infundido ciertas nociones, por ejemplo, de lógica, en un sentido ceñida y ceñudamente aristotélico, pero no hay duda de que fue ella quien les transmitió el discernimiento intuitivo de lo ético y, sobre todo, una alta dosis de sentido común. Acaso irónicamente, no fui yo —literato de pies a cabeza— el que los introdujo en el mundo de la poesía, sino Aitana —cuyo talento era por esencia plástico— la que los elevó a ese ámbito con lecturas en voz alta de autores que a su edad pudiesen comprender. Como es fácil ver, se trataba de una mujer con capacidades sorprendentes para moldear el universo según una especie de inspiración capaz de ponderarlo todo con agudeza.

No faltará el lector que sonría ante estas glosas u observaciones, trayendo a colación la añeja idea de que «no hay muerto malo». Pero quienes me conocen saben muy bien lo desafecto que soy a los lugares comunes y mi descreimiento en la sapiencia de los refranes populares. No; difuntos hay de toda laya y buen número de ellos continúan siendo para mí perfectos bellacos, truhanes, sablistas, tramposos o charlatanes. La vida de un perverso va engendrando siempre nuevas maldades, que proyectará hasta mucho más allá de su muerte. No hay, pues, razón para absolverlo por el mero hecho de haber fallecido. Tampoco a esos mediocres en la virtud o en la maldad a quienes suele nombrarse «honestos» hay por qué magnificarlos una vez descendidos a la tumba. La bondad es siempre algo que resplandece y al menos yo no dudo de mi capacidad para detectarla casi al rompe. He conocido, en cambio, personajes en quienes la malignidad se concentra como en un extracto viscoso y que disfrutan la fama de bondadosos entre sus relacionados. Ignoro si será porque saben embozar muy bien su doblez o simplemente porque esos relacionados participan de sus inclinaciones o son movidos por la conveniencia a lisonjearlos y a mentir sobre su natural verdadero. Yo, por ejemplo, en lo íntimo de mí descubro prontísimo la condición hipócrita de algún conocido eventual. Es el hipócrita un experto en adular y a mí la más leve adulación en forma automática me pone la carne de gallina.

En Aitana, la bondad resplandecía con la majestad de un alcázar que fuera a la vez un santuario. Sé que muchos la consideraban altiva en demasía, pero siempre deduje que esa altivez era rédito del señorío y del esplendor de su espíritu. No transigía con los mediocres o ambiguos u oscuros o empalagosos. Poseía la facultad (me lo confió varias veces) de ver el aura de cada persona, ese halo que rodea al ser humano y que sólo algunos privilegiados son capa-

ces de vislumbrar. No sé si deba consignar aquí una anécdota que en no pocos inspirará disentimientos timoratos.
Me refiero a una noche en que, reunidos en casa con cierto
grupo de personas —dos varones y tres mujeres jóvenes—
a quienes poco habíamos tratado y que habían acudido a
solicitarme respaldo y colaboración para una revista de poesía que proyectaban publicar, uno de los visitantes, individuo diminuto de estatura y de rostro pulposo como una raja
de cebón sancochado, censuró a un colega mío por haberse
desnudado frente a algún elenco de gente no recuerdo en
qué circunstancias. La cuestión no hubiera pasado de ese
punto, a no ser porque quienes habían venido con él fingieron escandalizarse y condenaron con execraciones que in-
terpretamos mi esposa y yo como hipócritas al pobre nu-
dista. Yo, sin decir palabra, me fui hasta mi alcoba y regresé
a la sala desnudo como espada de paladín. Los visitantes
emitieron alaridos y se precipitaron en desorden hacia la
puerta de salida. Mientras, haciendo entre ellos comentarios pudibundos, aguardaban el ascensor, Aitana —sin lograr refrenar la risa— les espetó:

—Preferí siempre la gente desnuda a la gente encubierta bajo cualquier disfraz. Que tengan una feliz noche.

Una vez hubo cerrado la puerta, se vino hacia mí
riendo y comentó sorpresivamente cómo aquello que acababa de decir reñía con algo leído alguna vez en un autor de
nombre irrecordable, conforme a cuyo sentir había que
guardarse de la máscara de quien nos mostraba su rostro demasiado descubierto. Como entreví algún ligero reproche
en estas palabras, preferí fingir que me avergonzaba de mi
atrevimiento, pese a saber que quien llama *vergüenzas* a sus
desnudeces es porque no se ama a sí mismo. He relatado lo
anterior sólo por mostrar la forma como Aitana practicaba
una solidaridad incondicional aun con mis locuras más im-
pulsivas. Lo hacía en aras del amor, no porque en el fondo

dejase de desaprobar ciertas actitudes que —debo confesarlo— cuando era todavía joven no podía yo reprimir. Ya Shakespeare sentenció, y lo han repetido los boleristas por más de un siglo, que el amor no es amor cuando entra en consideraciones que no atañen a su fin supremo. Y me parece que sobra añadir que el fin supremo del amor no es otro que el amor en sí. Esto Aitana lo ponía en práctica de un modo absolutamente espontáneo. Cuando la conocí, dudaba yo entre perseverar en mi carrera literaria o abandonarla para entregarme a menesteres más lucrativos, dadas las situaciones de penuria por las que había debido atravesar por culpa de mi vocación. No bien nos unimos en matrimonio, ella puso todo su ardor en que insistiera yo en aquello que me apasionaba, así tuviéramos que capear con arrestos desesperados la pobreza. Con palabras muy claras me prometió su apoyo y no dejó de señalar la manera como aquél que traiciona sus más íntimas inclinaciones, será desdichado por una larga vida. Quizá no huelgue hacer constar aquí cómo, si bien en mi niñez fue mi padre quien me inició en las alturas y en los abismos de la literatura, fue sólo Aitana quien, cuando avanzaba ya mi edad, supo hacerme perdurar en ese culto que algunos juzgan angélico y otros, demoníaco.

Había en ella, pues, una sabiduría ingénita que supo iluminar mi destino y que quizás lanzó un poco de sombra sobre el suyo personal. Esto último lo digo porque, en tanto sabía con precisión qué hacer para desbrozar mis caminos eventuales, lo hacía con sacrificio de los suyos, de los cuales solía desentenderse con una liberalidad y un desprendimiento admirables. Cuando, al culminar el décimo o undécimo de mis libros, comprendió al leerlo que se trataba de la obra que me afincaría en definitiva entre los nombres prestantes de la literatura nacional, receló que, como había ocurrido otras veces, lo dejara olvidado en una gaveta de mi escritorio mientras acometía otra empresa literaria. Un día, sin decirme nada, tomó el original de donde se hallaba y se fue con él a las oficinas de una editorial de la que no tenía noticia yo. En aquel tiempo, no pasaban de tres las editoriales que existían en el país, así algunos impresores se tomaran la licencia de autodenominarse «editores». Al cabo de una semana, irrumpió llena de alegría en mi estudio para comunicarme que aquella editorial había aceptado incorporarme a su nómina de autores. En efecto, ese libro ha sido reiteradamente juzgado por la crítica como mi *opera magna* y he perdido la cuenta del número de sus reimpresiones. De allí puede colegirse la intuición profunda que poseía para todo lo relativo al arte. Pero lo que me mueve a relatar ese episodio es el hecho de no haber poseído, en cambio, habilidad alguna para promoverse a sí misma, para sacar avante su talento pictórico. Numerosas exposiciones hizo, ninguna con el éxito que merecían. Para mí lograba las promociones que se proponía, jamás para ella misma. Por mi parte, nunca conseguí penetrar ese mundo relamido y espurio de las artes plásticas, cuyos pontífices suelen ser unos pisaverdes engolados y repulsivos, lo cual me mantuvo siempre inhabilitado para prestarle alguna ayuda.

Desde luego, no por la injusticia flagrante que acabo de señalar se privaba ella de obtener por sus cuadros, mediante gestiones personales y no de las salas de exposición que sólo benefician a los ungidos por una crítica de compadrazgo, ganancias en dinero que, al menos, congeniaban en forma relativa con el valor esencial de las obras. En más de una ocasión, las temporadas de aislamiento que me autodecretaba para llegar al punto final de alguno de mis libros, generaban en el hogar arriesgadas estrecheces. Tan pronto Aitana comprendía que no era aconsejable dirigirme por ello ningún reproche, pues no saldría yo del ensimismamiento creador aunque las razones que se me expusieran resultaran del todo patéticas, sin avisarme nada entraba en contacto con grandes empresas y aun con instituciones gubernamentales a las cuales sabía persuadir de adquirir sus pinturas. De esta manera, el hogar seguía marchando con asombrosa regularidad y eran satisfechas nuestras necesidades habituales. Cuando, alguna vez, el colegio en donde Fabián y Gustavo cursaban su bachillerato amenazó con no volver a recibirlos por adeudar yo más o menos seis meses de pensiones, alzó con tres de sus mejores cuadros y, personándose en la oficina del director, lo convenció de recibirlos en pago por el pasivo. Unos meses después, al tropezárnoslo en alguna recepción, aquel director se preguntaba de muy buen humor cómo había llegado a contravenir su añosa costumbre de no recibir pagos en especie. Pero sépase que Aitana, entre sus muchas virtudes, poseía la de persuadir a cualquiera no sólo por la firmeza de sus argumentaciones, sino también por el aticismo con que las presentaba. Para ella debió inventarse esa frase según la cual «querer es poder».

Creo, con la convicción más imperturbable, que en todas aquellas magias su guía irrebatible era el amor. El mismo, por ejemplo, que al influjo de ciertas músicas nos impulsaba a estrecharnos en silencio, durante largos minutos, al extremo de —mientras las oíamos— sentir yo con una certidumbre sobrenatural que su espíritu entraba en mí como un invasor exquisito que saturase mi ser con la delicia perfecta. Entre tales composiciones musicales me place destacar como la más incitante cierta *Gnossienne* lenta de Erik Satie, en la que el piano nos obliga a ascender a regiones seráficas donde el amor se remansa hasta aquietarnos en el éxtasis. Ello no quiere decir, por supuesto, que coincidiéramos siempre Aitana y yo en las preferencias musicales. Por lo que atañe a la música popular, mi esposa resultaba bastante excluyente. No toleraba, verbigracia, los ritmos cubanos, no toleraba el *jazz*, ambos santificados en mi interior. Y lo que me desazonaba aún más: no consentía en el bolero que yo, como hijo férvido del Caribe, tenía colocado en un altar. Concordábamos, en cambio, en el tango. El tango no sólo conseguía pulsar sus fibras más furtivas, sino que podía bailarlo con una pericia ilustre, complaciéndose minuciosamente en esos pasos embalados que a veces producen vértigo y que nos transportan al mundo del malevo y del compadrito. No obstante, en términos generales, Aitana prefería lo que algunos llaman «música culta»; otros, «sinfónica»; y los más, «clásica», sin que ninguno de tales calificativos consiga abarcar la variadísima gama brotada del genio de magnos compositores, ya que toda música es por necesidad culta, no todas son en realidad sinfónicas, y clásicas serán sólo las correspondientes a determinados períodos históricos. Recién casados, ella me secundaba en la inclinación por barrocos y románticos, mas solamente en los últimos tiempos accedió a internarse en las diversidades atonales de los impresionistas, o bien de Stravinsky o de Prokófiev, que a mí me seducían desde muy joven.

En un comienzo, la pintura de Aitana propendía a una embriaguez colorística que procuraba interpretar mediante formas surrealistas el orbe de las mitologías prehispánicas. Con el tiempo, aunque jamás abjuró de su vocación por ese cromatismo que a ratos era como una carga de detonante atestada de un aserrín tornasol que, al explotar, se propagara hasta los confines más remotos, su temática se fue haciendo más íntima, cual si desease condensar en figuraciones abstractas un ámbito psíquico en donde alternaban la exultación y el tormento. No puedo afirmar que, pese al amor espacioso que nos profesábamos, hubiese llegado yo a penetrar del todo la compleja psicología de mi esposa. Era primeramente una artista y temperamentos como el nuestro, así los acerque el más decantado de los sentimientos, no suelen dejarse descifrar en su totalidad. En numerosas oportunidades, creí vislumbrar en su interior todo un universo de discordancias místicas en que intuiciones primitivas —a veces arcaicas— parecían aliarse a concepciones filosóficas avanzadas. Ello se me antojaba por instantes la flor de la paradoja y no era raro que un día aseverase saber que en una encarnación distante había sido la mujer de un chamán amazónico y al cabo de veinticuatro horas se mofase con todo candor de una afirmación del mandatario venezolano Hugo Chávez según la cual en una vida pasada había sido Simón Bolívar. Había llegado a habituarme, por lo demás, a ciertas prácticas misteriosas que ejecutaba en horas nocturnas y que me la simulaban una secreta sacerdotisa de cultos inescrutables. A menudo, la visitaban sueños proféticos. Así soñó el prematuro fallecimiento de nuestros dos últimos bebés y anticipó uno que otro acontecimiento político o incluso los viajes que haríamos en el futuro. Cierta noche —hecho que, por cierto, había olvidado y ahora regresa nítido a mi mente—, desperté entre las sombras de la alcoba y pude ver cómo su cuerpo dormido en el lecho se desdoblaba. De ella emergía una especie de vapor menudo que reproducía su físico terrenal, se desprendía de éste y emprendía el vuelo hasta salir por una ventana a la intemperie de los espacios incalculables. No pude dejar de pensar que algo grave podía estar ocurriéndole, que su espíritu había quizás abandonado su morada habitual y que, por consiguiente, no la animaba ya el soplo de la vida. Me abstuve, sin embargo, de tratar de despertarla como lo supuse prudente en un primer impulso. Preferí constatar que su respiración seguía siendo pausada y pacífica.

Un hecho más. Muy poco después de nuestra boda, Aitana debió ser intervenida quirúrgicamente por razón de un tumor en la matriz. En medio de la operación, sus latidos cardíacos cesaron y debió ser estimulada mediante choques eléctricos. En aquel ínterin, sintió que se separaba de su cuerpo y que flotaba en el aire, casi a la altura del cielo raso del quirófano. Pudo ver abajo a los cirujanos atarearse con su envoltura física, pero ella levitaba libre y, muy pronto, luego de elevarse por encima del inmueble en donde funcionaba la clínica, ingresó no precisamente al túnel famoso del cual hablan tantas personas que sufrieron la experiencia de «muerte inminente», sino a una pradera florida, solazada por bandadas de hermosos pájaros, de donde nunca hubiera querido retornar. Aquella suerte de pensil milagroso era nítido y preciso y no poseía calidad de ensueño. Cuando pensaba haberlo conquistado para demorar allí tal vez una eternidad, experimentó una fuerza irresistible que la devolvía al ámbito del quirófano y luego, tirando de ella con vigor inaudito, la insertaba de nuevo en su cuerpo físico. Tal experiencia me la narró todavía llena de nostalgia por la visión. En aquellos años, abrigaba yo dudas todavía acerca de la posibilidad de un universo extraterreno y, por tanto, aunque acepté ante ella lo prodigioso de la presunta vivencia, para mi capa me dije que todo debía hallar explicación en el estado en el cual la había sumido la anestesia. Era a mediados del decenio de 1960 y la humanidad atravesaba aún por ese período de grosero materialismo previsto hacía tiempos por corrientes religiosas o esotéricas como el tantrismo o la rosacruz, y que me regocija suponer que con el cambio de siglo haya tocado a su fin.

Aitana conceptuó alguna vez, mientras barajábamos teorías sobre las experiencias erróneamente llamadas paranormales, que mi aparente incapacidad para sentirlas provenía de la (no consuetudinaria, pero sí frecuente) afición al alcohol. Al parecer, quienes solemos de tiempo en tiempo pescar eso que los españoles llaman una merluza cerramos con ello nuestra mente a toda posibilidad de aproximación a ultramundos. Me pregunto, no obstante, si el vicio del tabaco no incidirá lo mismo en tales incompetencias. Lo he sufrido a lo largo de mis años y Aitana abusó de él aún mucho más. Ya habré de referir la forma como actuó en su derrumbe final. Pero debí concluir que, en el caso de mi esposa, ni siquiera la contingencia de una afición al alcohol (que jamás padeció) hubiese perturbado la amplitud de su mente para percibir arcanos movimientos y comportamientos de ese vasto y desconocido fenómeno que, incapaces de descifrar ni siquiera de presentir en la mayor parte de sus facetas, llamamos el universo.

VI

No dejé, por todos aquellos días, de comunicarme o bien en persona con él o bien con Glenda, su esposa, para reiterar mi afligida expectativa por la enfermedad que afectaba a Rubio-Salazar y ponerme al corriente de las novedades de la misma y de los tratamientos ordenados por sus médicos. Era yo bastante lego en aquella materia y fue con un desgarrón anímico como me enteré de que, en los exámenes realizados, había llegado a determinarse que el novelista padecía el cáncer desde hacía más de diez años, que éste se había originado en el estómago y que había hecho metástasis hacia el esófago, el hígado y los pulmones hacía quién sabe cuánto tiempo. Me pareció poco creíble, claro, que el mal llevara tantos años en su organismo sin haberse manifestado de alguna manera. Máxime si Rubio-Salazar insistió en lo que sabía yo de mucho atrás: que acostumbraba someterse a escrupulosos controles y verificaciones médicas al menos una vez por año (algo que, por mi parte, no me he cuidado de hacer jamás), y que nunca se había tenido indicio de calamidad tan categórica y acaso irreversible como ésta que de súbito habían diagnosticado los facultativos. Para mi sayo pensé en la seguridad con que Armando García había hecho entender a mi esposa que la dolencia del novelista era motivada por intervención diabólica, y me dije también que muy bien podía el brujo arreglárselas, en sus maleficios, para que el mal simulase un avance de años y fuese, por tanto, de pronóstico sombrío.

Rubio-Salazar me confió además que, ante la imposibilidad de operar debido a lo extendido del fenómeno, los médicos habían prescrito, como tentativa inicial para impedir que las células cancerosas siguieran dividiéndose, un tratamiento basado en combinaciones de quimioterápicos. Su acción conjunta permitiría intervenir en distintas fases del desarrollo tumoral presente en esas células y aportar una hormona que modificase las condiciones externas de las mismas. Tales medicamentos extremos le eran aplicados por vía oral durante un número limitado de días, tras lo cual era acordado un período de descanso que, al concluir, daría paso al ciclo siguiente. Con palmaria ansiedad me reveló asimismo, sin embargo, cómo aquella medicación iba a desatar un cúmulo temible de efectos secundarios que, al hallarse todavía en su inicio el tratamiento, no habían llegado a manifestarse, pero que no tardarían en hacerlo, y ello entrañaría todo género de trastornos intestinales y acaso la pérdida del cabello.

A poco de haberme suministrado estas informaciones, Aitana y yo acudimos a visitarlo al apartamento que habitaba en el noroeste de la ciudad. Lo encontramos del mejor talante que pudo componerse, aunque sus movimientos eran indecisos y el timbre de su voz se había debilitado como una llama antes esplendente y que ahora lanzara sólo parpadeos pusilánimes. Junto a él, abrazándolo y besándolo muy a menudo en forma que denotaba algo así como la afirmación de un usufructo irrenunciable, su hijo Alfonso Ramiro, de apenas once años, nos observaba cual si nos demandase —pese a considerarnos probablemente bastante extraños, ya que apenas tres o cuatro veces nos habría visto— una explicación por algo que no lograba comprender, pero cuya entidad debía percibir al modo de una sombra en expansión. Se había procurado, claro, ocultar al niño aquella situación que ponía en peligro la subsistencia de un padre constituido, al parecer, en el icono y en el talismán de su vida. Resulta casi imposible, sin embargo, enmascarar ante los niños este género de cuitas que, por un fenómeno que parece darse a flor de piel, intuyen con rapidez sorprendente. Me preguntaba yo, entretanto, por el destino macilento que, debido a los hijos, puede acechar a un matrimonio tardío. Aunque Glenda era mujer apenas por encima de los treinta años, Rubio-Salazar se acercaba a los sesenta y era harto posible que lamentara haber abandonado un poco tarde, para desposarla y fundar una familia, sus costumbres de mujeriego irreductible y de bohemio pertinaz, que en otros tiempos configuraron una leyenda en el mundillo literario.

Al principio, fluyó la conversación en torno a sucesos, rumores y murmuraciones justamente de ese ámbito —siempre rico en chismes y hasta en estridencias—, casi como si el drama en que mi amigo se debatía no fuese, como en efecto lo era, la nota dominante en los espíritus. Pero pronto y en forma inevitable incurrimos (o, mejor, incurrió él) en esa alusión, sobre todo por las incomodidades que le acarreaba, tales como las de no poder consumir sino ciertos alimentos, no exactamente aquéllos que más le agradaban, ni tampoco bebida espiritosa alguna. A propósito de lo último, nos mostró una alacena en la cual guardaba una envidiable provisión de licores, no sin prometer que, una vez hubiese dado ciento y raya al cáncer (al que, por cierto, solía nombrar «el monstruo» o «el animal feroz»), daríamos buena cuenta de ella. Por estas palabras pude percatarme del modo como mi amigo confiaba en triunfar sobre la enfermedad, lo cual, pensé, conforme a ciertos médicos y a otros que se injieren en asuntos de la salud, ayuda mucho a la posible recuperación. No obstante, cuando salimos en compañía de Glenda a fumar junto a los ascensores (igualmente habían prohibido los doctores que se fumara en su presencia), ésta nos informó, con una tristeza arrasada, que el diagnóstico era fatal y que el tratamiento al cual se hallaba sometido sólo serviría para alejar aunque fuera unos meses el desenlace ineluctable. Esto, desde luego, lo ignoraba Rubio-Salazar, cuyo optimismo en aquel trance era sin duda de dimensiones heroicas, y en el ánimo de Aitana y mío, a partir de aquel momento, conformaba un aspecto aun más doloroso y trágico de la situación. La propia Glenda nos transmitió su desconcierto respecto a la enfermedad de su marido, pues se ha venido repitiendo que el cáncer afecta sólo a personas poco emotivas, inhibidas y reprimidas, y hete que nuestro amigo conformaba exactamente la antípoda de ese cuadro caracterológico. Nos explicó, por lo demás, que los tratamientos para este mal tan extendido en nuestros tiempos suelen iniciarse con la radioterapia, pero que en el caso presente se había optado por el más potente de ellos, dada la condición extrema a que el paciente había llegado. Cuando abandonamos el edificio y abordábamos el vehículo de un taxista amigo (a partir del atraco gastábamos sumas respetables en hacer que ese único taxista nos transportara y nos aguardase todo el tiempo que fuera necesario), los ojos de mi esposa brillaban húmedos mientras con ellos parecía interrogarme sobre la perfidia del universo. Era preferible, claro está, culpar al universo por las fatalidades que iban sobreviniendo y no a un brujo negro al que preferíamos excluir.

Durante los últimos dieciocho o diecinueve años, esto es, a partir del día en que abandonó su viejo asilo de Barcelona, donde vivió por un período extenso, para regresar a los predios paternos, Rubio-Salazar había ganado un prestigio enorme en el medio literario y entre buenos lectores de aquende el Atlántico, pero también una fama garrafal de hombre jactancioso, soberbio e incisivo en sus conceptos y en sus actitudes. Algo de ello podía poseer algún leve fundamento, pero desde luego tal imagen, cuando se trata de escritores, es siempre exagerada. Vanidoso lo era en grado sumo, pero ¿hay noticia de algún literato que no lo haya sido? Quizás la vanidad constituya, entre los hombres de letras, el solo bálsamo o desahogo para equilibrar el trato displicente y a veces vejatorio que la sociedad, aun en el caso de autores con cierto éxito, procura infligirles un tanto solapadamente. Recuerdo cómo Rubén Darío señalaba esa propensión en la introducción a *El canto errante*. A mi ver, el fenómeno se produce de un modo muy simple: a diferencia del pintor o del músico, y hechas por supuesto las debidas excepciones, el escritor suele poseer una cultura muy superior a la que es usual en su medio ambiente. Ello genera en políticos, hombres de empresa, gente de la farándula, en fin, en todo aquél que se supone a sí mismo subido a un podio conspicuo, pero en especial —me apresuro a consignarlo— en los periodistas, todos los cuales se creen también escritores pero se saben al tiempo por debajo de aquél que practica el ejercicio creador, un sentimiento de inferioridad que sólo puede paliarse con pérfidas muestras de desdén. Tal circunstancia no la ignoramos ni los poetas, ni los narradores, ni los dramaturgos. Y es a raíz de ello por lo que cultivamos, de una manera tal vez inconsciente, esas defensas que unos llamarán vanidad; otros, soberbia o jactancia.

Pero no creo que exista escritor o artista alguno (siempre habrá excepciones: Salvador Dalí, por ejemplo) que muy en el fondo no guarde un alma tímida y, en buena medida, modesta. En ocasiones, lo que en hombres como Rubio-Salazar ha sido tomado por soberbia, no entraña otra cosa que puro humor —negro, si se quiere— erigido en defensa. En cierta oportunidad, una periodista herida en su orgullo sexual por las ironías que mi amigo novelista se gastaba con las mujeres en sus libros primigenios, le preguntó qué hubiera hecho si hubiese nacido mujer. La respuesta fue tajante, pero plena de humor: «Me hubiera casado —dijo— con Rubio-Salazar». Humor negro hacía, por supuesto, cuando en los tiempos en que los capos del narcotráfico sacudían al país con sus asesinatos y sus carrosbombas, interrogado sobre el particular se atrevió a afirmar que los políticos habían corrompido a los narcotraficantes. No negaré, como dije, que en ciertas coyunturas los cargos de arrogancia y hasta de arbitrariedad pudieran justificarse. Alguna vez, la publicación de una historia de la literatura de mi país por cierto gringo ignorantón y lego en los secretos de nuestra lengua me disgustó a tal extremo que, en un suplemento dominical, me atreví a indagar cómo podía ensalzar a cierto escritor que a sí mismo se motejaba de «posmoderno», colocándolo a la vanguardia de las letras nacionales, cuando ni siquiera había producido una obra de importancia. Asombrosamente, Rubio-Salazar —que en el pasado había reclamado para sí ese mote de «posmoderno»— creyó sin rastro de duda que intentaba referirme a él. En consecuencia, empezó a hacerme objeto de desplantes y desaires. Por esos días, asumió la dirección de un programa televisivo en el cual eran entrevistados los mejores creadores literarios de la lengua. En condiciones normales, me hubiera incluido en la nómina. Mas su animosidad por mi supuesto ataque (en ningún momento había tratado de aludir a él) determinó que no lo hiciera. Con el paso de los meses, creo que fue Glenda quien lo convenció de no imaginar en mí a un enemigo, y nuestras relaciones (que había yo tratado de preservar indemnes a pesar de todo) tornaron a reanudarse y suavizarse. Años después, cuando le preguntó un periodista a quién pensaba que le había faltado por entrevistar en su programa, no titubeó en responder que a mí.

Quam inique comparatum est... Habría pasado una semana desde nuestra visita al novelista, cuando Nicolás Sarmiento nos invitó a cenar y a degustar unos cuantos whiskies en casa de su madre, con quien residía. Estaban presentes por igual John Aristizábal, que se había convertido en su amigo más asiduo, y una pareja de españoles, marido y mujer, que como acostumbra ocurrir con los peninsulares, rara vez permitían que uno opinara nada, pues se instalaban sobre la palabra como un monarca absoluto sobre su trono. Ello era tanto más irritante aquella noche, cuanto que él no cesaba de lanzar improperios de mal gusto contra Simón Bolívar, José de San Martín, Francisco de Miranda, Antonio Nariño y todos aquéllos que hubiesen actuado de algún modo en la Independencia de Hispanoamérica. A mí, lo confieso, esa declaración y esa guerra independentistas jamás me han convencido del todo. Pienso que si las colonias hispanoamericanas hubiesen recibido la autonomía y pasado a ser provincias de España, tanto más promisorias hubiesen resultado las cosas, pues constituiríamos la potencia más anchurosa y rica del mundo, con capital en Europa. Pero nadie debe ignorar que el yerro o el pecado implícito en la separación no puede ser achacado a los hijos de estas comarcas: el responsable ecuménico fue ese payaso o bufón o fantoche llamado Fernando VII, que en vez de negociar en términos de civilidad con nuestros apoderados, ordenó la sangrienta Reconquista que cobró la vida de las mentes más nobles y esclarecidas de nuestro territorio. Eso tratábamos Sarmiento, Aristizábal, Aitana y yo de encarecer al iracundo ibérico, sin lograr que pusiera oídos sensatos a nuestras razones. El típico español suele creerse propietario omnímodo de las verdades de este mundo y nunca condesciende a considerar la posibilidad de hallarse equivocado. Se conceptúa omnisciente y siempre apodíctico. Quien no convenga en que su «verdad» es la Verdad, será quizás porque es un mentecato o porque obra de mala fe. La mejor conducta ante seres así no viene a ser otra que el silencio y la resignación.

Traigo a colación lo anterior porque aquella noche, cuando ya nos enfundábamos en nuestros abrigos para mar-

charnos, Nicolás Sarmiento nos comunicó que hubiera
deseado que Rubio-Salazar se hallara en la reunión, pero
no lo habían permitido las condiciones miserables a que lo
reducía la quimioterapia. En realidad, le costaba movilizarse fuera de casa y una intermitente sensación de debilidad
lo obligaba a permanecer acostado buena parte del día. De
improviso, supongo que por efecto de los whiskies, el joven
soltó una confesión desapacible: dijo que, en días pasados,
durante una visita que hizo al enfermo, éste denigró del destino preguntando por qué a un «individuo morigerado» como él (esta expresión me hizo sonreír) le sobrevenía aquel
mal tan implacable, en lugar de atacar a personas como Aitana y como yo, que éramos fumadores recalcitrantes —mientras él nunca había fumado—, habida cuenta de ser el cigarrillo el vehículo más expedito para contraer el cáncer.
Recordó, además, que le llevaba yo ocho años y hubiera
sido mucho mejor candidato para el carcinoma, máxime
si, al menos en los últimos tiempos, solía abusar del alcohol en bastante mayor medida que él. Jamás podré averiguar si Sarmiento decía la verdad o si improvisaba aquella anécdota al calor de los alcoholes. Lo cierto es que tanto
a Aitana como a mí nos inundó una ola de tristeza cuya ca-
ricia abominable percibo todavía cuando memoro aquel
momento. Creo que se puede envidiar la salud de una persona, pero jamás desearle por ello una enfermedad. La verdad es que, hasta aquellos días, había disfrutado yo de una
salud perfecta a lo largo de mi vida. No así Aitana, quien
aunque muchos no lo supieran, había padecido una tozu-
da variedad de quebrantos desde cuando nos conocimos.
Por lo que a mí concierne, me comporté siempre en con-
cordancia con una frase de Jean Coupé, que leí siendo muy
joven, según la cual conservar la salud mediante un rigu-
roso régimen es la más pesada de las enfermedades. También en un libro que adoré en mi adolescencia, las *Charlas*

de café del famoso histólogo Santiago Ramón y Cajal, descubridor de las neuronas, se inquiere con sabiduría si esa «vida pachorruda, comodona y egoísta, enemiga de la acción viril y atenta meticulosamente a la observación del ritmo cardíaco y a prevenir incidentes digestivos y pasionales», merecerá ser vivida.

Claro que, aun si me hubiera cerciorado de que Rubio-Salazar había en efecto proferido aquel comentario disonante, la enorme admiración que por él sentía habría sido suficiente para no permitirme renunciar a su trato. Al fin y al cabo, no me era difícil recordar lo afirmado por Susan Sontag en su muy conocido ensayo *La enfermedad y sus metáforas*. En él, recuerda cómo la mayoría de quienes son informados de padecer cáncer, la primera pregunta que se formulan es: «¿Por qué yo?», deseando significar: «No es justo». En los días subsecuentes, mis diálogos telefónicos con el enfermo me dejaron saber la forma como ahora, por razón de la quimioterapia, padecía náuseas, vómitos y diarrea. En su boca habían hecho aparición algunas llagas y su cabello comenzaba a desgajarse. Por lo demás, según los médicos, su médula se veía afectada en la función de gestar células sanguíneas. Como resultas de ello, sería en adelante mucho más receptivo a las infecciones, pues su número de leucocitos era inferior al normal y, disminuido asimismo el conjunto de hematíes, habría de sentir muy a menudo cansancio y sería probable que sobreviniera la anemia. De cualquier manera, sus defensas eran ahora bajísimas y no resultaba aconsejable, por tanto, su asistencia a reuniones donde se aglomerase la gente y pudiera recibir agresiones virales. Fue así como se vio obligado a declinar ciertas invitaciones a dictar conferencias o a participar en mesas redondas o meramente a cócteles literarios. Pude verlo y saludarlo, sin embargo, unas tres semanas después de nuestra visita, con ocasión de presentar uno de sus libros. Al parecer, los facultativos habían autorizado esa para él verdadera excursión, dado que se hallaba en uno de los períodos de suspensión del tratamiento. Pude apreciar cómo su cuerpo, antes rollizo, se había adelgazado al punto de perderse entre la ropa; cómo su tez había adquirido un color velado y sucio, y también cómo calzaba en la cabeza una de esas gorras de golfista, por cuyos bordes se escurrían hilachas de la que fue alguna vez su cabellera negra, opulenta y lustrosa.

Me sorprendió aquella noche hallar entre la concurrencia a una dama a quien hacía más de treinta años no veía. Carmenza Beltrán era mi paisana y, en mi lejana juventud, cuando aún vivía en Cartagena de Indias y solía departir en la tertulia del Café Metropol con músicos, pintores y literatos, anduve prendado de ella con una especie de afición obsesiva. Jamás recibí sus mercedes, aunque por algunos meses cultivamos una bonita amistad. Era, por aquellos tiempos, una muchacha con inclinaciones artísticas, que la habían impulsado a estudiar violín (instrumento que nunca llegó a dominar) y a forjarse una admisible información en literatura, en artes y en historia. De años atrás no ignoraba yo que había trasladado a Bogotá su residencia, que se había divorciado (su matrimonio fue, al parecer, con un ingeniero industrial que no la trató del mejor modo posible) y que ahora, casados todos sus hijos, vivía sola en un apartamento del barrio Paulo VI. Me alegró el encuentro sólo en la medida en que renovaba una amistad en muchos sentidos amena. La presenté a Aitana; y mi esposa, por ese poder misterioso de intuición que asiste a la mayoría de las mujeres, dejó ver en su rostro la sombra de una sospecha: de algún modo supo que con Carmenza me había ligado alguna vez un sentimiento intenso. Esto, claro, no podía ser sino producto de la vehemente compenetración entre Aitana y yo, que nos impedía ocultarnos nada. Por ese hilo sutil que comunica a quienes se aman pueden transmitirse hasta los más íntimos sigilos. Mi antigua conocida desplegó en esa oportunidad todas las destrezas de su ánimo regocijado y elegante, pero me satisfizo reconocer que Aitana la superaba en gracia y en ingenio. Creo recordar que Rubio-Salazar, con quien Glenda era permisiva hasta lo inverosímil, apercibido de que Carmenza, a pesar de su edad, era aún activamente sensual y disponible, le dirigió no pocos requiebros que me indicaron el modo como trataba de no arredrarse ante el mal que lo consumía. No obstante, fue a Aitana y a mí a quienes mi paisana consagró toda su atención. Cuando nos despedíamos, nos dio la dirección de su residencia y nos pidió ir a cenar con ella en un plazo de dos semanas.

Abordamos el vehículo del taxista amigo y le pedimos llevarnos a casa. La vía que tomamos fue la Avenida Circunvalar, que une el norte y el centro de la ciudad y que, ya avanzada la noche, suele verse aligerada del tránsito frenético que la asfixia en el día y, sobre todo, en las horas pico. En gran parte de su recorrido, señala el límite oriental de Bogotá, lo cual equivale a decir que permite acoger todos los efluvios y el aire purificado procedentes de los cerros. En algún momento del trayecto, el conductor nos hizo notar cómo un hombre de apariencia malcarada y merodeadora corría con un trote resuelto tras el automóvil, casi aventajándolo en velocidad. Nos resultó siniestra, desde un comienzo, su catadura, no distinta de las de tantos indigentes, casi siempre despojos de la drogadicción, que abundan en las calles bogotanas, pero acentuada por un overol negro y una gorra parecida a un chacó del mismo color, que no alcanzaba a ocultar su pelambre erizada y áspera, de la coloración que da la mugre formando costra. Aitana y yo lo observábamos un tanto obsesivamente a través del vidrio trasero, tratando de descifrar su cara prieta y sórdida, en la cual parecían fosforecer dos pequeñas circunferencias en el sitio de los ojos. El hombre insistía con una especie de tesón fanático en esa carrera cuyo solo objeto parecía ser dar alcance a nuestro taxi. Sin expresarlo, nos preguntábamos por qué lo hacía, si sería alguna forma de ejercitarse o si en verdad trataba de cazarnos con la mira puesta en un atraco. Fue el conductor el que opinó primero, para aventurar que se tratase meramente de un loco perseguidor de vehículos, como no deja de haberlos o hacen los niños en esas aldeas adonde poco llegan automotores. De pronto, comprendimos que eran tales la tenacidad y el vigor de aquella persecución que el individuo casi lograba situarse a un lado de nosotros, dando con ello prueba de una complexión atlética del todo inconsecuente con su calidad de posible pordiosero vicioso y mal nutrido.

En cuestión de segundos, lo vimos trotar junto a nuestro vidrio lateral y discernimos cómo en la diestra portaba algo parecido a una varilla de hierro. Con ella empezó a golpear con brutalidad la ventanilla izquierda, una y otra vez, mientras Aitana y yo nos replegábamos hacia la derecha con los corazones al galope. El taxista lo conminaba a alejarse sin que el desconocido pareciera prestar la menor atención. Entonces nos sentimos atraídos por esos discos de sus ojos y comprobamos, con terror, que los traía en blanco, como cuando alguien es víctima de un síncope. ¿Cómo podía ver de esa manera por dónde iba y lo que estaba consumando? Sus golpes en el vidrio, pese a ser éste de una resistencia homérica, comenzaban a resquebrajarlo. Súbitamente voló en fragmentos y el hombre metió su brazo y amagó con agredirnos. El conductor, ante esta situación, hizo un viraje a la izquierda para lanzar sobre él el vehículo. El automóvil patinó en el pavimento y, en efecto, empujó al agresor y lo hizo dar en tierra. Pero, al mismo tiempo, el taxista perdió el dominio y rodamos hacia una cuneta. Con una maniobra escalofriante nuestro amigo logró evitar que encalláramos en ella y retomó el rumbo de la carretera, ahora con una suavidad que nos hizo admirar la pericia con que conducía. El asaltante había quedado tirado en la vía y daba la impresión de retorcerse de dolor, pero muy pronto se puso de pie con un salto y reemprendió la persecución. Ahora, sin embargo, habíamos logrado encaminarnos por un sector bastante poblado y vimos cómo desistía de su propósito internándose en las cuestas llenas de malezas en la margen izquierda de la Circunvalar, donde se esfumó como un espantajo.

—No entiendo —comenté al taxista—. ¿Qué buscaba ese hombre?

—Atracarnos, sin duda —contestó—. Es muy posible que le falte su basuco y quiera conseguir dinero como sea.

—Pero ¿cómo hacía para correr a esa velocidad?

Un silencio perplejo sucedió a mi pregunta.

—Estuvimos a punto de matarnos —murmuró Aitana.

El conductor no respondió. Avanzó por la carrera quinta y en cosa de cinco minutos nos depositó a la puerta de la torre que habitábamos. Ya en nuestro apartamento, transmití a ella mi inquietud por los ojos en blanco de aquel individuo. Y mi casi certidumbre de que no obraba por voluntad propia, sino gobernado por alguna fuerza irresistible. Después de meditarlo y de titubear por unos segundos, exterioricé por fin la idea que me daba vueltas en la cabeza. Dije que podía ser un zombie. Aitana, con mirada de extrañeza, me preguntó si creía en esas patrañas.

—No descarto esa posibilidad —repliqué—. En el vudú negro las almas pueden ser robadas mediante un brebaje nigromántico. Alguna vez conocí las investigaciones de un etnobotánico francés en Haití. De acuerdo con éstas, el escamoteo que vuelve esclavos semisonámbulos a los seres humanos se logra mediante un brebaje hecho con las neurotoxinas de cierto pez del Caribe, más poderosas que el cianuro de potasio, mezcladas con huesos rallados de muerto. Esa pócima sume al sujeto en la catatonía, a fin de que obedezca las órdenes impartidas por un brujo.

Aitana me observaba con aprensión. No resultaba fácil persuadirla de la existencia y mucho menos de la efectividad de tales mejunjes. No obstante, me apresuré a reflexionar:

—Pero ¿no nos ha declarado un brujo la guerra? ¿Sería raro acaso que Armando García estuviera detrás de este episodio?

Ella no dijo nada. Y es lo cierto que el brujo residenciado en Cali no se manifestó por teléfono ni por ningún otro medio en esa ocasión.

VII

Por Nicolás Sarmiento y por John Aristizábal, con quienes seguía reuniéndome periódicamente en el establecimiento del cual di ya noticia, pude enterarme uno de esos días de la existencia, en la Universidad Filotécnica —igual que en otras—, de hermandades o cofradías en las cuales se agrupaban ciertos estudiantes, a veces para informar cenáculos similares a aquéllos frecuentes en los claustros estadounidenses y distinguidos con letras del alfabeto griego; a veces para constituir levantiscas y hasta amenazadoras capillas sectarias con fines meramente excéntricos, o bien siniestros o insondables. Me hablaron, por ejemplo, de la secta denominada «gótica», inspirada quizás en novelas de Lewis o de Walpole, cuyo misterioso cometido imponía rituales —según dijeron— escalofriantes, sin que pudiera descartarse la inmolación de seres humanos. Otra, rendía culto a Satanás y resultaba asaz factible que robara, con destino al sacrificio en las misas negras, niños recién nacidos. La verdad es que en la ciudad, de un tiempo a esa parte, habían sido denunciadas varias desapariciones de rorros. No faltaba, por supuesto, el grupo fascista, integrado por estudiantes cuyos ancestros europeos (ellos se definían como «arios») no dejase rastro de duda, y cuyos fetiches incontrovertibles eran, desde luego, Adolf Hitler y Benito Mussolini. Éstos, a imitación de los neonazis alemanes, solían llevar al rape la cabeza. La información me suscitó, lo mismo que a Aitana, un interés no del todo incuestionable: hubiéramos deseado indagar un poco, sobre el terreno, en tales estrambóticas asociaciones, con el solo propósito de satisfacer una suerte de curiosidad morbosa. Sarmiento y Aristizábal nos advirtieron, sin embargo, que cualquier husmeo por aquellos vericuetos podría resultar, si no en extremo peligroso (bien que podría serlo con algunos de estos grupos), sí francamente repulsivo.

De hecho, Sarmiento había intentado alguna vez inquirir en las intimidades de la secta gótica, acerca de la cual me reveló que, lejos de inspirarse como había supuesto yo en la novela negra del siglo XVIII —poblada, por lo demás, de truculencias intemperantes— y muchísimo menos en el arte desarrollado en Europa entre el siglo XII y el Renacimiento, aquella cofradía secreta era sustentada sobre las extravagancias de una cierta «Ciudad Gótica» en la cual se ambientan al parecer las aventuras del famoso «superhéroe» Batman. Así, las máscaras que adoptaban sus prosélitos no recordaban para nada el gesto tétrico de las gárgolas que pululan en tantas catedrales europeas, sino algo más bien brujesco y caricatural. Algunos de ellos se caracterizaban, por ejemplo, de vampiros humanos (no por la novela de Polidori ni por la posterior de Stoker, mas por la circunstancia de traducir Batman «hombre murciélago»), y en calidad de tales simulaban haberse habituado a la ingestión de sangre de congéneres. Cuando mi joven amigo se acercó a la —sin duda— trivial hermandad con el solo ánimo de conocer en lo que consistiesen sus rituales esperpénticos, pero aparentando interesarse en ingresar a ella, debió como requisito previo donar un litro de su sangre para saciar el pretendido sicio de unos cuantos de sus miembros. Éstos, en presencia de él, la paladearon fingiendo disfrutarla, aunque a todas luces tratando de ingerir el mínimo posible, pues resultaba obvia la repugnancia que experimentaban. En últimas, Sarmiento concluyó que se trataba sólo de muchachos que, como suele ocurrir en la adolescencia, intentaban distinguirse de los demás mediante expedientes totalmente funambulescos. Ello a pesar de insistir Aristizábal en poseer información fidedigna sobre algunos sacrificios humanos realizados en medio de sus ceremonias.

Aitana y yo nos preguntábamos más tarde si aquel talante impostor sería compartido por las otras cofradías de las cuales se nos había dado noticia. Nadie debería dudar —nos decíamos— de cierta ausencia de originalidad en los jóvenes de nuestros días, que pretenden escandalizar con modas adoptadas a la postre por la casi totalidad de ellos, con lo cual consiguen sólo uniformarse y hacer exactamente lo contrario de aquello que anhelan. Tal paradoja atesta en el mundo entero las calles de las grandes ciudades de adolescentes que visten pantalones de mezclilla deliberadamente andrajosos —pues les son abiertos agujeros en las rodillas y en otros lugares menos discretos— y con unos fondillos alargados hacia el suelo y capaces de dejar al descubierto, de puro intento, el área superior de los calzoncillos. Buscando parecer diferentes, logran sólo unificarse y entrar a constituir la parcela menos original de una sociedad que acata las modas, fugaces o a medias duraderas, como si en vez de ser los dictámenes de mercachifles ávidos de dinero fuesen los mandamientos de profetas postremos e inapelables, brotados de una ultramodernidad presuntamente demoledora de lo caduco y, por supuesto, según la falsa creencia, rebelde, futurista y desafiante. Pero no creíamos mi esposa y yo que pudiera ser absolutamente nada de esto último algo que surgía de la codicia de industriales y comerciantes de almas sórdidas, respaldados por una publicidad impulsiva, casi siempre provocadora, que por desdicha consigue maniobrar a los seres humanos cual si fueran polichinelas de tinglado o meros autómatas de un *know-how* arbitrario y siniestro. No sobra reconocer, claro está, la existencia de cierta originalidad en las infaltables camisetas que hoy reemplazan a las camisas de corte sobrio. Los jóvenes se solazan ante todo en las leyendas que llevan en el pecho. No olvidaré la de un gañán hirsuto y descachalandrado que rezaba: «Machista Dios, que las creó inferiores». En la de una jovencita morena y agudamente sensual pude leer: «Si me besas, te enveneno». Aristizábal me había ilustrado sobre cómo algunos muchachos mandaban ellos mismos a diseñar sus camisetas peculiares, dotándolas de leyendas retadoras. En alguna ocasión, Aitana y yo viajamos a Barcelona, para participar en un festival de verano. Nuestro hijo Gustavo nos encargó entonces traerle varias camisetas del «Barza», el famoso equipo de fútbol, que lució luego con orgullo casi teatral. Yo mismo me animé a adquirir una que mostraba el Palacio Episcopal de Astorga, creación de Antoni Gaudí, mas debo confesar que jamás me resolví a vestirla.

No obstante, según Sarmiento y Aristizábal, el grupo quizás más descabalado era el que conformaban los jóvenes autonombrados de la «izquierda indómita», cuyo ideario no cuestionaba las más rancias y superadas ideas del antiguo «comunismo internacional», sino que, por el contrario, sostenía que el prolapso sufrido por la Unión Soviética como consecuencia de la *perestroika* de Gorbachov no había sobrevenido jamás: era tan sólo una fantasía promovida por la prensa capitalista. Para sus militantes, resultaba palmario que el gobierno del señor Putin era un mito gestado por periodistas a sueldo de las grandes multinacionales, y que en la incólume y sagrada U.R.S.S. seguían campando los señores Breznev y Kosyguin con la misma fidelidad a los postulados marxistas que habían sabido demostrar antes que la prensa occidental hubiese resuelto desinformar al mundo con trapicheos deleznables, mediante los cuales deseaban hacer creer en un regreso de Moscú a las querencias burguesas. Decían conocer la verdad gracias a viajes realizados por algunos de ellos, en los cuales, aunque en apariencia constataran la presencia de un régimen no comunista en el Kremlin, habían logrado comprobar, en cambio, que se trataba de una «ilusión virtual» obtenida mediante la avanzada tecnología de Occidente. En consecuencia, respaldaban a las narcoguerrillas que, conocedoras de esa ortodoxia inconmovible, preservaban sus luchas en virtud, no del tráfico de cocaína ni de la extorsión ni el secuestro, sino de grandes remesas de dinero hechas llegar por Moscú a despecho del sabotaje de la banca capitalista. De esta organización casi mística hacían parte, sobre todo, muchachas arrebatadas por irreprimibles frenesíes, muchas de ellas no exentas de ingenio y de gracia, pero enajenadas por aquella quimera fanática al punto de desdeñar las facetas más sensuales y apetitosas de la vida en aras de una lealtad que no admitía desmayos ni avenencias.

Relataba Sarmiento cómo, en una ocasión, embrujado por ciertos conmovedores ojazos color miel, había tratado de acercarse a una de aquellas idólatras con fines nada ocultos de seducción. La joven, en forma un poco insólita (pues mi amigo no ignoraba lo paciente y agotador que resultaba todo intento de cautivar a estas sacerdotisas dialécticas), accedió a beber en su compañía una botella de licor en una habitación de motel. Al comienzo, la muchacha no se opuso a ofrendar la pulpa encendida y humecta de sus labios en enlaces de todo punto embriagantes. Sin despojarse de ninguna prenda (proyecto que el estudiante de literatura planeaba ir cristalizando por etapas como en desarrollo de una contienda de perfiles napoleónicos), se entrelazaron sobre el lecho y trataron de sorberse y auscultarse y asimilarse el uno al otro como en una absorción mutua en que sus cuerpos se tornaran permeables y acabaran fundiéndose en uno solo. Tal situación se prolongó por más de media hora, durante la cual Sarmiento se sintió inmerso en una hoguera de lujuria que —pensaba— debía conducir por imperativo nomotético a una recompensa final de carácter inconcusamente eyaculatorio, siempre y cuando —era clarísimo— que la expulsión se efectuase en los meandros de la gruta vaginal. Mas no pudo ello ser así. Cuando ya mi amigo bramaba de deseo entre aquellas carnes que parecían ofrecerse como en una oblación, de repente la joven, discursiva y hierática como la pitonisa de un Delfos materialista, incorporándose y zafándose de él inició una prédica docta sobre la necesidad de decapitar a los burgueses e implantar en el país la dictadura del proletariado, fuente —según aseveraba— de beneficios y bienaventuranzas. Por algo, según lo afirmó, el *Manifiesto comunista* enseñaba en forma explícita que el «sagrado pueblo» no podría coronar sus fines redentores «más que destruyendo *por la violencia* el antiguo orden social». Se manifestó ofendida por la manera como gran parte de sus «correligionarios» (fue la palabra que usó, conforme lo recalcó nuestro amigo, sin ver que implicaba el concepto de *religión*), a raíz de la catástrofe del comunismo europeo, habían resuelto trocarse en una suerte de «marxistas vergonzantes» y negaban militar en esas filas, simulándose «socialdemócratas» o cosas por el estilo, sin importar que sus ideas siguieran alineándose fieles con los postulados de Marx. Sarmiento sintió encogerse su virilidad, apagarse la llama de su apetito genésico y doblarse su alma como una flor agostada. A partir de ese momento, lleno de rabia y frustración, debió acomedirse en forma un tanto ridícula a rebatir los argumentos de la —por lo demás— intransigente acompañante, mientras apuraba con gesto amargo los restos de la botella.

Nos agradaba que Nicolás Sarmiento no narrase tal frustránea experiencia con palabras patéticas, sino revestido de un buen humor a veces raro en la gente de su edad. A no dudarlo, sabía investirse de inteligencia como Voltaire lo pedía, aun en momentos de invocar en su memoria

trances aciagos. Todavía demoró refiriéndonos otras anécdotas, no tan desoladoras pero sí altamente representativas
del estilo y del proceder de los izquierdistas indómitos, que
veneraban por lo visto al «poeta» Eduardo Obeso y lo habían erigido en su oráculo y en su adalid. Con ademanes so-
lemnes, Obeso los reunía los sábados por la tarde en un aula
recóndita de la Filotécnica (institución accesible sólo a hijos de millonarios) y los instruía sobre la necesidad de tor-
cer (o de cortar) el cuello a ese «cisne de engañoso plumaje» encarnado en sus progenitores plutócratas y oligarcas.
Al parecer, un joven hubo que tomó de modo harto literal
aquella exhortación y, armado de una navaja barbera, intentó trozar la yugular de su padre, un industrial del aceite que consiguió defenderse merced a los aprendizajes de
judo logrados por allá en tiempos del auge de las artes mar-
ciales, cuando los *hippies* y otras corrientes juveniles hicieron volver la faz de la humanidad hacia las tradiciones asiá-
ticas. Al enterarse Obeso de aquella enormidad, se abstuvo
de emitir glosa alguna, acaso porque para él no era una metáfora aquello de estrangular al cisne: todo indica que el verdadero cisne había sido su propio progenitor, que lo obligaba
a someterse al imperio del catolicismo, cuyo vocero gené-
rico venía siendo el cura párroco de su aldea natal, conforme me lo había confiado en una de esas sesiones de confidencias que tanto parecían gustarle y que a Aitana y a mí,
alérgicos a ese tipo de revelaciones íntimas, nos estropea-
ban la digestión.

John Aristizábal, que oía con devoción los relatos
de su compañero, agitó su larga melena en este punto para
hacerle caer en la cuenta de no haber dicho nada sobre una
de las hermandades más llamativas (si bien no tan estentó-
rea) de su universidad. Se trataba de los llamados «logotetas». Constituían éstos una pequeña comunidad, bastante
reservada y hasta cautelosa, de jóvenes dotados de ciertas

capacidades óptimas, en especial por lo atinente a las altas matemáticas, a la tecnología informática y a las ciencias experimentales, cuyos cerebros se reputaban superdotados en tanto sus cuerpos se veían afligidos por extraños impedimentos y aun por contrahechuras que podían llegar hasta a hacerlos repugnantes. Tanto Aitana como yo pensamos al rompe en los *nerds* de las universidades estadounidenses, a quienes sus camaradas universitarios solían marginar y, a ratos, poner en solfa. El espécimen criollo, sin embargo, al menos en el ámbito de la Filotécnica, por sí mismo había adoptado como mote el de «logoteta», voz derivada del griego *logothétes*, que traduce «el que pide y pesa las razones». Recordé yo que logotetas eran llamados en la Iglesia Ortodoxa los ministros encargados de la superintendencia en la casa del patriarca, del cual venían a ser algo así como grandes cancilleres o vicarios generales. En el caso que nos ocupaba, el vocablo parecía designar a aquél que posee inmensa curiosidad intelectual, razón por la cual inquiere sobre los fenómenos para luego justipreciarlos en la balanza. Con vergüenza debo confesar que, a diferencia de mi esposa, que por regla general acostumbraba acogerlos y hacerlos objeto de finezas, a mí estos gnomos aparentemente geniales me producen urticaria y, a ratos, arcadas. Líbreme Dios de creer en la genialidad como hermana inseparable de los físicos anómalos o monstruosos. Empero, al sugerir (apenas sugerir) tal sentimiento en la mesa alrededor de la cual nos reuníamos, Aristizábal se apresuró a informarme que había en el departamento de humanidades una logoteta bastante avezada en la construcción de poemas, para quien mi obra poética resultaba el manjar por excelencia.

—Le tiene levantado un altar —me aseguró, mientras con los ojos me escudriñaba en busca de reacciones—. Por otra parte, puedo garantizarle que la mayor felicidad para ella radicaría en poder conocerlo y conversar con usted.

No quiero negar que esta clase de revelaciones halagan a menudo a los literatos, máxime cuando en mi país la enorme mayoría es iletrada, al menos en punto a literatura, y ésta suele importarle un ardite. No obstante, aún indagué lleno de desconfianza:

—¿Sobre su cuello lucen dos cabezas? ¿Es tartamuda? ¿Padece labio leporino u ostenta dientes como seguetas aviesas? ¿La dobla una joroba? ¿Es calva como la Reina Virgen?

Aristizábal se abstuvo de sonreír ante este interrogatorio procuradamente chusco y, mirándome con gravedad, se limitó a comentar:

—Por una parte, es dulce y franca como un párvulo; por la otra, es obesa como un pánzer de la Segunda Guerra. Pero se me ocurre que usted disfrutaría en grado sumo su plática. Es quizás la mayor admiradora que haya podido encontrar.

Una espina de remordimiento empezó a humillarme el alma. Con total certidumbre de haber hecho el payaso en forma intonsa, corregí mis ademanes y, adoptando también un aire grave pero sin hacer absolutamente de lado cierto escrúpulo, insinué:

—¿Y por qué no la han traído conmigo? Ya saben que no acostumbro, como sí algunos colegas con hinchazones anímicas, ser un ogro para con mis lectores. Tráiganla.

La cosa se convino sin más rodeos. Helena Jáuregui sería conducida a mi presencia lo más pronto posible. Ya en casa, no dejé de transmitir a Aitana mi aprensión respecto al sentimiento que pudiera inspirarme toda una logoteta aparatosa, toda una *nerd* llena de sagaz discernimiento, toda una repolluda de insignes y exaltados mofletes. Mi esposa, que en otras circunstancias hubiera juzgado pertinente someter a la desconocida a sutiles exámenes previos antes de cobijarla bajo nuestro manto sagrado, aquella vez hizo gala en cambio de un humanitarismo pleno de misericordia y tal vez de caridad cristiana, para sentenciar ante mi asombro que la generosidad debía ser una virtud del corazón y no de las manos y que la dicha radicaba casi siempre en vivir para los otros. Traté de hacerle reparar en el modo como un poeta vive en verdad para el género humano, tratando así de escudarme tras una (del todo ilusoria) condición de lirida abnegado y quizás sacrificial, pero ella retrucó sin titubear que mayor bien iba a hacerme Helena Jáuregui aceptando mi largueza que yo prodigándola. No pude menos sino sonreír ante aquellas ocurrencias pungentes y me resigné de allí en adelante a recibir con albricias al ser probablemente anómalo y fenomenológico que pronto me sería presentado.

Menos de veinticuatro horas después, el hecho se consumó. Sarmiento y Aristizábal se personaron en la cafetería habitual trayendo consigo a una mujer (era una chica, pero su empaque se resistía a proporcionar esa imagen de juventud), una mujer de traza totalmente redonda, semejante a un bocoy abundante en carnosidades y también en pliegues que dejaban colgar lonjas impresionantes y asimismo en algo como papadas a la manera de neumáticos o de balones a punto de reventar por el aire excedente. Su rostro, sin embargo, presidido por un par de grandes ojos avellanados y sinceros —cuya mirada parecía denunciar una especie de permanente asombro ¿o acaso de espanto?—, semejaba el de uno de esos ángeles rollizos pero adorables de la iconografía renacentista. Era en cualquier caso, pese al exceso de su continente, una aparición angélica. Avanzaba con dificultad palmaria (acababan de bajarla de un taxi y ello implicó todo un largo dispendio de energías), pero se embebía en mí como si fuese a acceder a una especie de místico errante o *darvis* de los persas cuyo arrimo fuese casi una entelequia. Estreché la mano regordeta, debo confesarlo, con la delicadeza con que habría tomado la de una hamadríade. Aitana se animó a intercambiar con ella besos de saludo, mientras con su mirada me instaba a conducirme del modo más gentil. Sin duda, la conmovía en un sentido tierno y tal vez sedante esta epifanía tapizada en franqueza y dulzura. Más que nunca comprendí aquel día cómo un rostro llano y veraz puede suprimir por sí solo cualquier cúmulo de defectos o fealdades en el resto de una complexión.

Al comienzo, Helena Jáuregui se atareó casi con primor en ponerme de manifiesto su admiración. Me sentí en el deber de prevenirla sobre el peligro de trasladar al autor el entusiasmo que, en realidad, nos ha inspirado su obra. No siempre se condicen el poeta y su poesía, y es lo más probable que, por el contrario, luego de caer fascinados por ésta suframos una desilusión muy perturbadora al comprobar que el autor no parece habitar esos mismos climas de éxtasis y de milagro. Acaso por pura cortesía, pero santificada por una dulzura que a Aitana y a mí nos penetraba como una onda de paz, dijo estar segura de que no habría de ocurrir conmigo tal cosa, porque en mi semblante podía leer lo que era yo en lo profundo. Creo, sin embargo, que fue la presencia de mi esposa la que generó ese sentimiento de agrado, pues no suele acontecer que lo origine el ser nervioso y confuso que soy. Y menos en el momento en que la recién conocida creyó procedente referirse a su propia gordura descomunal y al enfado que solía suscitar en ciertas personas.

Confesó, en primer término, pesar alrededor de cuatrocientos kilogramos, lo cual le acarreaba dificultades extremas para movilizarse. Por si fuera poco, en esta época en que la delgadez se había erigido en moda tiránica, y en que no pocas féminas exponían su vida sometiéndose a tratamientos en alto grado peligrosos con la esperanza de rebajar de peso, numerosas chicas orgullosas de su silueta, tanto en la universidad como en otros escenarios, le dirigían reproches y la insultaban llamándola «cerda impúdica» y otras lindezas. Al exponer esta situación, vimos humedecerse sus ojos noblemente bellos. Nos dijo que su máximo temor era el de quedar inválida en cuestión de meses y tener que someter a sus familiares y allegados al engorro de prodigarle cuidados constantes. A ello prefería la muerte. Recuerdo que Aitana, con esa misma sabiduría de que he dado cuenta ya, supo sortear el trance con palabras suaves y lenitivas. Entonces, Helena Jáuregui liberó por completo las fuentes de su llanto y nos reveló que su obesidad poseía un origen psicológico centrado en una tragedia imprevista que, cinco años atrás, había hundido a su familia primero en la desesperación y luego en una congoja incurable. Creo que, quizás como un ademán cortés aunque maquinal, los ojos de mi esposa y los míos la exhortaron a vaciar su espíritu relatándonos los pormenores de ese drama.

Había sobrevenido hacia 1999. Una noche, su hermana Anita, que era madre soltera, pidió a ella y a sus padres quedar a cargo de su bebé de nueve meses, pues asistiría a una pequeña fiesta en casa de amigos. Partió en su automóvil Renault y nadie se preocupó más. Anita adoraba a su bebé y todos abrigaban la seguridad de que, antes de la medianoche, estaría de vuelta para atender al último biberón y arrullar a la criatura. Hacia las once, sin embargo, la hermana telefoneó para avisar que tardaría un poco, quizás hasta la una o una y media. Por eso, cuando hacia las cinco de la madrugada no había comparecido aún en casa, sus padres comenzaron a inquietarse. Al fin y al cabo, Anita era persona de hábitos muy puntuales y, sobre todo, no estaba en su natural desatender por una noche entera a su hijo. Pasaron las horas y eran más de las diez de la mañana cuando decidieron llamar a la policía. La voz masculina que respondió en la comisaría objetó que no les era permitido iniciar una investigación sobre presunto desaparecimiento sino al cabo de tres días. Después de todo, un ciudadano se encuentra en su perfecto derecho de ausentarse por un tiempo breve sin dar anuncio. Todos fingieron, tras esta gestión, recobrar la calma y se atarearon en quehaceres diversos. A las tres de la tarde, no obstante, la paciencia de Helena y de sus padres daba ya paso a la alarma. Volvieron a comunicarse con la autoridad y aseguraron que el hecho era en extremo preocupante, dadas las costumbres escrupulosas de la ausente, incapaz de dejar al bebé en las manos así fuera de su familia por un período demasiado largo. Pero la voz al otro lado de la línea continuó inflexible: antes de tres días no sería posible (se hallaba claro en el código de policía) emprender una investigación.

Ocurrió entonces algo insólito. Al Centro Automático de Despacho de la Policía entró un telefonema de alguien identificado como Maritza Ordóñez, quien aseguró ser médium y clarividente y haber percibido con sus facultades mentales un mensaje del más allá, proveniente de una mujer joven recién asesinada. Por aquella comunicación sorpresiva podía saber que se trataba de una persona cuyas iniciales eran A. J., que había sido ultimada a cuchillo hacia la medianoche y cuyo cuerpo, envuelto en una frazada color violeta pálido, había sido arrojado a unos treinta metros de la Avenida de Circunvalación, en las faldas de Monserrate. La interlocutora mental argüía que no tomaría la senda de la vida ultraterrena si antes su cuerpo no era localizado y entregado a su familia. El funcionario que recibió la llamada trató con cortesía a la denunciante, lo cual no impidió que colgara con prisa y, desde luego, no concediera un ápice de crédito a semejante denuncia de cariz metafísico. Y todo, de momento, hubiera parado allí, a no ser porque, a eso de las cuatro de la tarde, un agente de policía halló en cierto callejón de Teusaquillo un bolso de mujer cuya documentación indicaba su pertenencia a alguien llamado Anita Jáuregui. Transmitida la información por la red cibernética de la policía, en la comisaría a la cual habían acudido los padres de Helena relacionaron el hecho con aquel pedido de auxilio y procedieron a entrevistarse con la familia a la cual pertenecía la propietaria del bolso.

Sólo entonces Helena, que en aquel tiempo no era precisamente esbelta pero tampoco había llegado a los extremos de obesidad en que la conocimos, recordó que su hermana, al telefonear a las once de la noche, había dado razón de un número de teléfono —el del apartamento donde se celebraba la fiesta— para caso de ser requerida. Con presteza, la policía se comunicó con esa línea y supo que la mujer en cuestión había abandonado aquella vivienda hacia las doce y media en compañía de un individuo llamado Néstor Uriza. Ante la imposibilidad de efectuar una pesquisa en el apartamento, por la necesidad de una orden judicial, los investigadores, ahora de la Fiscalía, procedieron a localizar al tal Uriza y someterlo a interrogatorio. El hombre —que, por cierto, tenía a su haber un viejo prontuario de delitos— declaró que, en efecto, a la hora indicada había salido de la fiesta en compañía de Anita, pero que nada de especial hicieron juntos y que todo se limitó a ser transportado por ella, en gesto galante, hasta el barrio de Teusaquillo. Se despidieron, dijo, en la entrada de su vivienda y ella prosiguió hacia la suya en el automóvil. Los fiscales no creyeron una palabra, mas era lo cierto que nada podían hacer contra Uriza, por ausencia de material probatorio.

Fue entonces cuando uno de los investigadores, al corriente del telefonema hecho por la pretendida médium y clarividente, decidió comunicarse con ella y solicitar —pese a la opinión escéptica de sus colegas de la Fiscalía— su colaboración. Maritza Ordóñez acudió con diligencia, ganosa como se encontraba de prestar toda la ayuda que pudiera. Se trataba de una antigua maestra de escuela que, al cabo de años durante los cuales sus sentidos se debatían en percepciones ultraterrenas de las cuales no daba noticia por temor a ser considerada loca, resolvió un buen día encarar las opiniones ajenas y colocar al servicio de la comunidad sus facultades nada comunes. Pidió ser conducida al lugar que la difunta le había mentalmente señalado, en las faldas de Monserrate. Una vez allí, dijo percibir a la perfección la silueta de Anita Jáuregui que, ataviada con un vestido carmesí de noche (el mismo que llevó a la fiesta), le indicaba el sendero que debían seguir para hallar su cadáver. Lo hicieron, pues, y tras fatigosas exploraciones y rastreos con instrumentos de flamante y casi inédita tecnología, dieron con una superficie de tierra recién removida, que muy bien podía indicar una tumba. Y, en efecto, al cavar profundo y retirar la elocuente frazada color violeta pálido, ya entrevista por la clarividente, el tono carmesí de la vestimenta del cadáver denunció muy a las claras que se trataba de no otra que Anita Jáuregui.

El hallazgo contribuía a la investigación sólo en la medida en que era precisa la existencia del *corpus delicti* para dar a aquélla principio con todas las de la ley. De momento, claro está, seguía habiendo pobreza de pruebas contra Néstor Uriza. Por fortuna, no resultaba difícil ahora, según lo anotó uno de los fiscales, agenciarse una orden judicial para requisar el apartamento en donde la fiesta había tenido lugar, gestión que se tramitó sin pérdida de tiempo. Y así, al aplicar luminol a pisos, paredes y alfombras de una de las habitaciones más íntimas, brillaron como ojos de cíclope o como esos fanales que son en Góngora «émulos casi del mayor lucero», rastros de sangre que, examinados a la luz del ácido desoxirribonucleico, resultaron proceder de la infortunada Anita. El fiscal que dirigía la pesquisa informó que, a pesar de todo, Uriza continuaba amurallado de inmunidad, intocable en sus prerrogativas, pues —aunque resultara dilúcido que mintió cuando dijo haber sido llevado a casa por la difunta— ello no lo relacionaba en forma concluyente con el asesinato, y de proceder a ponerlo ante un juez con sólo ese indicio feble, se corría el peligro de que fuese absuelto. Fue aquí donde Maritza Ordóñez fue traída de nuevo a cuento, ya que se imponía localizar el automóvil de Anita Jáuregui para allegar mayor material probatorio. Un poco antes, la policía había establecido contacto con un joven amigo de Uriza, quien reveló la forma como este último lo había visitado en la mañana posterior a la fiesta, para suplicarle que lo ayudara a «desaparecer un auto». El así requerido se negó, pues de sobra conocía las actividades oscuras del otro y temía comprometerse en algo criminal. Como ignoraba que Uriza poseyese vehículo alguno, atisbó por la ventana de su alcoba y lo vio partir a bordo de un Renault de idénticas características que el de la víctima. Interrogada sobre el paradero del carro, la clarividente indicó que, según podía vislumbrarlo, había sido abandonado en un aparcadero del sector de Teusaquillo. Su hallazgo —realizado por uno de los muchos agentes desplegados por el área para reconocer todos aquellos estacionamientos— permitió encontrar en el automóvil rastros tanto de la sangre de Anita como de la frazada en que fue envuelta e incluso de la ropa que vestía el asesino, cuyas huellas dactilares constelaban la tapicería. Era evidente, de resto, que el vehículo había sido conducido hasta allí por un hombre de buena estatura, ya que el asiento del conductor se hallaba corrido hacia atrás, posición en la cual la propietaria, mujer de no más de metro sesenta, no hubiese conseguido maniobrarlo por falta de una visibilidad adecuada.

En este punto, Uriza confesó y fue encarcelado. Nunca, sin embargo, accedió a franquearse sobre los móviles de su acto aborrecible. Los investigadores opinaron que quizás lo había perpetrado «sólo por divertirse», lo cual, según dijeron, no era extraño en ciertos seres degradados. Declararon además, casi con unción, que nunca más pondrían en duda las dotes clarividentes y mediúmnicas de ciertas personas. Maritza Ordóñez intermedió, por lo demás, para que Anita Jáuregui pudiese comunicarse con su familia a fin de despedirse, recomendar un máximo cuidado con su hijo y anunciar que se aprestaba a internarse en el túnel de luz que habría de conducirla al mundo de los espíritus. Tal exhortación desde el trasmundo valió de poco a lo que parece. Aunque la promesa atinente al bebé fue hecha, ello no obstó para que los abuelos, pretextando no estar en edad de criar mocosos y cuestionando la competencia de su hija menor en tales menesteres, optaran pronto, sin atender a los ruegos de esta última, por entregar el nieto en adopción a una pareja de noruegos infértiles llegada al país en busca de un crío a quien redimir, según decían, de los horrores del tercer mundo. Dos años más tarde, un juez con cuerpo de lagartija y rostro de hiena —conforme a la irritada descripción de Helena Jáuregui— consideró prudente condenar al asesino a cinco benévolos años de prisión, con opción a la libertad por buen comportamiento. Así pues, en el instante en que ella nos narraba aquella atrocidad, el delincuente se hallaba libre ya, abroquelado en derechos humanos, cargado de garantías y acaso en disposición de consumar una nueva vileza. No hay duda, pensé: no hay mayor enemigo de la justicia que los tribunales y la ciencia del derecho. La historia, por lo demás, me aportó una segunda cavilación incontrastable: se imponía que trabásemos conocimiento alguna vez con Maritza Ordóñez, cuyos dones —si lo narrado era auténtico de comienzo a fin— parecían extraordinarios.

A aquellas alturas de la conversación, ya habíamos Aitana y yo descubierto que, si Fernando Pessoa escribió que «todos los hombres son excepciones a una regla que no existe», Helena Jáuregui constituía una excepción a todas las reglas. Una de ellas, por ejemplo, la que hace de las mujeres obesas genuinos incendios de lascivia: la *nerd* y logoteta, según ya nos lo habían informado Sarmiento y Aristizábal, era casta como si debiera velar por siempre el altar de una diosa virgen. En tal aspecto podía jugar, desde luego, el orgullo, al no querer arriesgarse para nada a ser objeto de rechazos destemplados por parte de varones majaderos. Quizá por idéntica razón su cerebro se abstenía de incubar fantasías sobre acosos masculinos. Tampoco vivía llena de esos resentimientos originados en el maltrato que suelen recibir (pues se cree erróneamente que se atracan con todo género de grasas y golosinas) y que caracterizan habitualmente a estas hembras cuyo empaque recuerda un arma acorazada de artillería. Pese a haber su padre fallecido uno o dos años atrás, no vivía atada a su madre (otra de las típicas formas de fuga de las rebultadas) y, por el contrario, departía llena de camaradería con sus condiscípulos, que accedían a socorrerla en su ardua movilización. Aunque la situación del hogar no fuera del todo opulenta, pues debían vivir de la pensión de su progenitor, se encontraba becada por la Filotécnica, gracias a sus habilidades y potenciales. A contrapelo de sus tribulaciones, sonreía muy a menudo, siempre exenta de esa picardía perversa que es a menudo insignia de las obesas. Quien mandaba en su hogar, según declaraba con palmario regocijo, no eran ni ella ni su madre, sino su perro «Mosquetero», un *setter* inglés de rostro bondadoso y suave pelaje al cual había criado desde su nacimiento.

De resto, aunque aseguraba haber acometido las dietas más implacables y las liposucciones y tratamientos más perniciosos, había terminado por resignarse y sentirse feliz con su balumba fisiológica. Al fin y al cabo, ésta le permitía diferenciarse de los demás mortales y, en honor a la verdad, prefería ese mogote logotético en que se había convertido a parecerse al común de las mujeres, ansiosas de hallar marido por artes de coquetería y de agenciarse comodidades superfluas. ¿Conservaba, pues, la autoestima, que pierden casi todas las muchachas rechonchas? No creo equivocarme al afirmar que sí. Ello a pesar de que su condición no dejara de acarrearle molestias y, a veces, desembolsos engorrosos: para viajar en avión, verbigracia, debía reservar para ella sola dos asientos, cuyo separador era retirado a fin de dar cabida a su corpulencia. Coronar la escalerilla para llegar a la cabina le exigía la ayuda de al menos dos azafatas. Si alguien la acompañaba en la parte trasera de un taxi, debía encogerse y pegarse a la portezuela a despecho de los esfuerzos que hacía ella para proporcionarle cierta holgura. En suma, vivía en una anormalidad agobiante pero ello de algún modo se había vuelto una costumbre y no deseaba, a estas alturas, experimentar metamorfosis alguna que ante sí misma fuese a convertirla en una extraña.

Por supuesto, Aitana y yo, con toda la sutileza que era del caso, inquirimos en lo que constituyese su formación literaria, conocedores como éramos de la muy escasa que es recibida en las universidades. Su versación en autores tanto modernos como clásicos nos deslumbró sin talanqueras. Sabía de memoria —y esto era ciertamente sorprendente— poemas de los decanos de la literatura griega y latina en su propia lengua. Se movía por el Siglo de Oro como por su parroquia. Dominaba varias lenguas y se repartía con familiaridad entre muy diversas corrientes no sólo literarias, sino filosóficas. Cuando tratamos de indagar en su propia producción poética, de la cual Sarmiento y Aristizábal nos habían hablado, lejos de derramarse en citas interminables de la misma, como hubiese hecho cualquier poetisa del montón (en especial si era gorda), se blindó en un ademán púdico y declaró que sólo daría a conocer sus versos una vez

concluido y depurado con extremo detalle ese primer volumen que algún día habría de publicar. Esto nos la creció
enormemente y ahora vimos en sus ojos, siempre tan dulces y tal vez acariciadores, un fulgor que indicaba no vanidad ni complicidad consigo misma, sino ante todo rigor.

A partir de aquel día, Helena Jáuregui se incorporó
a nuestra breve tertulia por un tiempo también desdicha-
damente breve. Jamás imaginamos que la maldición que había empezado a llovernos fuese a envolverla a ella por igual
como la proyección de una inmensa ala córvida que nos cu-
briera y nos arrastrara en una nube de negrura.

VIII

A la cena con Carmenza Beltrán asistimos en compañía de nuestros hijos Fabián y Gustavo, así como también de María Jimena, la esposa de este último. Resultó una sorpresa agradable encontrar allí, invitados por igual, al antiguo periodista Piero Casas y a su mujer Yadira. Un octavo convidado había: se trataba de un joven alemán, Richard Nessler, a quien conocíamos ya de tiempo atrás y que decía trabajar con una de esas llamadas «organizaciones no gubernamentales» que elaboran informes sobre la situación social y el respeto a los derechos humanos en el así denominado tercer mundo. Estos observadores —lo sabíamos por larga experiencia— vienen siempre saturados de prejuicios fantasiosos y de ideas peregrinas acerca de nuestras sociedades. Ven, por ejemplo, en los grupos guerrilleros a entidades brotadas de una loable generosidad, que roban a los ricos para dar a los pobres. Pasan por alto que son en realidad enormes cárteles del narcotráfico y que se enriquecen asimismo gracias al chantaje y al secuestro. Cuando esos grupos, en desarrollo de sus designios sombríos, perpetran masacres entre la población civil, esas organizaciones (casi siempre europeas) guardan un silencio como sellado con lacre. No, en cambio, cuando los muertos, por acción inevitable del gobierno, pertenecen a las filas de la guerrilla, que suele emboscar a los regulares para atacarlos por sorpresa. En este último caso, se rasgan las vestiduras y acusan a la autoridad legítima de violar los derechos humanos de aquellos criminales. En sus muy publicitados informes se esconden, pues, la parcialidad y el prejuicio como el diablo en la letra fina.

Carmenza, que vestía aquella noche un pantalón de mezclilla con una dorada mariposa bordada en uno de los bolsillos traseros, mitigado —por así decirlo— mediante una blusa con estampados de orquídeas, inauguró la reunión con una interpretación de Rimsky en su piano eléctrico, uno de esos artefactos que en forma automática producen la parte armónica y cuyo sonido resulta, por lo mismo, un tanto desentonado. Los whiskies ya servidos en las rocas ayudaron a paliar la sensación de inconsistencia con que su música hubiera podido llegar a embargarnos. Ella, desde luego, se sentía muy inspirada y creía estar envolviéndonos en una atmósfera de ensueño. Nadie se atrevió —por descontado se daba— a cuestionar su ejecución, pero al concluirla creo que todos suspiramos de alivio. Nada como la música —«lengua de los ángeles» según Carlyle— exige la perfección más acabada, sin la cual su excelsitud se transforma en algo fragoso y, acaso, deprimente.

Piero Casas, que pese a haberse retirado hacía años del periodismo seguía alentando una curiosidad de pesquisidor de primicias, largamente interrogó a Richard Nessler acerca del método y la perspectiva con que su organización encaraba los hechos nacionales. No pienso que exagere si digo que el joven alemán respondió con frases bastante ambiguas. Cierto es que se preocupó por aclarar de qué modo en la sede ginebrina falseaban un poco sus informes, a fin de maquillar aún más la imagen de las guerrillas, frente al que consideraban «régimen dictatorial» instaurado en Colombia, pero fue ésa la única faceta veraz de su exposición. No he logrado entender por qué los europeos imaginan «dictatorial» todo gobierno latinoamericano, pese a haberse originado en elecciones libres y mantener, al menos en Colombia, la más amplia libertad de expresión. Durante los peregrinajes de Aitana y míos por el Viejo Mundo, hartas veces oímos la calificación de «fascista» para cualquier gobierno que en ese instante rigiera nuestros destinos. Los europeos no han logrado superar la costumbre de imaginar caprichosamente el resto del mundo, sin la menor comprobación empírica. Lo que les dicte su fantasía arbitraria, eso piensan que somos. No obstante, si se quisiera de un modo irrebatible tildar de «fascista» a cualquiera de los regímenes establecidos en nuestra patria, sería preciso ignorar lo que fueron gobiernos esos sí fascistas como el de Franco en España o el de Pinochet en Chile. O evocar los tiempos del nazifascismo italoalemán. En algunos países de Europa se abren, por ejemplo, colectas públicas para socorrer económicamente a nuestras guerrillas, desconociendo que esos dineros son mirados con desprecio y hasta con ruidosos sarcasmos por esas juntas de alzados en armas que atesoran en forma constante miles de millones de dólares por su acción delictiva, al extremo de poseer, hoy por hoy, y gracias a esos réditos, armas novísimas y sofisticadas a su servicio.

Algunas de estas consideraciones se animó Piero a exhibir ante el rostro escéptico y casi burlón de Nessler. Éste, que ya en cierta reunión en mi apartamento había soltado algunos conceptos desobligantes sobre nuestra manera de vivir, replicó con la misma ambigüedad de que antes había hecho ostentación. Dijo, entre otras muchas cosas, que la América latina jamás había sopesado lo que debían ser las rutas auténticas de su destino. Que siempre tratábamos de «parecer europeos», sin ver que nuestra sangre difería en absoluto de la blanca europea, lo cual debería forzarnos a conductas no sólo disímiles sino un poco menos soberbias. Aitana le preguntó en qué sentido pensaba que éramos soberbios. Si sería porque sentíamos el orgullo de nuestros recorridos históricos, que nos habían permitido acceder a la democracia mucho antes que Europa.

—Pero a una democracia de opereta —repuso el alemán—. ¿O es que no ven la corrupción que inficiona a vuestros regímenes?

Pensaba yo entretanto que aquella no era mi noche. En el fonógrafo se oían, para colmo de mis pesares, canciones fundadas en poemas de Antonio Machado y de Miguel Hernández, prostituidos en la presuntuosa voz de ese catalán empalagoso llamado Joan Manuel Serrat.

—¿Y va usted a sostenerme —insistió mi esposa— que en los gobiernos europeos no existe la corrupción? Ahí tiene, por ejemplo, el de Berlusconi en Italia.

—¿A usted no le parece —retrucó el engreído teutón— que esta guerra que se libra en Colombia hace como cuarenta años es producto tan sólo de la irracionalidad asesina de sus compatriotas?

—En ese caso —tercié, para prestar a Aitana un poco de apoyo—, habría que considerar la abismante irracionalidad de los europeos, que los condujo entre 1939 y 1945 a una de las matanzas más atroces que recuerde la historia humana. ¿O ha olvidado usted las cámaras de gas de Hitler, el holocausto de judíos practicado en su patria? ¿O el aún peor que consumó Stalin en la Unión Soviética?

—El socorrido holocausto judío durante la Segunda Guerra Mundial fue sólo una leyenda inventada para desacreditarnos —arguyó Nessler—. Así lo demuestran las investigaciones más recientes. Los alemanes estamos cansados de que se nos acuse de horrores absolutamente ficticios.

Tanto Piero Casas como mis hijos se apresuraron a rebatir aquella aserción alucinada, pienso que con ventaja apenas presumible, aunque no lo sé a ciencia cierta pues la verdad es que sentí necesidad de ir al baño y me ausenté por momentos de la sala. Cuando salía, vi con sorpresa que Carmenza Beltrán se había apostado en el pasillo, a todas luces para abordarme a solas. Ante la interrogación de mis ojos, me hizo señas de ser discretos y casi en susurros me preguntó si era cierto, tal como se lo había asegurado un amigo común, que yo penaba por ella en los días en que nos conocimos. Le respondí que aquello era una verdad más grande que el Everest, pero que no menos cierto me parecía que quizás no hubiera sabido yo dárselo a entender por esa época como era debido. Acercó su rostro al mío y confesó que, de haberlo hecho, sin duda me habría dado calabazas, lo cual —según adicionó de inmediato con un mohín de aflicción— juzgaba ahora un error de ésos que se pagan con una vida torcida. Me permití un gesto de filósofo barato y opiné que, pese a todo, ya no había remedio y no eran horas de dar vueltas al asunto. Para mi asombro, respondió que debía yo pensarlo con cierta calma, pues se encontraba en la posición —separada hacía rato de su marido— de enmendar aquella falta sublime. Debo confesar que, por segundos, el atractivo incuestionable de aquella mujer golpeó mis sentidos como el tajamar una marea colérica. Pero supe recobrar a tiempo la entereza y dije, mientras fuerzas innumerables gritaban en mi interior que no arrinconara aquella oferta radiante:

—Qué lástima, Carmenza. Pero he conocido la dicha durante casi cuarenta años al lado de Aitana, y lo mínimo que le debo es una lealtad de hierro. Los amores tienen su momento y el de nosotros pasó sin pena.

—Y sin gloria —completó ella, inclinando la cabeza. En ese instante vi que María Jimena, mi nuera, venía hacia nosotros para ir también al baño. Creí percibir en su cara una sombra de extrañeza o de confusión al vernos tan cerca el uno del otro, en un diálogo ostensiblemente íntimo. Le sonreí con la ilusión de deshacer así todo recelo. La esposa de Gustavo sostuvo la gravedad en su gesto, entró al baño y cerró la puerta.

Volvimos a la sala. Di gracias al cielo al comprobar que la conversación había tomado un rumbo diferente de aquél en que la dejé. Fabián hablaba de literatura y Piero Casas le solicitaba referencias sobre algunos autores a los cuales no había llegado a leer. Nessler tenía fija la mirada en el piso: o bien maquinaba la manera de regresar al tema postergado, o bien expresaba a secas su disgusto al oír que mi hijo mayor elogiaba ciertas obras hispanoamericanas. Ello me trajo a la mente una vieja anécdota. En cierta ocasión, un profesor alemán de literatura en español me reveló que las editoriales comerciales de su país (había que hacer la excepción de las universitarias) sólo se interesaban en traducir un libro oriundo de esta parte del planeta si su autor era guerrillero o mujer u homosexual. Le respondí que comprendía la primera condición y también la última, ya que envolvían una dosis apetecible de escándalo, mas no por qué aquel privilegio para las damas de péñola. Con una risa que entrañaba cierto desprecio por las creencias de sus compatriotas, el *Professor Doktor* me explicó que existía en Alemania una conmiseración infinita hacia la mujer latinoamericana, por imaginarla proscrita, sometida, vituperada, maldecida, desdeñada y apaleada por el machismo inmarcesible del varón criollo. Pude así discernir cómo literaturas tan mediocres como las de ciertas *bestsellerists* de finales del siglo XX pudieron cautivar el entendimiento germánico al extremo de la conmoción, las lágrimas y el auténtico desvarío.

Pensaba en ello cuando, de repente, comprendí que la charla había vuelto a los cursos que creía superados. Al oír alguna referencia a Borges, Nessler se había venido como un ariete contra el escritor argentino. Sostenía que su literatura y su estilo eran imitativos de ingleses y de alemanes. Le pregunté si era que hallaba en Borges, por ejemplo, esas desesperantes *hipotaxis* tan frecuentes en la prosa alemana. Dijo no saber lo que pudiera significar hipotaxis, pero sí preguntarse en cambio por qué no parecía existir relación entre el europeizante autor de *El Aleph* y sus ancestros los incas. No pude sino echarme a reír antes de explicarle que los argentinos no descendían de los incas y que igual podría yo inquirir por qué no parecía existir tampoco relación entre una gloria de la literatura estadounidense como Edgar Allan Poe y los pielesrojas. Repuso que los Estados Unidos constituían caso aparte, ya que, al hallarse poblados ante todo por gente de raza blanca, eran una prolongación de Europa. Lo único que acerté a expresar ante tamaña verdad fue que, en efecto, eso explicaba la razón por la cual el oro de Washington se había vertido a manos llenas, a través del Plan Marshall, sobre la Europa devastada por la Segunda Guerra Mundial, y a la América latina, en cambio, sólo fingían los gringos ayudarla a través de farsas tan embrollonas y embaucadoras como la antigua y mal llamada Alianza para el Progreso.

—Precisamente —argumentó el alemán—. Ellos se sienten llamados a la solidaridad con nosotros porque somos de la misma sangre. La sangre llama. A ustedes los ven sólo como bestias de carga. Pero ¿de qué otro modo podrían verlos?

En este punto, Carmenza anunció, tal vez como un modo de interrumpir aquel duelo verbal, que estaba servida la cena. Pasamos, pues, a la mesa y Yadira, no muy interesada tampoco en la reanudación del diálogo peñascoso con el alemán, puso cierta solemnidad en encomiar las mojarras fritas que, con patacones a la costeña y con guacamole a la mexicana, había expuesto ante nuestras miradas la dueña de casa. La conversación derivó un rato por cauces más sosegados, pues Piero —que con el tiempo y gracias a sus buenos caudales había llegado a convertirse en un docto melómano— propuso un (para mí, innecesario) debate sobre la preeminencia de Erik Satie o de Debussy en la escuela impresionista. Por mi parte, he sido siempre, como lo fue también Aitana, un debussyano inconmovible, sin hacer de lado, por supuesto, mi inmensa admiración por Satie, cuyas notas como ya dije me permitían ascender al éxtasis al estrechar a mi esposa. Por su parte, mis hijos y mi nuera se colocaron casi a coro en las filas entusiastas y vibrantes de Satie. Por ello tuve el pálpito instantáneo de que este último conmueve en más alto grado a los jóvenes que el autor de *La fille aux cheveux de lin*. Sin duda, fue un compositor pleno de rebeldía armónica, al punto de hallar sus más inmediatos colaboradores en artistas de la generación posterior a la suya, tales como Jean Cocteau o Pablo Picasso. Este último realizó los decorados y la coreografía de su ballet *Parades*. En sus años mozos, por lo demás, fue pianista en un café cantante y ello parecía rodearlo de un nimbo bohemio. Sus obras se aproximaron incluso a la novedad surrealista, si se piensa en títulos tan poco académicos como *Sonatine burocratique* o *Trois morceaux en forme de poire*. Por todas estas consideraciones, acabé —no sé si sacrílegamente— aceptando cierta cerebralidad y cierto ademán ornamental y esteticista en Debussy, frente a la emotividad, el ir directo al corazón de Erik Satie. Nessler deslizó entonces algún comentario despectivo hacia la música francesa y afirmó que Alemania era insuperable en ese terreno. Como ejemplo no trajo a Bach ni a Haendel ni a Mozart ni a Beethoven ni a Brahms ni a Schubert, sino como era de esperarse a Wagner. Yo, por seguirle un poco la corriente, recordé la influencia que las óperas wagnerianas habían ejercido sobre la poesía de Rubén Darío, ante todo por haber concedido un papel instrumental a la voz humana. El joven alemán replicó de inmediato:

—Ese tal Darío no era más que un indiecito ignorante que creía poder emular con la poesía europea. En él encontramos la mejor prueba del prurito imitador de lo nuestro en el arte segundón que hacen ustedes. Con sus pretensiones de universalidad trataba, qué risa, de equipararse con algunos modelos de Europa.

A estas expresiones sucedió una especie de pasmo en todos los demás, como si no sólo nos hubiese sobrecogido, sino que no quisiéramos creer en lo audaz y en lo descocado que los whiskies habían puesto al teutón. Éste nos observaba a Aitana y a mí, a quienes debía suponer sus contradictores más peligrosos, con una mirada incandescente como un metal calcinado y hostil como un alambre de púas.

Aitana rompió de pronto el silencio.

—¿Por qué cree usted —preguntó— que es Europa la única con derecho a ser universal?

—Porque una vez fuimos amos del mundo —contestó el otro, clavando en ella una mirada de ganzúa que intensificaba la lejanía de sus pupilas azules y de una dureza metálica—. Ninguna otra región del mundo, pues creo que a los Estados Unidos debe asimilárselos a Europa, puede exhibir ese imperio y esa majestad.

—Y al ocupar los territorios americanos y traer además africanos para la esclavitud —volvió mi esposa a la carga—, ¿no iniciaron algo que posteriores migraciones apuntalarían para convertirnos en una síntesis del mundo y, por ende, en un área geográfica apta para aspirar a todas las tradiciones? ¿No ve, por ejemplo, que una considerable porción de la población latinoamericana desciende de europeos?

—Son mestizos —diagnosticó Nessler con un desdén flamígero—. Lo que equivale a decir gozques, muy ladradores y poco contundentes. ¿Quiere una prueba? Vuestra incapacidad para realizar verdaderos descubrimientos científicos.

—Porque la investigación científica —intervine, ya ahíto de aquel hostigamiento sañudo— exige inversiones gigantescas que nuestros países, sometidos a los precios ver-

gonzosos que ustedes se empeñan en asignar a nuestros pro-
ductos, no se encuentran en posición de realizar.

—Son pretextos —tornó a dictaminar el alemán—.
Pretextos para ocultar la evidente inferioridad mental en
que vegetan.

—¿Es usted racista? —preguntó Aitana, pero antes
que él pudiese responder, mi hijo Fabián se interpuso para
señalar:

—Eso ni se pregunta, mamá. Lo está proclamando
a grandes voces.

—¿Pero —se evidenció aún más el alemán— es que
se permiten ustedes dudar de la superioridad del europeo?

Mi paciencia se desbordaba. Efectuando un esfuerzo musculoso de contención, dije para controvertir la por
él mismo asumida y, desde luego, pretensa impugnabilidad
del agresor:

—Escúcheme, Nessler. Las más recientes investigaciones practicadas siguiendo los rastros históricos de nuestro ácido desoxirribonucleico parecen haber demostrado
que todos los seres humanos descendemos de un antepasa-
do común… de raza negra. El hombre apareció original-
mente en el oriente del África y luego, antes de esparcirse por
el planeta, hizo un alto milenario en el Oriente Próximo.
Ustedes los europeos descienden de negros tanto como los
asiáticos o cobrizos americanos. Los cambios en la pigmen-
tación, que afectan piel, cabellos y ojos se han producido
por razón de la diversidad de climas. Todo racismo es un
mamarracho.

—Debe ser una teoría de chamanes salvajes —replicó el alemán—. Una de esas supersticiones que ustedes
los latinoamericanos reputan verdades.

—Curiosa superstición —respondí— una que se
basa en el A.D.N.

Luego, hastiado ya de aquel debate estéril, crucé los
cubiertos sobre el plato y agregué:

—Por lo demás, prefiero retirarme de la reunión. No aguanto más a esta chicharra sajona con humos de superhombre. Que se vaya con Nietzsche y con su *Übermensch* al más solemne de los carajos.

Carmenza, por supuesto, trató de disuadirme. Pero ya Aitana y mis hijos se habían puesto de pie. Nessler aún decía:

—Se retira porque se sabe derrotado.

Un poco después, mientras de regreso a casa, como para purificarme de tanta bazofia inhalaba con ansia, por la ventanilla del taxi, el aire frígido de la noche bogotana, pensé —con nostalgia de otros tiempos— en la decadencia en que una punta de ideologistas henchidos de delirios contagiosos, y que no alcanzaban el rango de ideólogos, habían precipitado al europeo de finales del siglo XX y comienzos del actual. Así se lo expuse a Aitana, que a mi lado dejaba reflejar todavía en su rostro la mortificación por las impertinencias de Nessler. Opinó que los europeos se lo tenían merecido luego de sembrar de muerte el mundo con sus guerras codiciosas y ciegas, y de encopetar ahora como profetas de una nueva era a esos emisarios del exclusivismo más bilioso que se han llamado Deckert o Houellebecq. Este último, tan racista como Nessler —me recordó—, atribuía el caos europeo a la presencia de inmigrantes del tercer mundo, que a su parecer sólo ansiaban disputarles a ellos, los campeones, los patricios por excelencia, sus riquezas y lujos. ¿Pero no resultaba ostensible que esos lujos y esas riquezas habían sido obtenidos expoliando precisamente al tercer mundo? Entonces me reanimé diciéndome que en América latina residía la sola promesa de un mundo futuro en el cual el desafuero estadounidense y la apatía de Europa hubieran precipitado ya la apoplejía de esas sociedades enfermas y maléficas, de hombres triturados por la aplicación opresiva de la técnica e, irónicamente, idiotizados por su «edén» de consumos superfluos. Un *amén* coronó mi pensamiento y decidí sepultar en el olvido las monsergas del alemán. En tornas, volvió a mí el recuerdo de Carmenza Beltrán insinuándose en el pasillo frontero al baño, y una punzada de inquietud quiso como agujerearme el pecho.

IX

En tiempos antiguos, era común que, para ensalzar a un hombre de acciones ilustres, se dijera que subió al carro de la historia. Con la mecanización traída por los siglos modernos, el tropo se cambió por el del tren de la historia. Hace cincuenta años el carro y el tren pudieran haberse trocado en un avión supersónico, dada la celeridad que historia y ciencia habían cobrado. Hoy, quizá debiéramos reemplazar todos aquellos vehículos con la figura de una nave interestelar, si es que la cosmonáutica recobra el ritmo que poseía por los días del viaje a la luna. Vivo firmemente convencido, sin embargo, de que los avances de la tecnología no deben hacernos arrumar ciertas sabidurías antiguas. He conocido hombres que las desprecian en aras de los hallazgos más nuevos; otros que, en cambio, desdeñan estos últimos para defender a rajatabla saberes vetustos. Ante tales extremos, opté siempre por andar a medio camino. Adoro y me maravillan los logros tecnológicos, mas no por ello arrojo al olvido la herencia ancestral. Ésta guarda tesoros que ni la ciencia más audaz ni el materialismo más a la moda podrían ni con mucho relegar.

Puesto que compartíamos ese punto de vista, Aitana y yo convinimos en entrevistarnos, así fuera de un modo tentativo, con la clarividente y médium que había recibido el mensaje angustioso de la —en aquel momento— recién asesinada Anita Jáuregui. Su hermana Helena, la voluminosa becaria, nos indicó el teléfono y la dirección e, incluso, celebró nuestro interés en aproximarnos a esa ciencia milenaria (de ella hay testimonio ya en los poemas homéricos) por unos llamada espiritismo y por otros, a secas, mediumnidad. Maritza Ordóñez era una mujer de edad madura y tez de un gris pálido que le aportaba cierto aire enfermizo. Sus ojos también grises, aunque a ratos con sorpresivos destellos glaucos, y su pelo rubio un tanto ralo y vertido sobre la frente en una capul que tiraba a muy canosa, la revelaban de tipo caucásico, si bien sus pómulos pudieran delatar algún vago ancestro asiático o amerindio. Vivía en una casa austera del barrio La Candelaria, el más antañón de Bogotá, y su sala se veía colmada de ornamentos más bien baratos, casi todos cerámicas adquiridas en tiendas autóctonas o en recorridos por aldeas artesanales. Una vasta pintura al óleo encuadrada en un marco dorado mostraba la vera efigies de su difunto esposo, hombre de apiñado bigote negro y mirada un poco torva tras unos anteojos de montura de oro, vestido con un grueso terno de líneas conservadoras. Sin duda, mantenía ella un culto férvido por aquel caballero bastante chapado a la antigua, cuyo porte indicaba a ojos vistas el ejercicio en vida de una autoridad irrefragable, de la cual pudo haber sido muy bien su mujer una víctima absolutamente cándida.

Ante nuestros requerimientos, no tardó en confirmarnos que, durante años, había fungido como maestra en una escuela del distrito, y que su esposo, aunque al corriente de los dones de clarividencia que en ella se habían manifestado a partir de la pubertad, se había sentido llamado no sólo a prohibirle su práctica, sino a ocultarlos ante propios y extraños como si se tratara de estigmas vergonzosos. De publicarlos, decía aquel parangón de tradicionalismo recalcitrante, nadie vacilaría en ver en su mujer a una loca de atar. Cuando, haría unos diez años, el hombre sucumbió a un brutal infarto del miocardio en su lugar de trabajo (era contador público juramentado), Maritza, a despecho del culto casi religioso que le profesaba, se resolvió a desobedecerlo en respuesta a algo así como un dictado de conciencia. A la postre, no ignoraba cuánto bien podía hacer a su prójimo si encauzaba adecuadamente aquello que, conforme lo entendía, venía a ser una especie de don del Señor. Al principio, sólo practicó sus facultades en beneficio de familiares o muy allegados, pero pronto su idoneidad mediúmnica se hizo *vox populi* y gentes de distintas procedencias tocaron a su puerta ansiosas de comunicarse con sus parientes difuntos. La lectura de algunos libros de Allan Kardec —escritos, por lo demás, hacía bastante más de un siglo— y otros recientes de James van Praagh —a quien algunos juzgaban «un santo»—, le suministraron pericias cada día más asombrosas. No precisaba, pues, para concentrarse e invocar el espíritu de los muertos, las lentas ceremonias que en otros tiempos. Aquellos convocados acudían con extraordinaria celeridad, como si tan sólo aguardasen una señal para comparecer en disposición de absolver preguntas de los vivientes.

Pese a ser de largos días atrás espiritualistas convencidos, Aitana y yo no lográbamos esconder ante la taumaturga el muy reacio escepticismo que sus pretendidas dotes despertaban en nosotros. No quiero disimular el hecho de sentirnos, por ello mismo, un tris forasteros o fisgones e impertinentes. No obstante, nos arriesgamos —Aitana antes que yo— a perturbarla con algunas inquisiciones que nos burbujeaban en la mente. Habíamos advertido a Maritza, claro, que llegábamos a ella en condición de investigadores (acaso para una novela en proceso) y no para alguna de sus consultas habituales. Ante todo, nos aclaró que el fin primordial de la mediumnidad consistía en procurar certidumbres acerca de la trascendencia, término sin duda teológico con el cual se refería a la pervivencia tras la muerte. Había, por supuesto, que considerar la forma como todo intento de interrogar a un espíritu era estrictamente experimental y, por consiguiente, su factibilidad no podía estar jamás garantizada. Aquel espíritu podía manifestarse mediante imágenes que el vidente percibía mentalmente, o bien mediante emisiones de voz y, en algunos casos, presentándose de cuerpo entero. No sé por qué se atareó en explicarnos ciertas diferencias entre un médium como ella y un psíquico. Este último resultaba por lo general capaz de escrutar el futuro, mas no de invocar a los muertos. En síntesis, todo médium era psíquico pero la mayoría de los psíquicos no eran médiums. Tanto los unos como los otros, por un sentido elemental de ética, solían abstenerse de revelar la totalidad de sus futuriciones, y lo hacían sólo cuando éstas no entrañasen graves inquietudes o conmociones en el interesado.

A continuación, emprendió una grave explicación sobre aquello que el vulgo conocía como «sexto sentido», que no era otro que el don de la percepción extrasensorial, tal como había sido planteado desde 1920 por el doctor Rudolf Tischner en su libro *Telepatía y clarividencia*. Este «sexto sentido», según nos instruyó, envolvía los fenómenos conocidos como *telepatía* (o comunicación de mente a mente), *clarividencia* (o facultad de ver cosas no disponibles para nuestros sentidos habituales ni los de otras personas), *precognición* (o revelación de sucesos futuros), *retrocognición* (o facultad de ver en el pasado de alguien) y *psicometría* (o capacidad para reconstruir la historia de un objeto). Mediante esta última, al palpar algo perteneciente ahora o en el pasado a una persona en concreto, resultaba posible, por vía de ejemplo, reunir imágenes referentes a ella, sin importar el no hallarse presente.

Al enterarla de que mi esposa disponía del poder de percibir el aura de las personas —a pesar de ignorar qué fuese en últimas un aura—, Maritza Ordóñez pormenorizó que se trataba de un «campo de energía», que nos rodeaba como su atmósfera al planeta, y que poseía dos formas específicas: la primera, una «energía cósmica vibratoria», presente en la totalidad del universo y que insuflaba a todo en él sustancia y estructura, y la otra una diferenciada que sustentaba a cada ser viviente al modo de una inagotable fuente de luz. Su omnipresencia había sido reconocida desde la más remota antigüedad por egipcios, hinduistas, budistas, griegos y romanos. Aitana le hizo saber que, en mí, conseguía percibir un aura blanca y brillante, e indagó por el significado. La clarividente sonrió y dijo que no me hiciera muchas ilusiones, pero que podía indicar una especie de tendencia edificante, probablemente en lo relativo a la creación artística. (Alguna vez, otra vidente, quizás menos avisada, me había asegurado que el halo blanco que me rodeaba era indicio de un alma noble, pero no soy muy afecto a aceptar en mí ninguna nobleza esencial, ya que me sé erizado de los muchos defectos e insondables inclinaciones latentes en cualquier ser humano.) El resto de la conversación lo usó Maritza para recalcar lo dicho por Allan Kardec con relación a quienes se mostraban incrédulos sobre el espiritismo. El esoterista pedagógico (había fungido como profesor hasta su madurez) atribuyó esa actitud a la creencia bastante generalizada en la infalibilidad de los juicios propios y también al hecho de juzgar muchos el espiritismo un mero divertimento para la curiosidad. Comparó a tales individuos con aquéllos que en la física no ven más que «experimentos recreativos» y se abstienen de sumergirse a fondo en esa compleja ciencia. Nos aleccionó asimismo, no Kardec sino la mujer sentada ante nosotros, en la suma fatiga en que una invocación de difuntos puede redundar para el médium, que en carne propia experimenta, entre otras muchas impresiones desasosegantes, los incidentes propios de la agonía y del ulterior fallecimiento del emplazado, circunstancias que por regla general el consultante desea precisar, a veces con menudencia morbosa. Para mitigar tal excitación, el clarividente, una vez concluida la consulta, debe bloquear su mente de tal modo que ecos y reclamos del trasmundo no logren penetrarla. La capacidad de determinar ese bloqueo se obtiene sólo merced a una larga práctica, y aun así no siempre se puede estar seguro de hallarse libre de la intrusión de espíritus que, en muchos casos, pueden resultar malvados o simplemente enredadores. Al ilustrarnos sobre este particular, muy lejos nos encontrábamos de poder conjeturar que, en cosa de instantes, una de aquellas irrupciones inesperadas iba a producirse, desquiciadora como un cataclismo.

Cuando nos aprestábamos a retirarnos, pregunté a la clarividente cuánto le debía por aquella sesión ilustrativa. Mirándome con firmeza a los ojos, respondió que cuantas veces deseara una prueba preliminar sobre la buena fe de cualquier médium, comprobase de entrada que no fuese su costumbre cobrar por los servicios. Podía contar con que quien lo hiciera, era un charlatán. No me avergüenza confesar que tal declaración avivó en mí de súbito una especie de fe irrestricta en Maritza, cual si en cosa de un relámpago su imagen se magnificara en mi mente. La vi revestida de una pureza y de una honradez por encima de lo que es habitual en la grey de los augures e iluminados. Ello me inclinó, por un proceso rápido y me parece que bastante explicable, a confiar para lo futuro en los atributos de esta mujer solitaria y avejentada, cuyos hijos —según más tarde lo supe— apenas si se acercaban a ella, avergonzados como solían encontrarse por la que conceptuaban locura incontestable de una dama afectada en forma imborrable por la pérdida de su marido. Alguien me dijo alguna vez que la ingratitud es la independencia del corazón, pero he propendido a pensar más bien en ella como en una ortiga de tallo peloso y crudas espinas. Pues bien, aquella campeona de la soledad, en el instante en que íbamos ya a trasponer su puerta de calle, nos sobresaltó con una aspirada y angustiosa exclamación.

—¡Aguarden un momento! —suplicó—. Estoy percibiendo una presencia muy poderosa. Es algo relacionado con ustedes.

Mi esposa y yo nos miramos sin comprender. Dimos media vuelta y nos plantamos frente a la taumaturga, que había cerrado los ojos en gesto de indudable inspiración, con los nuestros fijos en su rostro ajado y ceniciento. En el frunce de su frente parecía proyectarse una desazón casi mortífera, cual si estuviese siendo saqueada en su interior. De pronto dijo:

—¿Tienen un amigo cuyas iniciales sean P. C.?

Al comienzo, no dábamos con cuál de nuestros conocidos pudiera ser. Pero Aitana, pasados unos segundos, con un respingo recordó:

—No se me ocurre sino Piero Casas.

—Ése mismo —asintió la médium—. Ha ingresado de súbito en mi mente y me pide indicarles llamar de inmediato a su esposa.

—¿A Yadira? —balbuceé—. Pero ¿de qué puede tratarse?

—Algo grave en extremo —reveló Maritza, contrayendo aún más el rostro atormentado por la percepción—. Me parece que se relaciona con una muerte.

—¿Podría prestarme su teléfono? —indagué, con una punzada severa calándome el pecho.

Me señaló dónde se encontraba. Con angustia marqué los siete dígitos y, a la voz femenina, apagada y trémula que respondió, muy probablemente la de una empleada doméstica, le inquirí por Yadira.

—No le es posible atenderlo ahora —dijo.

—Soy un amigo de la familia —insistí—. Dígame si ha acontecido algo que deba yo conocer.

—¿No lo sabe usted? —preguntó la voz.

—¿Saber qué?

—El señor Casas se voló de un tiro la cabeza hará dos horas —oí articular sin contemplaciones, pero con dejos temblorosos, a la interlocutora—. En este instante se practica la autopsia. También están haciéndose los arreglos para la velación.

Palidecí y colgué sin despedirme. Lo que acababa de oír no encajaba para nada con la idea que hacía muchos años tenía formada sobre Piero Casas. Era él un individuo explosivamente vital, optimista, festivo, sin asomo de aprensiones. El suicidio no podía articularse con su natural. Aitana, ignorante todavía de lo que hubiera oído yo por la bocina, me miraba con ojos apremiantes. Soy bastante torpe para transmitir las malas noticias; por lo general y sin proponérmelo, hago caso omiso de la reacción que puedan precipitar en quien bruscamente las conoce. No incurrí en semejante desmaña la noche del fallecimiento de Bermeo, pero sí ahora, cuando hubiera debido mostrar mayor tacto. Al fin y al cabo, Casas había sido nuestro padrino de boda y el amigo más aplicado de cuantos tuvimos a lo largo de años. Pero es lo cierto que enuncié lo acaecido con laconismo idéntico al de la empleada doméstica. Mi esposa palideció a su turno y —lo cual suele ocurrir— al principio se manifestó incrédula. La médium intervino entonces:

—Su amigo irrumpió en mi mente porque necesitaba comunicarse con ustedes. Lo hizo de una manera precipitada, diría que atolondrada. De hallarse ustedes en casa y no conmigo, quizás lo hubiera hecho a través de puntitos de luz que habrían visto ante sus ojos. Pero, claro, en mí intuyó un canal mucho más expedito. No es la primera vez que me sucede.

—Así ocurrió también con Anita Jáuregui —memoré, apartando los anteojos para hacerles aire a mis vistas congestionadas.

Nos despedimos de Maritza, llenos ahora de cierta reverencia hacia su don extraordinario, y ordenamos al taxista amigo conducirnos hacia el hogar del suicida. Para llegar a él, debimos sortear con una paciencia de hierro la congestión y el caos de las autopistas bogotanas, que la presencia de enormes autobuses articulados no lograba disipar, en una capital de siete millones de almas refractaria por tradición a la construcción de un metro. Yo sentía una especie de ansioso vacío en el estómago, mientras Aitana se encerraba, con los ojos absortos en algo invisible y casi privados de movimiento, en el mutismo más contemplativo. Entonces, como un enjambre rumoroso, empezaron a aglomerarse en mi imaginación bandadas de recuerdos relacionados con el suicida. Se trata de un mecanismo del cerebro conmocionado, que nos asesta —casi nadie se ha librado de esa experiencia— un tormento sañudo. La más intensa de aquellas memoranzas se refería al día de mi casamiento con Aitana. Se había celebrado, haría pronto cuarenta años, en la vieja iglesia de Las Nieves, que da nombre a uno de los barrios más activos del centro de Bogotá. A la sazón, distraía un poco yo la pobreza como redactor internacional de un noticiero de televisión y me empecinaba todavía en hacer bohemia con artistas de segundo orden en cierta sórdida taberna de la Avenida Jiménez.

A la ceremonia acudimos ambos en trajes de calle, pues nuestros recursos no eran suficientes para agenciarnos los que casi todos acostumbran usar en ese trance. Habíamos pedido a Piero Casas que nos sirviese de padrino, no sólo por tratarse sin duda de mi amigo más asiduo por entonces, sino también por ser palmaria la simpatía que nuestra unión le inspiraba. Nos faltaba, muy bien puedo evocarlo, la protocolaria madrina, ya que, aunque con súplica muy apremiada había convocado para tal efecto a cierta escritora de subidos humos vanguardistas, ésta no se dignó comparecer, en consonancia quizás con la opinión de buen número de colegas, según los cuales «bastaba ver mi cara para intuir lo mediocre que debía ser mi poesía». Esto, por supuesto, lo afirmaban —cosa nada rara en el mundillo literario— sin jamás haber conocido un texto de mi autoría. Así, el párroco que oficiaba la misa debió solicitar a alguna de las devotas allí presentes desempeñar ese madrinazgo. Tampoco nos había sido hacedero, con el sueldo mísero que devengaba, comprar los anillos de rigor, y el cura obvió asimismo la situación con los que suelen guardarse en las sacristías para casos como el nuestro. Por esos tiempos, hacía ya años que había abandonado yo todo vínculo con el catolicismo, pero por una parte Aitana —aunque sostuviese a ratos lo contrario— lo profesaba en lo íntimo e incluso se persignaba en el momento de salir a la calle. Por otra, ni mis padres ni los suyos habrían aceptado jamás una boda civil y en consecuencia habrían rehusado recibir a mi esposa en calidad de legítima nuera. Toda esa memoria se agitaba en mí al conjuro del nombre de Piero Casas, que una vez concluida la ceremonia, adivinando mi incapacidad para costear una celebración, en forma somera nos pidió subir a su automóvil y, sin que lo hubiéramos siquiera previsto, nos condujo a su casa, donde Yadira nos tenía preparado un pudín de boda, así como también un desayuno adecuadamente nupcial, mojado con un preclaro Don Perignon, tras el cual el whisky corrió a torrentes. Por instantes, viví todas aquellas escenas en tanto el taxi se debatía entre el atascamiento de la hora.

El aspecto exterior de la vivienda de Piero, en medio de la apacibilidad de un viejo barrio residencial, no parecía dar fe del drama vivido por quienes la habitaban. El dulce abanicarse de la brisa, en aquella tarde de sol, prestaba a los arbustos que enriquecían aceras y jardines un balanceo adormilado, como si invitaran a la paz y a la complacencia. Todo en derredor adquiría, pues, un viso irónico y hasta tramposo. Salió a abrirnos una mujer cenceña y apática, de fijo la misma que antes había respondido al teléfono. Su rostro parecía expresar una insensible neutralidad con relación a la tragedia desarrollada en el interior.

Entramos a la sala, donde se había reunido ya un grupo considerable de amigos del matrimonio. Los había, como quien dice, de todo pelaje, desde correctos periodistas, contemporáneos del suicida, vestidos con ternos tradicionales como el mío, hasta desaforados miembros de varios clanes musicales (en su juventud, Yadira había sido intérprete, muy celebrada por cierto, de aquellas «canciones de protesta» que embebieron a los sesenta y los setenta), algunos de los cuales lucían atuendos estridentes y hasta cabellos en punta al estilo *punk*. Uno de ellos, con unos pantalones fabricados de retazos de telas, cuyo policromatismo, aunque sin duda me perturbaba, obsedía mis miradas al punto de atraerlas a cada instante, se prodigaba en lugares comunes acerca de la muerte. Mujeres con cara de circunstancias iban y venían de la cocina a la sala, donde solazaban la vista pinturas de Obregón, de Villegas, de Roda y hasta una de Aitana, trayendo y devolviendo tazas de café y estimulando el paladar con rosquillas acaso de su propia invención. Comer en estas reuniones fúnebres me ha resultado siempre problemático, pues no logro apartar de la mente la idea de haberme convertido en un antropófago que devora al difunto. Sólo acepté, pues, mientras mi esposa se conformaba con un café, el vaso de whisky sugerido, en un relámpago de sensatez, por la frígida empleada. Al parecer, la viuda cuando llegamos se encontraba recluida en la alcoba matrimonial, en donde un par de hermanas del finado intentaban aportarle consuelos. Los hijos acompañaban el cadáver en Medicina Legal. Pronto, sin embargo, descendiendo las escaleras con la ayuda de sus cuñadas, tal cual si fuera una inválida, la cuitada se unió a nosotros. En las manos estrujaba un pañuelito de encajes, hecho una sopa de lágrimas.

Aitana y yo nos sentíamos, claro, forasteros entre aquella gente ignota o cuando más —pues a algunos los conocíamos— poco familiar. Y sobre todo ante los filarmónicos exóticos y a veces agresivos, que engullían rosquillas como trogloditas famélicos. La presencia de Yadira nos sosegó un tanto. Le manifestamos nuestras condolencias estrechándola muy fuerte sin pronunciar palabra, y sentimos al hacerlo la impresión de un perfume muy hondo con aroma a gardenias. En ese momento, el arribo de Glenda y de Rubio-Salazar, amigos de la familia por mediación nuestra, nos alivió de la opresión de aquel revoltijo insípido en que, rodeados de extraños, parecíamos movernos. Se instalaron junto a nosotros, en un largo sofá de cuero, y no dejé de considerar el esfuerzo que, por generosa solidaridad, hacía el novelista para abandonar su residencia y movilizarse, así fuera en automóvil, por ámbitos que, dada la fragilidad inducida por la enfermedad que lo agobiaba y ante todo por los tratamientos, le resultaban fatigosos e incluso lo exponían a un recrudecimiento traicionero. Fue una de las mujeres presentes, esposa quizás de alguno de los periodistas, quien primero se animó —Aitana y yo no lo habríamos hecho jamás— a indagar por las posibles causas de aquella autoeliminación impredecible.

Yadira movía la cabeza en señal de perplejidad. Refirió cómo, aquella mañana, su esposo había abandonado el hogar en la hora acostumbrada, para despachar en el *photoshop* para litografía y taller de artes gráficas que había montado una vez hubo abandonado el periodismo, y el cual gerenciaba. Con él marcharon dos de sus tres hijos, los varones, que eran quienes hacían funcionar los equipos. Al mediodía regresó solo en el automóvil y se sentó a almorzar con su esposa. Mientras comían, hablaron del plan que acariciaban para ir de vacaciones a Europa. Él proyectaba ante todo, pues hacía años habían recorrido en forma exhaustiva los países de mayor atracción turística, recalar en ciudades como Sofía y Budapest, cuyo misterio lo reclamaba con verdadero énfasis. Al concluir el almuerzo, Piero se hundió en su bello estudio adornado con pinturas de su propia inspiración (practicaba cierto expresionismo muy afín con ése tan emotivo y abigarrado de Otto Dix, aprendido ya en la edad crítica de un maestro argentino que le cobraba un Potosí por sus lecciones) y colocó en el fonógrafo una de sus composiciones favoritas, la *Polymorphia para cuerda* de Krzystof Penderecki, que alguna vez escuchamos juntos y que sin duda a él lo sacudía con estremecimientos exaltados que, por cierto, yo me rehusaba a compartir. Podía imaginarlo, sin embargo, embelesado ante esos *glissandi* que parecían ir aglomerándose y ante aquellos sonidos apretujados como racimos de grosellas que los sucedían y que se frenaban en un brusco silencio para dar paso al estallido terminal de un perfecto acorde en do mayor. Cuando la música hubo finalizado, Piero se reunió en la sala con su mujer; estrechándola de improviso, le estampó un beso en la frente y le preguntó si sabía por qué la amaba tanto. Como ella se limitara a mirarlo con alguna extrañeza, se llevó una mano al pecho y extendió el otro brazo contoneándose como si bailara. Así canturreó una canción de moda:

> Será que mi corazón
> no es una bolita 'e trapo.

Con ésas volvió al estudio, cuya puerta clausuró de un golpe. Apenas segundos después, Yadira oyó la detonación.

El estupor era general, aunque pienso que, en algunos de los presentes (no sé por qué, pero creo que especialmente en las mujeres), la tragedia inexplicable causaba, acaso en la pura esfera del inconsciente, cierto deleite. Piero y Yadira, el uno como periodista y la otra en su juventud como cantante harto famosa, habían logrado reunir un capital muy apreciable y vivían con todas las comodidades y lujos que eran de esperarse. Tal premio a una vida digna y batallada no suele inspirar la simpatía de espíritus roñosos (así finjan amistad repletos de hipocresía) y, por desdicha, en el medio en que la pareja se había debido desempeñar por largos años, éstos no eran una excepción.

Fue Aitana quien entonces lanzó una observación que, desde el comienzo, se había formulado la policía, primera en acudir, después de Yadira y antes incluso que sus hijos, a la escena sangrienta: es corriente que los suicidas dejen una nota explicativa de su acción. Lo es, porque en lo íntimo de sí anhelan que su desaparición voluntaria afecte lo menos posible a sus seres queridos. La viuda describió cómo los oficiales la buscaron por todo el estudio con resultado negativo. Mi esposa indagó si habían examinado los archivos de su computador. No parecía imposible que algo hubiese Piero escrito allí. Esto no se había hecho y, a renglón continuo, ya que no existía clave especial para ingresar a ellos, yo mismo me consagré a explorarlos escrupulosamente. Nada hallé en absoluto. En alguno, sin aparente explicación, aparecía tan sólo una frase bastante críptica: «Me atormenta la existencia del genoma». Rubio-Salazar, Aitana, Glenda y yo nos devanamos la mollera tratando de encontrarle un sentido. No se nos pasó por alto la manera como, en ciertas formas de locura, un objeto o una circunstancia pueden causar tormento sin que para ello exista ninguna explicación lógica. Recordé, por ejemplo, que al pintor Augusto Rivera, en momentos en que el alcohol había hecho estragos ya en su conciencia, le causaban pánico los caballos. En una pequeña ciudad de la costa, conocí también muchos años atrás a un individuo a quien angustiaba hasta el frenesí traer a la memoria la existencia de triángulos. Y en un periódico, hacía tiempos, leí sobre alguien a quien aterrorizaban los pájaros, por pequeños y tiernos que fueran. Memoró Rubio-Salazar asimismo a cierto tío abuelo suyo que ingresó a un manicomio, por mandato médico, luego de quejarse sin tregua durante días y semanas por no poder apartar de su mente la cara del general Tomás Cipriano de Mosquera.

Aunque en la sala, donde se hallaban Yadira y los visitantes, no parecía discreto referirse en abstracto a los suicidios o, como en el refrán, «mencionar la soga en casa del ahorcado», aprovechamos hallarnos solos en el estudio para aventurar aquel género a veces descabalado de hipótesis que suelen hacerse en torno a esa acción casi siempre poco explicable. Sostenía Rubio-Salazar que, en la mayoría de los casos, el suicida tomaba la fatal determinación apenas unos segundos antes de proceder a ella. Aitana aseguró haber oído una teoría del todo contraria: el suicida determinaba su autosupresión no sólo con años de anterioridad, sino habiendo fijado desde entonces la fecha y la hora exacta en que la realizaría. Se trataba muy probablemente de un proceso operado, como aquél al que ya hice referencia, en la pura esfera del inconsciente. Surgió, desde luego, creo que de labios de Glenda, la creencia muy extendida según la cual el suicidio es tara hereditaria. Su marido se apresuró a traer a colación, como posible respaldo, el caso de la familia Mann en Alemania. En ésta, el suicidio actuó como una endemia. También, recordé yo, el homosexualismo. El senador que casó con la madre brasileña de Thomas Mann, está probado que era homosexual. Hermanos e hijos (e hijas) del autor de *La montaña mágica* participaron por igual de esa inclinación por el propio sexo. Ni siquiera resultaba posible excluir a Thomas, quien —a pesar de no cristalizarla jamás en la acción— no dudó en confesar haber amado en su infancia a su condiscípulo Armin Martens, después al pintor Paul Ehrenberg, en sus años provectos al joven Klaus Heuser (a quien se animó a besar) y en tiempos en que escribía *Doktor Faustus* al atractivo enfermero de un hospital en el que fue recluido en forma pasajera.

—Olvidémonos del homosexualismo y volvamos al suicidio —tajó de pronto Aitana—. ¿No se les ocurre que Piero pudiera haberse puesto a jugar con el arma y que ésta se le disparara por accidente?

Los demás intercambiamos miradas escépticas. Tales accidentes no parecen demasiado factibles. A mí me ocurrió, recordé, conocer en mi ciudad natal a un abogado que derivó un buen día por los océanos, lóbregos o radiantes, de la locura. No tuvo, pues, inconveniente en suicidarse de un tiro y en dejar previamente una nota que rezaba: «Estaba limpiando el revólver, se escapó una bala y me mató». Rubio-Salazar opinó que, a lo mejor, aquel hombre en momento alguno creyó que nadie pudiera tragarse la necia ficción: sólo indicaba con la nota que era ésa la versión que deseaba se diera sobre su muerte. Debí convenir en que era posible, sí. Pero, de ser ello verdad, también lo era que la familia no tuvo la sutileza de entenderlo de ese modo. La nota circuló de boca en boca y arrancó numerosas carcajadas. Aitana comentó, a propósito, lo triste que resulta, ante el honor que granjea «un bel morir», el oprobio de una muerte ridícula. A mi fantasía acudió la imagen de un colega, cuyo nombre no era posible, claro, mencionar, que murió de la vergüenza cuando, en algún ágape social, los alcoholes ingeridos precipitaron que evacuara en público, tornando en un desastre muy a ojos de todos sus calzones. Vagamente, Rubio-Salazar evocó a Sancho Panza en el episodio de los batanes, cuando de puro miedo deshonró los suyos. De súbito, caímos en la cuenta de que reíamos co-

mo mamelucos eufóricos sin considerar que nos hallábamos en la escena misma de una tragedia que, sin duda, nos
conmovía hasta la raíz. Tornamos, pues, a la sala y vimos
que estaban de vuelta los hijos del suicida, y también que la
hija se hundía en un paroxismo de desesperación, golpeando las paredes y destrozando objetos. Su esposo, un político joven y de menor cuantía, trataba en vano de sosegarla.

Al salir en procura de nuestro taxi habitual, reparé
en los arbustos del jardín, mecidos apenas por un viento
cansado. Me inundó una tristeza sobrenatural y pienso que
a Aitana le ocurrió lo mismo, sólo que elevado a una potencia ignota. Esa noche, al responder el teléfono, oí tan sólo
una risa maligna llegarme por la bocina. No creo que para
el lector sea un misterio, como no lo fue para mí, la identidad de quien hizo la llamada sin rebajarse a articular palabras.

X

Al sepelio de Piero Casas, celebrado al día siguiente bajo ese sol de estación, tan glorificante cuando se da, en que puede llegar a complacerse el altiplano, asistieron no sólo colegas de los círculos musicales y periodísticos, sino asimismo de la esfera política —dos ex presidentes se contaron entre quienes cargaban el féretro— y del orbe de los negocios. Algunos conocidos sexólogos se hallaban allí por igual, dada la firme labor que el difunto emprendió unos cuarenta años atrás en la televisión, con un programa dirigido a educar sexualmente a sus compatriotas. En efecto, mi amigo había desafiado por entonces el hatajo de prejuicios que, en lo atañedero al sexo, había sembrado desde la época colonial la Iglesia Católica, y con la ayuda de psicólogos, de médicos psiquiatras y de expertos en sexualidad había allanado ese horizonte y contribuido en forma muy notable a la consiguiente liberación femenina. Por esos tiempos, Piero recibía bastante a menudo amenazas de muerte brotadas sin duda de los antros más sórdidos del conservadurismo e incluso, llegó a decirse, de la misma jerarquía eclesiástica. Era ello lucro de su espíritu libre y expansivo, que solía manifestarse en casi todas sus acciones. Hombre jocundo, ocurrente y generoso, nuestro amigo transmitió siempre a todo aquello que lo rodeaba el impulso ilimitado de su vitalidad y de su optimismo. Para reforzar acaso la buena suerte que siempre lo acompañó, me reveló alguna vez que solía portar en los compartimientos secretos de su cartera, al modo de talismanes, cinco billetes de a un dólar y un trébol de cuatro hojas, disecado como esas flores que conservamos por años entre los libros.

Por largo tiempo, su insistencia en defender, tanto a través de las canciones de su mujer —cuyas letras eran casi siempre suyas— como en conversaciones íntimas, posturas de la extrema izquierda, contribuyó a convencerme de que se trataba de un «materialista dialéctico», vale decir por lo que aquí concierne, de un agnóstico. Convicción que rodó por el suelo el día en que me dijo, de un modo confidencial, sostener largas conversaciones en las noches con su padre difunto. Había sido éste un individuo de humilde extracción, obrero en una de esas plantas textileras abundantes en vecindades de Medellín, pero aplicado con tesón a hacer de sus hijos hombres capaces de desenvolverse con éxito en los laberintos de la existencia. Falleció de una enfermedad crónica cuando aún no superaba los cuarenta años de vida. Ya cuando lo conocí, Piero rendía a su recuerdo un culto casi orante, mas no imaginé que fuese más allá de una memoria filial y agradecida. La verdad era, sin embargo, que intuía a ese progenitor habitando en un trasmundo incorporal, metafísico, desde donde, según afirmaba, le ofrecía enseñanzas y consejos apropiados para cada situación que le presentase la guerreada cotidianidad. Creía, pues, en lo trascendente, aunque se adornaba con una sonrisa escéptica cada vez que trataba de persuadirlo de la posibilidad de nuestra reencarnación. Aitana profesaba, al igual que yo, una simpatía diamantina no sólo a él, sino también a Yadira, cuya inteligencia y cuya discreción investían a aquel hogar de una diafanidad y de un decoro que parecían balsamizarlo y bendecirlo con los dones más rutilantes que un mortal puede soñar. Entre ellos, sus tres hijos, de quienes recibían un amor sin exigencias, rédito —me parece— de almas corteses y todas fructíferas y aventajadas. No acostumbran darse, dicho sea de paso, virtudes semejantes en hogares de periodistas reconocidos, sumidos por lo general en las frivolidades de la vida de alta sociedad, a veces del llamado *jetset*, o en las que lleva aparejado el poder que detentan, o cautivos de vicios insondables o bien absorbidos por obsesivas investigaciones, e incapaces por ello de instituir en sus hogares este género de valores.

Todos en el cementerio —una explanada donde las tumbas se alineaban en forma simétrica y libre de esos cipreses que los poetas de otros siglos creían inseparables de tales perímetros bendecidos— éramos conscientes y nos ocupábamos en ponderar aquellas circunstancias, en esas conversaciones, siempre prontas a enfatizar las cualidades del finado, que abundan en estas ceremonias del todo embarazosas; por lo cual —como era de esperarse— nadie encontraba explicación a la decisión inexorable por él asumida. ¿Hubiera accedido así fuera uno solo de aquellos concurrentes —me pregunto— a prestar oídos a la verdad que ahora sabíamos Aitana y yo incontrovertible, consistente en obedecer no sólo éste, sino además algunos otros desdichados sucesos sobrevenidos en días recientes, a la voluntad de un brujo negro oculto entre las sombras, de un nigromante que manipulaba los hilos del destino al cobijo brumoso de un resentimiento improcedente, de un rencor exacerbado? Podíamos calibrar, y nos lo transmitíamos a través de miradas de angustia, el desdén con que cualquiera recibiría aquella elucidación. Vivimos en un universo poblado por la magia, producto de ese portento absolutamente inextricable que llaman el *Big Bang*, en el cual un cosmos infinito brota de la pura nada merced a un estallido misterioso, y rehusamos no obstante dar crédito a aquello que pueda implicar la existencia de ciertas fuerzas primarias, capaces de obrar sobre la materia para que actúe en forma distinta a como la vemos conducirse habitualmente. Ello ha causado en mí, desde muy joven, pasmo total. No sólo el descreimiento en las fuerzas ocultas, sino ante todo en el espíritu. Me he preguntado, y esa pregunta la compartí fervorosamente, desde los días de nuestro casamiento, con Aitana: ¿se encamina toda la vida —toda esta congoja no por discontinua menos agobiante— hacia esa aparente derrota que es la muerte?; ¿no se trataría, en ese caso, de la más pérfida y macabra de las bromas? Y de allí emana otra interrogación: ¿es realmente la muerte una derrota?, ¿o es el inicio de un camino? De pronto, allí en el cementerio, pensé que en los suicidas deberíamos quizá interpretar la muerte como aquella derrota final, como el más triste de los fracasos, pero también que hombres como Piero Casas jamás hubiesen admitido fracaso alguno. ¿Qué, pues? ¿Es que no puede el suicidio envolver un secreto triunfo?

Al abandonar el cementerio, al igual que el día del sepelio de Absalón Bermeo, sugerí a Aitana que almorzáramos en un restaurante de ciertas campanillas. Lo hicimos en uno de la Zona Rosa y llevamos con nosotros, en calidad de invitada y con la intención de mitigar un poco el monstruoso dolor que la consumía, a Yadira. Sus hijos trataron de oponerse, alegando lo malo que sería para su madre ser vista almorzando en un lugar de solaz en momentos en que acababa de enterrar a su marido. Los llamé aparte y les dije que se dejaran de miramientos con el qué dirán, que necesitábamos hablar en privado con la viuda y que era muy posible que de esa conversación surgiera una profunda experiencia de consuelo. Aceptaron un poco a regañadientes. Yo mismo no tenía muy claro en qué iría a consistir aquella labor de consolación, aunque en mi fantasía parecía ondear un proyecto que, dadas las circunstancias nada corrientes del deceso de nuestro amigo, podría entrañar una apertura hacia la serenidad y tal vez hacia la resignación.

El restaurante no se encontraba todavía muy concurrido. En el jardincillo interior, pudimos divisar desde

nuestra mesa cuadros de plantas de hojas garzas y flores ver-
duscas rodeadas de macizos de camelias japonesas. La propia Yadira nos explicó que estas últimas no solían darse hacía apenas unos años en el altiplano, pero que el aumento
de la temperatura por el recalentamiento del planeta lo consentía ahora. Ordenamos Aitana y yo una langosta al curry
a la tailandesa, adornada con una compota de muslo de pa-
loma y con unas croquetas de papa. No era la primera vez
que comíamos allí y de sobra conocíamos la irreprochable
competencia del chef, un negro de la costa pacífica que había contado con la fortuna de estudiar en Francia alta cocina y obtener el grado de *Cordon Bleu*. Yadira, como era
comprensible, pidió sólo un caldito de costilla de res que
apenas probó. A instancias nuestras, se animó a un trago de
vodka. Aitana la secundó, únicamente por inyectarle un poco de ánimo, ya que, como antes lo señalé, apenas si probaba el alcohol. Yo insistí en mi whisky habitual, que pocas
veces como aquel mediodía sentí que necesitaba. En mi
mente parecía danzar la imagen de Piero Casas preguntándome si me gustaba el retrato que me hizo en sus ratos de
ocio, haciendo como acostumbraba optimistas proyecciones sobre nuestro país, felicitándose por la paella a la valen-
ciana que él mismo había preparado, colocando en el fonógrafo tangos de Goyeneche antes de pasar a la *Séptima* de
Beethoven, sirviendo vino en una cena remota de una bella
licorera de cristal checo. Era, sin embargo, una danza que
se hacía progresivamente siniestra: podía ver marchitarse su
rostro cual si estuviese hecho de una cera que se derretía.

Al comienzo, nos costó a todos trabajo avivar cualquier conversación con un mínimo de soltura y aun de congruencia. Aunque tratase de ocultarlo, Yadira se debatía bajo
el peso de una desesperación que, como ocurre a menudo
en las circunstancias que vivía, se nos presenta como algo
de lo que nunca podremos redimirnos. Poco a poco, sin em-

bargo, el tacto sutil y, digámoslo así, superlativo en que Aitana era especialista superó ese aparente atascadero y logramos poner en claro que ninguna contrariedad económica ni quebranto alguno en sus actividades habituales perturbaba a Piero en tiempos recientes. La verdad es que mi esposa condujo a la viuda a tal declaración sin que sus requerimientos mostrasen para nada visos de interrogatorio. Por lo demás, como creo haberlo sugerido antes, nuestro amigo —al menos en los últimos años— llevaba una existencia translúcida frente a su familia, casi no se separaba de su mujer salvo en las horas de trabajo, las cuales compartía con sus hijos, y no era pues presumible que ocultara algún drama sentimental de carácter extraconyugal. Se trataba, sin duda, del individuo con menos motivos para suicidarse que pudiera uno imaginar. Esta última verdad no fue sólo una inferencia mía o de Aitana, sino que fue modulada con absoluta convicción por los labios en ese momento casi convulsos de la viuda. Resultaba palmario, de resto, el modo como aquella certidumbre acrecentaba su dolor, al colocarla frente a frente con esa especie de trasgo volatinero que es el absurdo. No dejaba yo de rumiar, entretanto, la idea que pareció iluminarme al salir del camposanto y que —cavilaba— a ella iría, casi de fijo, a parecerle descabellada; me refiero a aquello que me rondaba cuando insinué a sus hijos que podría aportarle una experiencia de consuelo. No me sentía, empero, muy seguro de que fuese ésta la ocasión apropiada para lanzarla. Sin que hubiese podido barruntarlo, sin embargo, fue la propia Yadira quien abrió el espacio propicio para que tomara yo, de una vez por todas, la iniciativa.

—Si sólo me fuera posible —dijo— arrancarle una respuesta desde donde se encuentre. Que me diga por qué lo hizo.

Me apresuré a enunciar:

—No lo creas tan improbable. Recuerda que él aseguraba comunicarse en las noches con su padre difunto.

Que creía en la posibilidad de comunicación con los espíritus de gentes fallecidas.

—Eso decía, sí —reaccionó ella—. Pero si he de hablar con sinceridad, nunca le puse mucha atención a esa fantasía. También yo, desde el fallecimiento de mi madre, me hago la ilusión de conversar con ella mentalmente. Me ocurre tal cosa en momentos de depresión. Cuando pasa, comprendo que era sólo un simulacro. Que, en realidad, hablaba conmigo misma, como hacen esas personas que creen dialogar con Dios.

Me vino a la cabeza un verso que creí siempre esplendente.

—Antonio Machado —dije, vaciando el costal— escribió que «quien habla solo espera hablar a Dios un día».

—Es eso: una esperanza —repuso ella con sonrisa triste—. Pero de allí no pasará jamás. Créeme que esto que ha sucedido canceló en mí toda certeza de Dios. La sola palabra me suena hueca. No es más que una especie de asidero en instantes de pena y desesperación.

—Podría ser —respondí—. Ni la existencia ni la irrealidad de Dios son demostrables ni mucho menos verificables. Acaso es él quien ha ordenado que sea así.

—¿Para probar nuestra fe? —preguntó Yadira en son irónico—. Es risible y pueril y también patético. No sé cómo nadie pueda ni siquiera pensarlo.

—No me parece —intervino de pronto Aitana, cuyo silencio había sido el de una escucha muy alerta— que en esto debamos mezclar a Dios. Para mí, Dios es un poco ajeno a los aconteceres de nuestras vidas. Creo que, si en verdad quieres una comunicación con el más allá, nosotros podemos hacerte alguna sugerencia.

Sonreí para mi sayo, pues comprendí que mi esposa había descifrado el rumbo que deseaba imprimir yo a la conversación.

—Si no crees en la comunicación que tú misma puedas mentalmente establecer —me apresuré a plantear—, ¿no podrías valerte de un médium?

—¿Que me valga de qué? —se sorprendió la viuda. Parecía evidente que aquella moción no cuadraba con sus esquemas mentales, influidos de mucho atrás, a todas luces, por los escarceos marxistas científicos de su marido (harto acordes con la moda frenética de la segunda mitad del siglo XX) y de sus canciones de protesta.

—No te alarmes —supliqué—. Hay cosas que es mejor considerar con la mente abierta. Aitana y yo lo decimos por experiencia.

—Pero ¿un médium? —insistió ella en su perplejidad—. ¿Sabes lo que estás proponiéndome?

—Por completo —asentí—. Y te juro que no es cosa de locos.

En este punto, Aitana tomó las riendas de la propuesta, como si temiera que en mis labios su fuerza naufragara y palideciera el imperativo que deseábamos asignarle.

—Déjanos contarte una historia —dijo, con ese ánimo resuelto que fue siempre su emblema.

Inició entonces el relato de lo que el día anterior nos había acontecido en casa de Maritza Ordóñez. La manera como la clarividente percibió la voz tramontana de Piero pidiéndonos que nos comunicáramos con su casa, y también la forma como se apresuró a precisar que aquello se relacionaba con una muerte. Yadira nos observaba con manifiesta desconfianza. Me asusté por segundos al imaginar que pudiera maliciar una broma de mal gusto en nuestra insistencia. Pero, claro, nos conocía ella lo suficiente como para no incurrir en semejante sospecha. Sólo, por motivos bastante elementales, mostraba sorpresa. Una sorpresa que, por supuesto, se desdoblaba de inmediato en cierto deslustre para nuestra imagen de personas cultivadas y «modernas». Me pregunté en aquel trance si ese pacto con las posturas de nuestro tiempo que casi todo mundo exige a los individuos considerados cultos y, sobre todo, a esos personajes engolados a quienes llaman «intelectuales», no caería dentro de eso que Erasmo bautizó «mentir con gracia» y que hace, según él, parte del arte del bien hablar. Ante tal recelo, decidí refrendar para mi uso íntimo el jamás haber logrado catalogarme a mí mismo en la familia de los «intelectuales»: sólo de los hombres de letras, especie harto distanciada y cada día más rara.

—Y ustedes ¿conversaron con algún otro difunto a través de esa llamada médium? —inquirió Yadira, con un frunce de entrecejo.

—La verdad —expliqué, tratando de dar a mis palabras cierto aire de objetividad y aun de leve alejamiento—, acudimos a ella en pura tónica de indagación. Fingimos acopiar materiales para una novela. La idea nos surgió de una historia bastante extraña que conocimos.

Casi a dúo, Aitana y yo relatamos entonces la experiencia narrada por Helena Jáuregui, de la cual, conforme nos preocupamos por asentar, era testigo la mismísima policía de Bogotá.

Yadira evidenció un poco de desconcierto. Se revolvía en su ánimo, sin duda, todo el bagaje materialista que no sólo ella, sino la totalidad de los habitantes del planeta hemos dejado filtrarse en nosotros, sin que la mayoría de las veces seamos conscientes de ello, al calor de las andanadas científicas contra el espiritualismo y de tantos «ideólogos» que no vacilan en calificar de «ingenuos» a quienes aún demoran en creencias que juzgan paleolíticas. Al calor asimismo del desprestigio de las religiones, a las que Marx (omnisciente para sus seguidores) señaló como presunto «opio del pueblo», y las cuales, por su parte, no dan tregua a su afán de envolver dentro del más rígido y desatinado dogmatismo todo lo relativo al mundo espiritual. Aitana y yo nos mirábamos al sesgo como interrogándonos el uno al otro sobre el desenlace que pudiera aguardar a nuestra iniciativa más o menos peregrina. Yadira se aclaró la garganta antes de declarar:

—Lo cierto es que, después de todo, nada tendría qué perder si consulto a esa nigromántica.

—No es una nigromántica —aclaré al rompe—. Si bien es cierto que se llama nigromancia a la pretensión de conocer el futuro mediante la invocación de los muertos, la acepción más corriente es la de magia negra o brujería. No, no se trata de eso. La magia negra es satánica, quién mejor que nosotros lo sabría. —Pensaba, desde luego, en el nigromante de Cali: —Maritza Ordóñez es tan sólo una médium. Invoca a los espíritus, pero con fines estrictamente filantrópicos. Además, no cobra por sus servicios.

—A la filántropa, pues —corrigió la viuda, no sin un dejo de ironía—. Pero díganme, ¿pueden ustedes arreglar esa cita?

Le respondimos que sí y nos comprometimos a hacerlo. Cuando pagamos la cuenta, vimos a Yadira retirarse un poco, para que no pudiéramos observarla, y supimos que sufría un ataque de llanto medio oculta por una planta de sombra alzada de una enorme maceta. Nuestro taxista habitual nos esperaba en la acera opuesta a la del restaurante. Al cruzar la calle, vimos emerger de pronto como de la nada una Kawasaki 125 que nos embistió, nos obligó a dar un épico salto atrás y estuvo a punto de arrollar a nuestra amiga. En medio de la zozobra, pude advertir sin embargo cómo iba conducida por aquel zombie horripilante que nos agredió en la Avenida Circunvalar. Logré distinguir sus ojos totalmente en blanco, como hechos de clara de huevo. No cabía duda: había robado la moto (o peor, había sido accionado para que la robara) con el propósito deliberado de encajarnos aquel sobresalto de los mil diablos.

XI

Aunque nos atareamos cuanto antes en obtener para nuestra amiga la cita con Maritza Ordóñez, nada supimos en los días subsecuentes sobre los resultados de esa consulta, ya que se atravesó en nuestras rutinas el primer indicio del mal que habría de consumir a mi esposa. El día anterior, que era domingo, nos habíamos trasladado muy temprano al aeropuerto Eldorado para auxiliar con ciertos equipajes a Gustavo y a María Jimena, que habían viajado a Medellín con el objeto de traer algunas porcelanas y cerámicas obsequiadas por mi consuegro, experto en antigüedades. Cuando, en el taxi amigo, regresábamos al centro, nos hallamos a boca de jarro con un infortunio acaecido haría una hora, en el cual un automóvil repleto de jóvenes en alto grado de embriaguez, cuya noche había transcurrido en alguna discoteca de las cercanías, se había ido de bruces contra un poste de energía sin que ni uno solo de los ocupantes hubiese conseguido escapar a la muerte. Ahora, la policía había extraído los cadáveres de entre el metal retorcido y los había tendido sobre el césped medianero entre las vías de la autopista, para así proceder a la diligencia de levantamiento.

Se trataba, por supuesto, de un cuadro en extremo impresionante, sobre todo para la sensibilidad de Aitana, harto susceptible de ser arrasada por acontecimientos de esta índole. El muchacho que conducía el automóvil accidentado había sido, al parecer, decapitado por el vidrio delantero. Su cabeza yacía bastante lejos del resto de su humanidad y, con el cuello cercenado orientado en nuestra dirección, semejaba revulsivamente una de esas amapolas de un rojo coagulado que crecen en las cunetas o bien en baldíos o en terrenos incultos. Dos jovencitas, seguramente agraciadas de físico, yacían ensangrentadas y con el rostro descompuesto en una mueca postrera. Por constituir según creo la tramitación normal, la policía había casi desnudado los cuerpos, que así pregonaban con más fuerza lo injusto que se nos antoja ver cortarse una juventud en flor. Mi esposa cubrió sus ojos con las manos, mas la verdad era que había visto ya demasiado. Tanto mi nuera como mis hijos fueron contestes en pensar que aquella impresión obró de modo decisivo en el ulterior achaque de salud. No sobra aclarar aquí que, de idéntica manera como nos abstuvimos de comentar con los deudos de nuestros amigos recientemente fallecidos la posible injerencia de un brujo negro en aquellas muertes, ante todo por temor a ser conceptuados dementes, tampoco a nuestros caros retoños quisimos perturbarlos con algo que juzgarían una superchería timorata.

El hecho fue que el lunes Aitana madrugó como era su hábito y sintió que la afectaba una ronquera y una fuerte congestión de las vías respiratorias. Al cabo de unas dos horas, su estado empeoró y entre todos decidimos trasladarla a una clínica. Casi no lograba llenar sus pulmones y, al hacerlo, un sonido de oclusión angustiosa, como de piedras que rechinan, producido por el exceso de flema brotado del órgano de la respiración, hacía evidente un estado grave. En el pabellón de urgencias del Hospital San Patricio debimos luchar a palabra limpia, sin éxito, con la burocracia que nos exigía someterla a un turno largo y despiadado. Pero no era Aitana de quienes se dejan arredrar con facilidad: con paso decidido, anduvo hasta la puerta que separaba la sala de espera de los consultorios y encaró a un conserje de facha pendenciera, pese a su físico desmirriado, con un rostro avieso y provocador que recordaba el de un condenado a las penas eternas y una mirada resbaladiza como cubierta por una capa oleosa, cuyo único cometido en aquel emplazamiento consistía en no permitir la entrada a nadie, así estuviera arrojando el alma por la boca. El hombre, en actitud francamente soez, le advirtió que cualquier intento de trasponer aquel umbral sin la debida autorización redundaría en su automática expulsión del establecimiento (mal llamado, creo yo, «hospitalario»). Mi esposa pegó casi la boca a su oído y gritó con fuerza sacada de no sé dónde que estaba asfixiándose y que entraría así tuviera que matarlo. Como todo bravucón, el tipejo era un cobarde contumaz, de suerte que se movió nerviosamente en retroceso y, sin un reparo más, haciendo con la boca un gesto de estolidez, dejó franco el paso hacia las áreas de consulta y los doctores. Uno de ellos, casi cinco horas más tarde, accedió a informarnos por fin, ahora que penábamos por no haber recibido alimento en casi todo el día y llevar todo ese tiempo de pie en la sala de espera, lo que me temía desde el comienzo: se trataba de una neumonía doble.

El tratamiento con antibióticos, nebulizadores y oxigenación continua obligó a mi esposa a permanecer cinco días hospitalizada. Como es usual, las normas de la clínica no nos permitían verla sino en determinados y muy cortos horarios, durante los cuales elevaba ante nosotros verdaderas plegarias para que convenciéramos a las enfermeras de que la dejaran fumar; no nos era posible satisfacerla, pero gracias a esas visitas pudimos averiguar, para alivio nuestro, que hacía bien las tres comidas diarias. A mí me postraba de desolación, como había acontecido por los días del nacimiento de nuestros hijos, en que asimismo debió permanecer internada, dormir sin su compañía en un lecho matrimonial que, en tales circunstancias, se me antojaba de una vastedad desértica y algo así como fantasmagórica. La verdad es que debí paliar con whisky esas noches indigentes. Al ceder por último la infección del tracto respiratorio, el médico que dirigió todo el procedimiento no sólo le ordenó mantener junto al lecho en lo sucesivo un balón de oxígeno, al cual debería permanecer acoplada unas diez horas al día, sino que asimismo y a pesar de su aparente recuperación, pues se sospechaba la potencial evolución de un enfisema, decidió prohibirle para siempre el tabaco. Presto comprendí que ninguna de las dos prescripciones sería obedecida mucho tiempo por Aitana, cuyas rebeldías a los consejos facultativos eran proverbiales y, lo confieso, recordaban un poco las insubordinaciones recalcitrantes de los adolescentes. Por algo la llamé toda la vida «mi niñita»: siempre demoró en ella un rescoldo, exquisito por cierto, de la infancia.

El mediodía en que la trajimos de vuelta a casa, nuestros hijos me advirtieron que, si deseaba verla en realidad abandonar el cigarrillo, debería hacer lo mismo y de consuno, pues el aroma (o la pestilencia, dirán algunos) esparcido por los míos en todo el ámbito del apartamento la impulsaría con toda certidumbre a incurrir otra vez en el vicio. Pocos ignoran lo peliagudo que resulta marginarse del tabaco. Para no tener que hacerlo, acordé con Julia, nuestra empleada doméstica, ocultar los cartones comprados para mí en el escondrijo más estratégico de la cocina. De allí en adelante, no volví a fumar en presencia de la convaleciente sino que elegía los lugares más escampados de nuestra vivienda para hacerlo, de modo que el humo emigrara rápido hacia las alturas y por ningún motivo fuese percibido por ella ni penetrara en su sistema pulmonar.

Fue un período no muy largo, pero sí pleno de visitas de cortesía que, a veces, causaban alguna incomodidad a Aitana: odiaba tener que recibirlas con los conductos de oxígeno pegados a sus fosas nasales. Creo recordar que, aparte Nicolás Sarmiento y John Aristizábal, que desde el principio se mostraron muy colaboradores, la primera en acudir fue Helena Jáuregui, cuyo generoso volumen se vio en calzas prietas para acomodarse en el receptáculo minúsculo del elevador. Aquella tarde, nos solazó con la entonación de un fragmento del drama *Murder in the Cathedral*, de Eliot, basado en la vida de santo Tomás Becket, el arzobispo asesinado por Enrique II, y escandido en un ritmo sabio pero desnudo. Evocó además una película titulada *Tom and Viv*, que admiró en alguna cinemateca, inspirada en la vida traumática de la primera esposa del poeta, quien debió repudiarla al comprobar que había enloquecido. A lo que parece, Eliot era el autor favorito de la becaria, pero ello no le impedía pensar que debió haberse conducido con aquella mujer como ésta, sin sombra de duda, lo hubiera hecho si la situación hubiese sido la inversa: permaneciendo abnegadamente a su lado. Le pregunté cómo podía hallarse tan segura de tal comportamiento de parte de Vivien Haigh-Wood y, en lugar de argumentar, contestó con un panegírico totalmente abstracto de la mujer sacrificada. Esto me simpatizó, pues suelo juzgar también al sexo femenino como el más inclinado a la abnegación. No podía intuir por entonces lo mucho que tal apreciación habría de acendrarse en mí al cabo de un tiempo.

Otro de los visitantes fue aquel vasco energúmeno que unas semanas atrás, en casa de Nicolás Sarmiento, había despotricado en todos los tonos contra los héroes de nuestra Independencia. Llegó en compañía de su esposa, menos intemperante que él y, ante todo, provista ella sí de esa especie de ternura solícita que caracteriza a la mujer ibérica. Sobre todo las españolas poseen cierta propensión maternal, aunque como ésta no hayan sido madres, manifiesta en ademanes que sugieren amparo y auspicio. Su marido, en cambio, propendía a ese talante eúscaro que parece publicar la manera como todo hijo de las provincias vascongadas debe odiar por obligación patriótica a quien no lo sea, ya que todos los seres humanos estamos en el deber de nacer en esa parte del globo y compartir los atributos y las ideas nacionalistas de sus habitantes. En esa ocasión, el hombre arremetió contra todas las filosofías habidas y por haber, so pretexto de tener el ser humano por objetivo único el de ensanchar el comercio entre los hombres para hacer prosperar los mercados y tejer la felicidad de la especie. Dijo que tanto las religiones como las ideologías (englobó al catolicismo, al judaísmo, al Islam, al budismo, a las confesiones protestantes, al comunismo, al capitalismo, al fascismo y a la socialdemocracia en una misma camada) eran patrañas o majaderías de alucinados inventores de fronteras, sólo destinadas a entorpecer el libre intercambio de mercancías, única fuente de dicha. Todo individuo humano, aseveró, nacía con el compromiso de multiplicar los bienes mercantiles para hacerse digno de pertenecer al linaje de Adán. Artistas y poetas, por ejemplo, no éramos más que parásitos sociales, verdaderos gorrones hábiles para embaucar con «triviales mercaderías estéticas» —tal definición brotó de sus labios envanecidos como si su solo enunciado lo sublevara— «no obtenidas, por lo demás, con el sudor de la frente». Este rasgo final lo adornó con una diatriba contra Pablo Picasso, a quien tildó de «decadente y farsante, como buen andaluz». Aitana y yo lo escuchábamos en silencio, estupefactos, sin muchos deseos de contradecirlo, pues conocíamos su destreza malabarista para rebatir con una catarata de palabras cuanto intentase impugnar sus puntos de vista. Cuando se despidió, entre etiquetas y frases casi genuflexas de su mujer —que trataba, me imagino, de borrar la mala impresión—, tuvimos durante un rato la sensación de que la estancia hubiera quedado abrumada por una masa de gases asfixiantes. De hecho, Aitana abrió las ventanas y lanzó al aire espiraciones de uno de esos aerosoles que consiguen perfumar los ambientes.

Carmenza Beltrán tuvo asimismo la gentileza de acudir. Lo hizo, por desdicha, en compañía de Richard Nessler, circunstancia esta última que abrió desde el comienzo todo un panorama de malos augurios. Aitana rechazaba a aquel teutón con todas las fuerzas de su alma y no otra cosa ocurría conmigo: detesto los aires de suficiencia habituales en los intransigentes de toda catadura, pero —ay— me sé condenado por quién sabe cuál hado caliginoso a tener a mi turno que deferir ante ellos, es decir, que pagar con la moneda contraria. La excepción fue precisamente la de la noche en casa de Carmenza, cuando con destemplanza abandoné la velada. Esa vez, mis nervios hicieron estallido ante el caudal de gansadas y ofensas que brotaban de boca del alemán. No es, sin embargo, actitud muy corriente en mí. Por regla general, soy paciente con la sandez como un pollino bajo su carga. Ahora, cuando la conversación apenas empezaba a fluir, me dio en la nariz de súbito que mi vieja amiga y Nessler estuvieran protagonizando un amorío. No de otro modo se hubieran presentado juntos en forma tan aparentemente natural, a sabiendas de los abismos que nos separaban a mi esposa y a mí de aquel neohitlerista repleto de fanatismos. A pesar de todo, la charla resultó esa noche fluida y hasta aplacadora, salvo quizás por una acotación de Nessler referida a la que llamó incapacidad para el trabajo duro en las gentes de ascendencia latina. Traté de rebatirla de soslayo con una alusión, formulada casi fuera de contexto unos minutos después, a —fue lo que se me vino a la cabeza— las faenas ímprobas de los pescadores gallegos para procurarse el bacalao en aguas polares. Nessler restó importancia a la referencia recordando que los más tenaces rastreadores de ese pez se encuentran en las islas británicas. Tampoco quiso aceptar —no compartía los elogios de Nietzsche a las culturas grecolatinas— que el Imperio Romano hubiese acumulado glorias merced a empresas esforzadas. Pero la fortuna quiso que se despidiera, a la par que Carmenza, sin que su arrogancia hubiese dado lugar a enojos mayores. A mí, debo confesarlo, me quedó clavada una espina: no es que pretendiera en modo alguno, a estas alturas de mi vida, hacer mía —como ella misma lo propuso— a la que fue antiguo alimento de mis ojos, pero se me revolvía la atrabilis de pensar que una mujer ataviada con tan preciadas cualidades se hubiese liado en efecto con fanfarrón de tamaña estofa. Máxime si para Nessler, incapaz de comprender que entre nosotros el extranjero era él, mi sensual coterránea no representaba otra cosa que una *ausländer*.

Cierta mañana, en horas peor que madrugonas, recibí en el teléfono una llamada de Eduardo Obeso. Como solía acostarse a las nueve de la noche y estar en pie a las cuatro de la madrugada, no veía inconveniente en despertar a los demás a las cinco o seis con el timbre del aparato. Al comienzo, se abstuvo de aludir al achaque de mi esposa. Me comunicó que se ajetreaba en preparar, para la Universidad Filotécnica, una nueva cátedra sobre la poesía de Mallarmé. Me atreví a inquirir en lo que hubiera leído del poeta parisiense y me enteré de que aún no lo terminaba de conocer por completo, pero también de que se proponía presentarlo como un ejemplo de alguien despojado por completo de la forma y, sobre todo, del metro y de la rima. Objeté lo hondamente equivocado que se encontraba: Mallarmé jamás despreció esos recursos y tal vez su única composición exenta de ellos fuese la famosísima del «golpe de dados que nunca abolirá el azar». Me contradijo de plano, con ardor: lo había leído en edición criolla, traducido por un profesor de la Universidad de Tunja, y le constaba que tales artificios se hallaban ausentes. Le pregunté si le costaba mucha dificultad entender cómo la mayoría de los traductores, siempre morosos, prescindían de las destrezas formales del traducido meramente porque eran prácticas en las cuales jamás se habían fogueado y, por consiguiente, no dominaban y llegaban al extremo de ciscarse ante ellas de miedo. Emitió una borrosa interjección, más bien un chasquido de lengua, y se apresuró a mudar de tema para informarme que su llamada se debía a haberse enterado de la enfermedad de Aitana. Iba a agradecer el gesto, cuando sin solución de continuidad y dejándome medio aturdido, añadió que, caso de tratarse de algo grave, celebraba que pudiese librarme de la coyunda matrimonial, que había debido sobrellevar por tiempo tan prolongado. Me aprestaba a responderle con algo relativo al coño de su madre, pero al ir a cobrar impulso oí que articulaba un circunspecto «que estés bien» y cortaba de un trancazo la comunicación. Era su forma ya resabida de ofender y emprender aprisa la retirada. El resto del día lo pasé maldiciendo a aquel ignorantón elevado al rango de catedrático magistral, cuyo influjo sobre la muchachada universitaria no podía ser sino deformante, prejuicioso y casi catastrófico.

Otras amistades desfilaron por casa, éstas amables y alentadoras, y en ésas se fueron yendo los días, hasta cuando Aitana, tal como lo había previsto, se manifestó hastiada del suministro de oxígeno y abandonó del todo la sujeción al cilindro. Una noche, con voz muy autoritaria me pidió (corrijo: me ordenó) facilitarle un cigarrillo. La escena que protagonizó cuando me negué a hacerlo resultó tan turbadora, tan perentoria que, atemorizado ante la idea de motivar en ella un encono hacia mí, terminé complaciéndola. En punto a aspirar humo, regresamos pues a nuestros hábitos ordinarios y nuestra ropa y nuestros muebles y nuestros libros y todo en el apartamento tornó a saturarse del efluvio malsano de esa hoja triturada que nuestros ancestros americanos utilizaban hace ya dos mil años como medicina, como alucinógeno en las celebraciones místicas y como ofrenda a los espíritus. Agregaré que esa debilidad por complacerla, no sólo en ésta sino en otras variadas ocasiones, derivaba no sólo del escrúpulo que siempre me infundía contradecirla; también por supuesto del amor, tantas veces comparado con una llamarada incontenible y que Marina Ivánovna Tsvietáieva —esa amiga de Pasternak y de Blok, hostilizada y conducida al suicidio por el comunismo histérico— preguntó si en verdad no debería ser considerado como un estado del fuego. Estado en que todo mi ser quedaba sumido al sólo arrimo, por somero que fuese, de la extraordinaria y al mismo tiempo inmensurablemente bondadosa naturaleza de aquella damita a quien nunca pude sino amar.

La alegría de verla restablecerse (era, al menos, la ilusión que me forjaba) me impulsó a trabajar con entusiasmo en el nuevo libro que desde hacía meses tenía en proyecto. Escribir con Aitana leyendo a mi lado, mientras se acunaba con apacible compás en una mecedora momposina, constituía para mí el máximo de los encantos y sosiegos. Ello me hizo culpablemente olvidar a Yadira, de cuya consulta con Maritza Ordóñez no había recabado noticia. Tampoco ella, valga la verdad, había tratado de comunicarse con nosotros, sin duda porque nadie la puso al corriente del mal que aquejaba a mi esposa. Caí en la cuenta de tal preterición una tarde en que el cielo malhumorado, de donde se desprendían hilos como aguijones de agua helada, me hizo memorar una de sus canciones, en la cual Piero Casas, autor de la letra, comparaba estas jornadas nada clementes, en que el altiplano se arrebuja en oleadas de niebla, con la situación psicológica de gentes bajo el garrote de la miseria. Marqué, pues, su número de teléfono y, al hallarla en casa, procedí a relatarle nuestras tribulaciones recientes y a explicarle haber sido aquélla la razón por la cual no habíamos vuelto a procurar su contacto.

Tras una atropellada relación de la zozobra que la aniquilaba, pues no conseguía resignarse a la tragedia, me informó haber visitado en efecto a la médium, mas no creer una palabra de lo que ésta había pretendido transmitirle. La interrogué, claro, sobre el mensaje recibido. Me dijo que Maritza Ordóñez «había simulado un trance momentáneo», tras el cual aseguró percibir junto a ella una figura materna que se manifestaba para hacer a la viuda la ofrenda sobreviviente de su cariño. Parecía evidente que se trataba de su progenitora, fallecida hacía cuatro o cinco años. Venía acompañada de dos varones, uno hacía tiempos extinto, probablemente su padre, que por igual profesaba por ella un inagotable sentimiento amoroso, y el otro a ciencia cierta su esposo suicida. Este último (pretendidamente, según decía) imploraba su perdón por el desatino cometido y afirmaba haber sido presa de un impulso instantáneo que no dejó espacio a la reflexión. En el instante en que la besó en la frente y aseguró amarla en extremo, no había atravesado por su imaginación la idea del suicidio, pero sin duda anidaba ya en él, según dijo a través de la médium, cierta dosis de desvarío. No es que se reflejara precisamente en la frase emitida antes de entonar el estribillo en boga, ya que sin duda encerraba una verdad. Más bien en lo intempestivo de sus ademanes y palabras. Aclaró que luego, al clausurarse en el estudio, sus movimientos en pos del revólver fueron los de un autómata o un zombie que recibiese órdenes misteriosas.

Me creí en el deber de expresarle cómo, en mi opinión, las invocaciones de Maritza Ordóñez debían considerarse legítimas. (No me era posible, por desdicha, ponerla al tanto de la indudable manipulación de la mente de su marido por Armando García, a mi ver la única e incontrastable causa de la tragedia.) Yadira se obcecó en su escepticismo, herencia rediviva de aquellos años en que profesó el marxismo con fe de carbonero y hasta llegó a interpretar una elegía en memoria de Joseph Stalin que más parecía una de esas quejas vibrátiles y sostenidas de los vocalistas andaluces al entonar una malagueña. Traté de hacerle entender, por cierto, que la súbita decisión de su marido tenía que haber sido consecuencia de una suerte de enajenación momentánea, tal como parecía haberlo expresado él mismo o bien su espíritu a través de la clarividente. Pero Yadira, que en los últimos años había deseado reconciliarse con las certezas espiritualistas de su niñez, ahora —bajo la pesadumbre que experimentaba— prefería no sólo volver a renegar de él, sino además odiar a Dios como lo hacen quienes afirman de un modo absoluto su inexistencia y no ven que con el solo hecho de odiarlo conceden al consignatario de ese odio una existencia muy protuberante.

Al despedirme de la amiga, sentí filtrarse en mí una melancolía como llegada de comarcas de carencia y de estrago. Aitana intentó animarme aconsejándome no colocar más la atención en lo irremediable. Pero ella misma sufría en silencio y ello se evidenciaba en la inquietud de que la supe prisionera por el resto del día. A hora muy temprana del siguiente, todo aquello se vio agravado por una llamada telefónica de Julia, nuestra empleada doméstica. Por razón de las lluvias irredentas de la última semana, un barranco que desde siempre se cernía sobre su casa, sita en una barriada pobre, se había precipitado en la noche para sepultar de un golpe enfático toda la parte trasera. Por hallarse en la sala, ella y sus dos hijos pequeños habían resultado ilesos, pero su madre, con la que vivían y a quien conocíamos y estimábamos mujer hacendosa y venerable, fue aplastada por la avalancha y ahora el cuerpo de bomberos se afanaba por rescatar su cadáver de entre una masa de barro y de escombros.

XII

Reasumimos la tertulia matinal un día de noviembre, en que el cielo deslizaba una lluvia adormecida en contraste con el estrépito de los truenos que asordaban como salvas admonitorias. Edificios y calles, condiciéndose con todo ello, se habían vuelto mohínos cual si ahora se vistieran de un sarro plomizo y hosco. A más de Nicolás Sarmiento y de John Aristizábal, que eran los parroquianos más reiterados, se hallaban ese día Helena Jáuregui y algunos otros estudiantes, casi todos de letras. Cuando llegamos, nos dio la impresión de que Aristizábal estuviese aludiendo, de un rato a esa parte, a alguna dolencia o incomodidad que lo afectaba. Cuando indagamos de qué se trataba, el joven extractó lo dicho informándonos, con la llaneza que lo distinguía, que sufría frecuentes dolores de cabeza y que éstos aparecían sobre todo cuando tomaba una ducha fría o cuando acababa de realizar un esfuerzo pesado. Después de titubear un poco, se resolvió a confesar que igual dolor sobrevenía a continuación de un acto sexual. Aitana le sugirió consultar a un médico; él sonrió y respondió que si la medicina es siempre de desear, el médico es siempre de temer. No en balde poseía el español la castiza voz *matasanos*. Luego se retractó, dando a entender que bromeaba, y dijo que sí, que lo haría un día de ésos.

Nicolás Sarmiento me comunicó, dando un vuelco a la conversación, que un grupo de profesores de la Filotécnica, distintos de la camarilla tribádica, se interesaba en que leyese yo ante sus pupilos una conferencia sobre la obra de

Cervantes, dado que aquel año se venía celebrando el cuarto centenario de la publicación de la primera parte del *Quijote*. No sé por qué, este género de propuestas me ha aturrullado un poco siempre. Acaso, aunque no estoy seguro de ello, porque desconfío de lo que mi caletre pueda alumbrar de muy original en temas tan extensamente manoseados como el de las obras clásicas. Luego de cabecear un poco, lo primero que dije fue que agradecía la oportunidad de disertar sobre una novela que seguía considerando, a despecho de los siglos, la cumbre del ingenio universal. Pero agregué sin pausa que debía consultar algunas noches con la almohada la aceptación de compromiso tan delicado, pues no me sentía muy seguro de poder elaborar un texto lo debidamente iluminador. Para estimularme, Sarmiento me anticipó que la retribución económica sería bastante hermosa. Aun así, y pese a lo necesitados que estábamos en aquellos días de algún ingreso refrescante, insistí en el plazo pedido. El amigo arguyó que no era posible: debía aceptar o declinar desde ya el ofrecimiento, por razón del inminente remate del año lectivo. Fue entonces cuando Aitana intervino con algo de ansiedad, consciente del apremio en que nos encontrábamos de incrementar nuestro saldo bancario. Sus palabras, que casi en su totalidad pronunció con la vista clavada en el piso y acariciando una mano con la otra como para acicatear la reflexión, perduran en mi imaginación como una luz ardiente, tan esclarecedoras se me aparecieron y tan firmes y adorables.

Comenzó empleando un tono interrogativo, como si aquello que decía tuviese sólo el carácter de una sugerencia y en modo alguno de una brillante inspiración. Me preguntó por qué no encabezaba mi digresión aludiendo a tres sucesos capitales. Ante todo, podía recordar cómo, al coronar en 1522 la vuelta al mundo iniciada por Magallanes, Juan Sebastián Elcano había cancelado para siempre la idea de la Tierra plana y también la del pulmón marino. Podía referirme a renglón seguido a la aparición, veintiún años después, del *De revolutionibus orbium Coelestium* de Copérnico, que eliminó con iguales efectos en la posteridad el error geocéntrico, que suponía a la Tierra el ombligo del universo. Luego al hecho de haber publicado Miguel Servet entre esas dos fechas su *Christianismi Restitutio,* obra en la cual postuló la respiración pulmonar y el papel que juega en la transformación de la sangre venosa en arterial. Tres acontecimientos, dijo, que de hecho, al ensanchar su mente, habían agrandado la estatura del ser humano e inauguraban una nueva cultura. Los circunstantes miraban con asombro y también con desconfianza a mi esposa, preguntándose sin duda qué rábanos tenían que ver aquellos sucesos náuticos, astronómicos o médicos con Cervantes y con su obra cumbre.

Aitana adoptó un encantador arqueamiento de cejas antes de proseguir memorando cómo, en 1532 (confieso que me dejaba con la boca abierta esa exactitud con las fechas que jamás le había conocido), el francés Rabelais había publicado *Las grandes e interminables crónicas del grande y enorme gigante Gargantúa* —y dos años más tarde el *Pantagruel*—, cuya formidable escatología no tardó en ser estigmatizada por la Sorbona. Cuando en 1552 culminó la relación así comenzada de los hechos de aquellas dos figuras garrafales en el llamado *Cuarto libro* (aquí no vaciló en afirmar que el quinto era de autenticidad discutida), la persecución desatada contra él se fortaleció con una condena del Parlamento. La verdad, argumentó, era que Rabelais había intuido la forma como las dimensiones del universo habían mudado en la mente de los hombres. No otra cosa representaban sus personajes sobredimensionales y hasta la misma hinchazón verbal de su estilo. Ahora mi esposa, ante el asombro sostenido de la audiencia, intentó una especie de exégesis discursiva. Dijo que, a pesar de todo, en Rabelais se había operado sólo un pálpito. Y añadió que la conciencia plena de la transformación cultural que abrió paso a la modernidad no había encontrado su lúcido heraldo literario sino hasta el advenimiento de Miguel de Cervantes.

Los contertulios intercambiamos miradas de sosiego, al constatar que, a la postre, Aitana no se había ido del todo por las ramas. Allí teníamos de nuevo a don Miguel y a su hidalgo loco y genial esgrimiendo ante nuestros ojos la lanza arrebatada al astillero. Ante tal comprobación, nuestra atención se aguzó, ansiosos como estábamos de ver el modo como mi damita adorada emergía del tupido bosque en que se había internado. Dijo que aquella lucidez se encontraba patente en los dos libros del período cenital cervantino: el *Quijote* y las *Novelas ejemplares*. Recordó cómo estas últimas habían aparecido en el interregno comprendido entre la publicación de las dos partes en que se dividía la primera. En la trama de ambas se embozaba —necesariamente, según encareció, pues se encontraba en pleno apogeo la Inquisición— un concepto relativista del universo que, conforme glosó, mucho hubiera complacido al viejo Protágoras; que anticipaba la teoría de Einstein y que era lucro de la conciencia existente ya en ciertos espíritus, a comienzos del siglo XVII, sobre la falibilidad de las percepciones humanas, que hasta hacía muy poco hacían girar el Sol alrededor de la Tierra.

Consideró superfluo insistir, por ser hacía tiempos lugar común, sobre la visión deformada del mundo en el cerebro de Don Quijote, que lo hacía tomar por gigantes a unos molinos de viento, por un gigante también a unos odres de vino, por un castillo a unas humildes aceñas, por el yelmo de Mambrino a una bacía de barbero... El manchego inmortal representaba a la raza humana, cuya visión incorrecta del orbe que la rodeaba colindaba casi con la enajenación y con el delirio. En las *Novelas ejemplares*, así como la Dulcinea del *Quijote* era sólo la moza campesina Aldonza Lorenzo, su anverso, el subyugante personaje de *La ilustre fregona* —esa Constanza tan modesta en apariencia— acababa guarneciéndose con los ornamentos de una duquesa. No sólo, pues, Don Quijote podía confundir a una ventera con una dama de alto moño: también el *homo qualunque*, en sus perfectos cabales, caía en confusiones de grueso calibre. Así, el licenciado Vidriera se engañaba sobre sí mismo y *El celoso extremeño* nos predicaba lo poco que se debía fiar en llaves, tornos y paredes.

Mi esposa se acercaba a la conclusión. Al poner en evidencia el peligro en que nos hallamos de atenernos a meras apariencias como aquélla de la Tierra plana (concepto desechado en la antigüedad, pero resurrecto en la Edad Media por obra del oscurantismo), Cervantes se había erigido en el primer escritor propiamente moderno. Su obra abría el panorama a toda la narrativa posterior, eminentemente relativista. Las convicciones más hercúleas del pasado no habían servido sino para ocultar la faz verdadera del universo. En esa verdad sencilla había cifrado el complutense las claves de su período cenital y a ella se acogía aún la narrativa de todas las latitudes como su máxima razón de ser, que radicaba en mostrar, como las caras laterales de un prisma, las facetas múltiples en que podía venir encubierta la verdad. En este punto, como si hubiera acabado de plantear cualquier trivialidad, Aitana pidió permiso para ir al reservado de damas, en tanto los demás permanecíamos en una suerte de silencio reverente que sólo fue roto cuando Sarmiento, con voz carrasposa, articuló:

—Admirable. Es un punto de vista muy original.

—Me parece —opiné, sin esconder lo divertido que me sentía— que debe ser Aitana y no yo quien diga la conferencia.

No faltó, claro, entre los jóvenes reunidos con nosotros, aquél que, con ademán de suficiencia, dijera que le parecía un dislate o, peor, un anacronismo relacionar a Cervantes con la teoría de la relatividad. Fue necesario que me apersonara de la defensa de mi esposa, para aclararle a ese neófito la existencia del relativismo, no en el plano físico pero sí ético, desde los tiempos de los sofistas. Por algo Aitana había traído a colación a Protágoras. Lo cierto es que la improvisación, nada prevista, me había colmado de orgullo y que en lo íntimo me preguntaba cómo podía haber brotado de modo tan espontáneo, cual si el oficio de mi mujer rozara más con las letras que con las artes plásticas. En ese momento regresó ella a la mesa y no pude sino decirle que, en efecto, su lucubración contemplaba un aspecto poco atendido de la obra de Cervantes y que muy bien podría yo echar mano de éste para la conferencia que me era solicitada. Aitana me miró con perplejidad, y de análogo modo paseó la vista por los otros, como si ahora no fuese consciente de habernos hechizado con su discurso. De ello pareció percatarse Helena Jáuregui, quien se apresuró a declarar que las palabras de mi esposa nos habían asombrado sólo por haber surgido de labios de una mujer.

—De haber sido uno de ustedes quien dijera todo eso —estimó, abarcándonos a los varones con un gesto—, se les habría antojado lo más natural. Viniendo de una mujer, el asombro que han dejado ver no es otra cosa que una demostración más del machismo que profesan.

Aristizábal y Sarmiento le dirigieron una que otra broma para atenuar la solemnidad de aquella declaración. Uno de ellos hasta llegó a reprocharle, siempre en tono bromista, una presunta falta de respeto hacia mí («hacia el maestro», dijo con pompa), habida cuenta, a su manera de ver, de mi reconocido culto por la inteligencia femenina. La becaria tomó en serio la cuestión y me ofreció teatrales disculpas. No hay que olvidar que era yo su ídolo literario.

—Relativicemos —redargüí, adornándome con una sonrisa para no dar a mis palabras un tonito trascendente—. El culto que profeso no es exactamente hacia la inteligencia femenina, sino hacia la inteligencia de *ciertas* mujeres. Lo mismo digo de los varones. San Juan predicó que el espíritu divino sopla donde quiere.

—¿Podrían explicarme de qué hablan? —preguntó de pronto Aitana, atrayendo hacia sí toda la atención.

—Ya lo sabes —remarqué, intrigado por ese desasimiento de sus propias palabras que parecía mostrar desde su regreso del reservado—. Comentamos tu brillante disquisición sobre Cervantes.

—No recuerdo haber dicho nada especial —repuso, mientras encendía con indiferencia un cigarrillo y lo aspiraba con ansiedad.

La retirada de Helena Jáuregui, que debía asistir a una clase, diluyó el tema. John Aristizábal se ofreció a acompañarla, ya que, pese a la proximidad de la Filotécnica, la becaria debía valerse de un taxi para llegar, debido a su dificultad para movilizarse; además, por idéntica razón era preciso acompañarla hasta el salón correspondiente. La conversación, pues, derivó hacia tópicos banales, como suelen resultar los referidos a la política doméstica. Cuando nos retirábamos, prometí a Nicolás Sarmiento garrapatear algunas cuartillas sobre el enfoque propuesto por mi esposa, lo cual pareció alegrarlo. Noté que Aitana volvía a mirarme con extrañeza y por eso, cuando nos dirigíamos ya solos hacia el apartamento, le pregunté:

—¿No tienes definitivamente memoria del análisis que hiciste sobre la relatividad como atributo de la obra de Cervantes?

—Sí, sí —aceptó, con un aire ausente—. Pero no creí que diera para tanta barbulla.

—Estuviste brillante —le encarecí.

—Quizá todo se debió a ese disfraz de Dios que se conoce como el azar —aventuró—. Me parece que hablé a tontas y a locas.

—¿Seguro que no lo dices por modestia? —inquirí, lleno de una vaga contrariedad por aquella obstinada negación—. ¿Es que quieres ocultarte como lo pedía Epicuro?

En vez de responder y dándome la espalda, Aitana se dirigió a un puesto callejero, donde compró una bolsa de manzanas.

—Ayudan de noche a conciliar el sueño —afirmó.

Aquella misma tarde me consagré a trasladar al papel (y a ampliar con cierto derroche de erudición) los puntos de vista transmitidos por ella en medio del bullicio de una cafetería. Para el almuerzo habíamos debido pedir unas pizzas a un restaurante vecino, ya que Julia se ocupaba del sepelio de su madre. A mí me rondaba la mente, al modo de una obsesión que de cumplirse daría lugar a una situación humillante y grotesca, la idea de telefonear a Armando García y suplicarle por su madre carísima parar esta cadena de desgracias, así tuviera que postrarme para pedir perdón. Horrífico resultaba contemplar cómo la venganza del brujo había caído sobre personas, sí, amigas nuestras, pero completamente inocentes del desaire o desplante o lo que fuera que hice yo a aquel hombre diabólico. Me sentí tentado a consultarlo con Aitana. No obstante, en algún lugar de mi cerebro albergaba la sospecha de que mi esposa no terminaba de convencerse de la responsabilidad de García en los hechos atroces. A mí, no me cabía ni la duda más leve. Se trataba de una certidumbre que me había llegado a través de fuentes inmemoriales. Por algo en Éxodo 22, 18 se lee: «No permitirás la vida de los hechiceros», entendiéndose por tales los brujos malignos, mismos que compitieron con Moisés en Egipto. Por algo el *Código de Hammurabí* proscribió la magia negra. Por algo incorporó

Homero en la Odisea a la hechicera Circe, que mudó en cerdos a los hombres de Ulises. Y por algo Lucio Apuleyo afirmó en su *Apología* que Tesalia, en la península helénica, era morada de brujos que ejercían dominio maléfico sobre las fuerzas naturales.

Varias veces, aquella noche, me acerqué al teléfono y empecé a digitar el número de García. Y varias veces me arrepentí, con un suspiro exasperado, en medio del conato. Supongo que algo malició Aitana, pero no puedo asegurarlo. Sentía que me vigilaba mas, de ser así, lo hacía con el necesario sigilo. El aguacero, avanzada la tarde, se había desmandado con arrebato y ahora golpeaba los vidrios de los ventanales como un alma en pena que implorase el acceso al regazo tibio de la bienaventuranza. A esas alturas, las cavilaciones me habían vedado proseguir la escritura de mi disertación cervantina. Pensamientos fúnebres me asediaban y asimismo la imagen de mi difunta prima Angélica, que había profesado como esposa de Dios a los dieciséis años y que luego, arrastrada por un ramalazo diabólico, había sucumbido como criatura desvalida ante la acometida del infierno. Era, sí, otra prueba que recataba en mi mente sobre la existencia efectiva de fuerzas adversas. Del suplicio de sus días postreros tuve noticia prolija por conducto de un hermano suyo que, al conocer la tragedia, condujo como una centella su campero hacia la población bastante lejana donde aquélla había hallado escenario.

Su relato fue vívido y palpitante. Llevaba las fosas nasales y la garganta tupidas por el polvo pegajoso de la carretera cuando arribó por fin a aquel pueblo que abrasaba como un torrente de vitalidad el fuego del mediodía. Dos años habían transcurrido desde la última vez que lo visitó y el hacerlo en aquel momento, cuando su hermana no podría ya agradecérselo, lo hacía sentirse decididamente culpable. Y, sin embargo, me dijo con la evocación en los ojos afligidos, los matarratones, palmeras y tamarindos que bordeaban las calles parecían darle la bienvenida con el saludable empinamiento que la canícula —esa misma que a él daba la impresión de querer agostarlos— les dispensaba.

Enrumbó el campero por una calzada rectilínea y sofocante que, al cabo de dos o tres cuadras de resol encarnizado, lo condujo al frente de la Clínica de Maternidad Santa Rita. En ella, me explicó, su hermana había sobrellevado por años un quehacer apostólico que llegó a convertirla en una especie de calificada intercesora ante el Cielo para los devotos moradores de Armero. En otros tiempos, acostumbraba visitarla de mes en mes, lo cual la consolaba ciertamente de la lejanía en que debía desempeñarse, pero a partir del momento en que dejó Ibagué, adonde lo habían llevado los vaivenes de la burocracia gubernamental, para radicarse por igual causa en Bogotá, las horas tediosas de la carretera lo desanimaban. Ahora, su hermana había muerto en circunstancias que él llamaba «descabelladas», muchísimo más si se trataba de una esposa de Jesús. Con ese aciago postulado rebulléndose en su cerebro subió los cuatro escalones de la entrada y, en la recepción, se despejó la nariz con el pañuelo de hilo que su nerviosismo habitual le había impedido extraer del bolsillo trasero mientras conducía. Era la una menos cuarto de la tarde y la mujer uniformada le informó que el doctor Velilla lo aguardaba hacía como tres horas, y que ahora no podría recibirlo sino a eso de las tres y media.

En el espacioso vestíbulo, unas cuantas mujeres embarazadas conversaban o hacían labor de punto mientras llegaba su turno de ser examinadas por ginecólogos. Mi primo pensó en aquel proverbio según el cual los hijos sorben a sus madres cuando pequeños y a sus padres cuando grandes. No era que lo considerase un dogma, según me reveló sin lograr despojarse de la angustia en que parecía embebido al tornar a Bogotá, pero lo había inducido a permanecer soltero. Para purificarse de esas malas imaginaciones, se dijo también que, en muchos casos, el niño constituye la materialización del amor. Aquéllos que aún palpitaban en esos vientres pronto retozarían, alegrándolo, por este pueblo que su hermana monja había amado como propio.

Almorzó en una sancochería de la plaza y casi daba cuenta ya del tamal tolimense cuando vio a un individuo con un altavoz que exhortaba a los vecinos a no prestar oídos a las consejas que se difundían por algunas emisoras de radio. Por unos momentos, se preguntó a qué consejas podía referirse aquel sujeto macizo, membrudo, a quien la gente escuchaba con credulidad y obediencia. Preguntó y le indicaron que era el alcalde y que las consejas se referían a una posible catástrofe de la cual no sabían dar ninguna referencia valedera. Al parecer, existían personas interesadas en esparcir el pánico por la región. Pensó en alquilar por unas horas alguna habitación de hotel a fin de dormir una siesta, pero prefirió entrar a la iglesia parroquial y rezar unas cuantas plegarias por su hermana. El templo se hallaba casi desierto y era curioso de qué manera podía percibirse lúgubre y espectral a esa hora que en el pavimento de la plaza era de sol reflectante. Una mujer toda de negro, cubierta con un chal, avanzó de improviso hacia el altar mayor y, alzando las manos como para atraer la atención, elevó la voz con una energía detonante para anunciar que todo estaba consumado y que la cólera del Señor habría de abatirse en forma definitiva sobre la grey licenciosa. En sus ojos brillaba la llamarada fanática y más parecía una sierva o mensajera de Lucifer que un alma de Dios.

El doctor Velilla lo recibió a las cuatro. Era un hombre alto, muy delgado, con un rostro cadavérico que, bajo la luz escuálida de su consultorio en la Clínica Santa Rita, podía dar la impresión de un aparecido. Mi primo pensó, tras unos minutos en que permanecieron mudos mientras el ginecólogo actualizaba ciertas informaciones en una libreta, que aquel hombre debía carecer de comercio alguno con la risa o con el regocijo. Una vez hubo concluido sus notas, lo oyó decirle:

—Supongo que está usted preguntándose qué pudo inducir a su hermana, la madre Angélica, a cometer semejante locura. Lo que voy a referirle acaso no sea suficiente para explicarlo, pero es todo lo que sé y créame que nadie sabe una palabra más. La historia, señor, podrá resultarle un tanto afiebrada, quizá extravagante. Déjeme asegurarle que es fidedigna.

—Me siento ansioso por conocerla —repuso mi primo—. El suicidio no estaba entre las acciones que era posible esperar de mi hermana. Monja como fue desde los dieciséis años, se condujo siempre como una mujer abnegada, cuyo humanitarismo acusaba perfiles bastante modernos. Jamás barrunté en ella asomos de fanatismo. Su sentido religioso dejaba ver cierto rigor, cierto ascetismo de tono filosófico.

—Así es —ratificó el médico—. Y, no obstante, una vez oiga la historia, tendrá usted que aceptar la presencia en su hermana de síntomas que podían presagiar la locura.

El relato del doctor Velilla, según mi primo se cuidó de recalcar, fue parco y directo. Su rostro y su voz no delataron en instante alguno emociones que pudieran embargarlo. Era un alma científica y todo lo consideraba en frío, como bajo un microscopio. Comenzó relatando de qué manera la comunidad a la cual pertenecía la madre Angélica se vio conmovida al descubrir que una de sus novicias, la hermana Trinidad, se hallaba embarazada de cinco meses. Se trataba de una muchacha que solía cumplir con rectitud y convicción las normas de su regla. Jamás salió sin compañía del convento y no parecía hacedero que hubiese sostenido relación alguna con varón. Su embarazo, pues, tenía que haberlo obtenido en la soledad de su celda.

Ahora bien, la hermana Trinidad aseguraba que, en alguna noche de varios meses atrás, había experimentado con pánico como si una sombra, más espesa que la oscuridad circundante, se aproximara a su lecho y profanara su castidad. El violador era en realidad un efluvio lleno de negrura, cuya cercanía pasmaba de terror e impedía cualquier movimiento defensivo. La posesión fue instantánea y la novicia decía haber sentido que una esperma helada la invadía como una ofrenda de las tinieblas. Recordaba de qué modo, por lo demás, había informado por entonces del hecho a la prefecta. Ésta se limitó a suponer que la novicia había pecado en solitario por razón de la castidad forzosa, que hacía a veces que las religiosas se desbarrancaran por el abismo de los goces autoinfligidos, por llamarlos de algún modo. Mas la evidencia de su preñez fue corroborada por el propio doctor Velilla, quien auscultó en secreto a la hermana Trinidad a instancias de la madre Angélica, que trabajaba como ayudante suya de enfermería. Aunque el fenómeno carecía de explicación, la comunidad accedió a que la novicia trajera su hijo al mundo en aquel centro, rodeada del sigilo más absoluto, para luego darlo en adopción.

La criatura nació hacía exactamente dos semanas aquel día en que mi primo arribó a Armero. El parto no presentó problemas de ningún género. El doctor Velilla recibió al bebé en sus manos y le aplicó la nalgada que lo haría llorar y, por tanto, respirar. Luego lo entregó a la madre Angélica para que lo deshiciera de los quinientos gramos de placenta y de cordón umbilical, y lo lavara. Cuando realizaba esto último, la monja emitió de pronto una exclamación y dejó caer al recién nacido. El médico, que no lograba entender el ataque de histeria de que era presa su ayudante, se apresuró a alzarlo, sólo para comprobar que había perecido por rotura craneal. No dejó de advertir, desde luego, la fealdad escalofriante del rostro de la criatura —una fealdad que hacía pensar en una ausencia de estructura humana—, probable razón de la torpeza de la madre Angélica.

Interrogada, ésta dio, sin embargo, una versión más compleja e inesperada. Dijo que, al advertir la fealdad inusitada del rostro de aquel bebé, lo expresó en un suspiro que llevó tan sólo estas palabras: «¡Dios, qué niño más feo!». De repente, la criatura abrió los ojos y, mirándola con fiereza, mientras enarcaba una ceja respondió con voz bronca y rencorosa: «¿Feo? Más feo es lo que va a acontecer en este pueblo». Fue entonces cuando, llena de horror, lo dejó caer. El doctor Velilla cumplió con informar de todo ello a la dirección de la clínica. Debía, ante todo, salvar su responsabilidad.

La madre Angélica fue reprendida con severidad y castigada con la destitución. Pero casi ni cayó en la cuenta de ello, tal era el horror que aún la estremecía. La criatura grotesca fue enterrada con premura, por cuenta del convento y, por previsión comprensible, sin que su madre llegara a contemplarla. A la mañana siguiente, las profesas hallaron a mi prima colgada de una viga del techo de su celda. Había dejado una nota de suicidio en la cual sostenía la inexistencia de todo poder en el Cielo y la omnipotencia universal del Infierno.

Tales eran los hechos, los «hechos escuetos» al decir de Velilla. Mi pariente le preguntó si en verdad la criatura le había parecido tan monstruosa como para desatar aquella reacción en su hermana. El ginecólogo respondió que no lo dudara, pero aclaró que ello podía deberse a factores del desarrollo en el vientre de la novicia o, incluso, a medicamentos ingeridos por ella durante la gestación. Por lo atinente a las palabras que la madre Angélica había oído brotar de su boca, éstas sólo podían corresponder a una ilusión motivada por el histerismo en que la precipitó la fealdad del bebé. El entierro de la monja, por súplica que la superiora elevó ante la parroquia, se había celebrado en camposanto. De ella guardaría siempre Armero, se preocupó Velilla por comentar, memoria devota.

Al cruzar la plaza para dirigirse hacia la carretera y regresar a Bogotá, luego de depositar una ofrenda de rosas en el sepulcro, mi primo vio a un sacerdote —acaso el cura párroco— llamando a la comunidad a desalojar la población si querían salvar sus vidas. Bajó del campero y anduvo hacia él para indagar los motivos de la exhortación. El religioso le aseguró que era inminente una avalancha de lodo, proveniente del volcán nevado del Ruiz, que sepultaría a la población. Mi primo juzgó alucinada aquella inferencia y sonrió para su capote. Tampoco las personas reunidas en la plaza daban la impresión de dar crédito al tonsurado, a quien —con harto sentido común, se dijo él— debían considerar atacado por la locura. Encaminó el vehículo hacia la carretera. Debió dormir en un hotel de Silvania, ya próximo a Bogotá, porque el cansancio terminó venciéndolo.

A la mañana siguiente, cuando encendió el motor y luego el aparato de radio, la noticia lo hizo frenar en seco. Comprendió que tanto el doctor Velilla como las mujeres que aguardaban la consulta en la Clínica Santa Rita y los hijos que moraban en sus vientres y las monjas del convento y la tumba de su hermana y el alcalde y quizá el cura párroco y todas las gentes que había visto en Armero, yacían ahora bajo toneladas de barro. El horror lo obligó a apurar un aguardiente en una fonda de la carretera. En aquella ocasión, los dados del destino no parecían haber caído bien de la mano de Dios. Acaso habían caído, se dijo, de una mano más negra y vituperable, la misma que labró el rostro horrible y la boca premonitoria que quitaron la razón a la madre Angélica.

Aquello ocurrió en 1985. Veintitrés años después evocaba yo la historia de mi primo, por acendrarme en mi convencimiento de la existencia de poderes sobrenaturales, no siempre benignos, que nos pueden accionar como a marionetas trágicas y que son los mismos que Armando García desencadenaba desde la tiniebla.

XIII

Los retortijones, acompañados de sudores y vómitos, comenzaron a presentarse en la última década de noviembre. Al principio fueron muy pasajeros, aunque sentía rugir las tripas y el torso se me doblaba y se me contraía hasta el momento mismo en que la regurgitación me aportaba algún alivio. Aitana creyó siempre más de lo debido en los analgésicos (los usó toda su vida para dolores que ningún médico pudo explicar), así que me convencía de ingerir uno tras otro, tratárase del paracetamol o del ibuprofeno, inocente del daño que tales fármacos pueden llegar a acarrear. Por mi parte, he odiado desde niño ponerme en manos de doctores que hacen cábalas con nuestra salud como si barajaran la teosofía zohárica. De suerte que me confié a los remedios caseros y a las medicinas de libre expendio, sin ver que cada día que pasaba mis condiciones físicas decaían más y más.

En las horas en que el tormento condescendía a una tregua, intentaba dar remate a mi disertación cervantina. Pero esos tramos harto angustiosos apenas si me permitían avanzar y pronto comprendí que aquella conferencia jamás sería leída. El cierre de fin de año era inminente y los universitarios saldrían de vacaciones y habrían de dispersarse por el país en busca de sus familias. Propuse posponer la lectura para el momento en que los planteles hubiesen reabierto: se me objetó que para entonces no concordaríamos ya con la celebración centenaria. Hubo, pues, que desechar el plan. La dádiva espléndida con que mi esposa nos iluminó en la cafetería quedaría, por ahora, en el limbo de las postergaciones. En consonancia con todo aquel entorno de frustración, el firmamento seguía aborrascándose sin caridad · sobre Bogotá, saturándonos de lluvia y de tempestad como si deseara oprimirnos hasta el naufragio. Los paraguas y los abrigos ponían su toque luctuoso en las calles encharcadas y el gesto de los transeúntes se enfurruñaba y parecía esparcir por todos los ámbitos una hipocondría que fuese réplica puntual de aquel cielo neurótico.

Traté de mantenerme en casa. Sabía que lanzarme al exterior podría entrañar el advenimiento de un cólico lejos de mi morada, con quién sabe qué implicaciones enojosas. Aitana había empezado a alarmarse e insistía en la conveniencia de consultar al que era su médico privado, el doctor Luis Ernesto Asencio, un guajiro que había recibido el doctorado en la Facultad de Medicina de la Universidad Nacional y que ahora realizaba estudios para obtenerlo también en homeopatía. Por las razones que he expuesto, me resistía con auténtico denuedo, pese a que en otros años Asencio me había tratado con éxito la hipertensión. En numerosas ocasiones, al sobrevenir el dolor, lo disimulaba y me esforzaba hasta la desesperación por impedir que mi esposa se percatara de nada. Pero los vómitos hacían entonces aparición y en el perímetro no muy extendido de nuestro apartamento resultaba casi imposible silenciarlos ni siquiera disfrazarlos. Recuerdo que una tarde, agobiado por los retortijones, me clausuré en el baño y me libré a llorar procurando no emitir ruido alguno, dando curso franco a las lágrimas pero tapándome la boca para acallar los espasmos del sollozo como quien quiere apagar el rebosamiento de un cráter. En los primeros días de diciembre, sin embargo, los dolores se agravaron a tal punto que decidí confesarme con el médico.

Puedo suponer que el doctor Asencio sospechó la presencia de una dispepsia, que estuviese motivando una gastritis. El hecho fue que me formuló ante todo la adopción de una dieta blanda, reforzada con antiácidos y con una dosis pequeña de ranitidina. Aitana se esmeró en prepararme purés de papas, compotas de fruta y otros nutrimentos inofensivos para el estómago pero a la vez altamente ofensivos para la apetencia y aun para el amor propio. Al comienzo, el tratamiento parecía marchar en una forma satisfactoria. Sin desvanecerse del todo, los dolores se atenuaron considerablemente; y los vómitos desaparecieron. No sin un poco de heroísmo, regresé a mi rutina de trabajo e incluso a la tertulia de la mañana, donde los parroquianos habituales celebraron lo que imaginaban mi recuperación y trataron de estimularme para que, sumergiéndome de nuevo en el oficio poético, olvidara los achaques del cuerpo.

Estaríamos a cuatro o cinco de diciembre cuando María Jimena, a quien —lo mismo que a mis hijos— había preferido ocultar mis dolencias, me solicitó el teléfono de Maritza Ordóñez ya que, según dijo, deseaba realizar una consulta con la médium. Días después tuvo a bien confesarme que ésta había versado acerca de mi fidelidad conyugal. Lo cierto es que la escena que pilló en casa de Carmenza Beltrán, en instantes en que ésta y yo conversábamos en el pasillo, frente al baño, en una intimidad y una cercanía bastante equívocas, había inspirado en mi nuera sospechas que fue incapaz de reprimir. Ahora bien, que Aitana hubiese emprendido una iniciativa de este carácter, aunque impropio de ella y además harto injusto —pues no existían en absoluto verdaderos elementos de juicio—, me hubiese resultado explicable; pero que lo hiciera la mujer de uno de mis hijos me resultó a la postre de una comicidad desternillante. Maritza Ordóñez, según llegué a saberlo mucho más tarde, me libró de toda mácula. Ignoro a cuáles espíritus pudo haber interrogado para lanzar aquel veredicto exculpatorio, pero debieron ser espíritus discretos, nada enredadores. Lo que aquí viene a cuento es, sin embargo, algo que la médium creyó prudente confiar a María Jimena, con el objeto de que me fuera transmitido sin pérdida de tiempo. Por una parte, le dijo sin rodeos que tanto Aitana como yo estábamos siendo blancos de una manipulación siniestra de fuerzas negativas. Que deberíamos hacer bendecir nuestro hogar, en forma preferente por un sacerdote jesuita. Y que debía yo cuidarme en extremo, en los días inmediatos, de la posibilidad de un diagnóstico médico erróneo, debido a la intromisión de una mente depravada, diabólica, en las conclusiones que un facultativo habría de deducir en relación con exploraciones hechas en mi organismo. Esta última presciencia mi nuera me la hizo conocer de inmediato.

Tal vez para que mi karma hallase cumplimiento inconsciente, me parece que archivé muy pronto en el olvido aquella advertencia. Como antes lo consigné en estas páginas, mi salud durante sesenta y seis años había sido de acero, y ello me inclinaba a descreer del peligro de nada grave en mi fisiología. A pesar de experimentar todavía malestares de estómago que podían intensificarse por momentos hasta el cólico, preferí ignorarlos con un estoicismo irresponsable, ocultarlos a Aitana por lo demás y reanudar mis rutinas —a veces paradójicamente bohemias— como si el mundo marchara con la regularidad de siempre. Sarmiento me confió, en la tertulia, que el movimiento izquierdista liderado en la Filotécnica por Eduardo Obeso, cuyo fin esencial parecía ser el de ir formando cuadros estudiantiles que apoyasen a la narcoguerrilla y pusiesen en jaque al Estado lo más a menudo posible, había sufrido un revés insólito. El grupo había adoptado por mote el de «anarcos», cuando en verdad debió adoptar el de «narcos» para compadecerse con las actividades guerrilleras. Sus militantes habían promovido ya uno que otro desorden en el campus, sin que hubiesen logrado perturbarlo demasiado, mas la meta de Obeso consistía en fomentar grandes motines callejeros, con quema de autobuses de transporte urbano y muerte mediante «papas calientes» a cuanto agente de policía antidesórdenes fuese posible, a ejemplo de los que eran frecuentes en la Ciudad Universitaria. Ocurrió, sin embargo, que un buen día uno de sus prosélitos fue sorprendido comunicándose con el D.A.S., que es el servicio de inteligencia de la policía, para dar cuenta de las actividades secretas de la célula. Las acciones punitivas aplicadas al muchacho incubaron en él, al parecer, por haber sido propinadas en público y con la aprobación de sus conmilitones, un espantable resentimiento. Ello dio origen a una cadena de delaciones que, al modo como se narra en *El hombre que fue jueves*, de Chesterton, acabó determinando que la totalidad de los miembros del grupo eran agentes secretos. Obeso, según Sarmiento, se encontraba hundido ahora en la depresión y la vergüenza.

Algo similar había ocurrido en la secta de los góticos, cuyos sumos sacerdotes convocaron en algún momento una ordalía para averiguar quiénes en sus filas eran espías camuflados. Se trataba de que todos se dejasen imponer un hierro candente en la mano derecha: quien resultase chamuscado, ése sería el traidor. Cuando más de la mitad de los sectarios aullaban ya de dolor, alguien gritó que aquel procedimiento era salvaje y que nada demostraba. El máximo de los sacerdotes ordenó entonces suspender la prueba y, para meter en costura a los demás, pidió que le fuese aplicada a él. Se hallaba cierto, claro está, de que la ignición no osaría hacerle daño. Cuando, no obstante, saltaba por el recinto dando alaridos y agitando la mano con la esperanza de que el aire la enfriara, el resto de los jóvenes jerarcas paró la ceremonia y convino en que, dado que nadie había rehusado pasar la prueba, parecía obvio que no había traidores entre ellos. Más tarde me enteré de que esta última anécdota, a diferencia de la atinente a los «anarcos», era espuria y había sido inventada y echada a rodar sólo para ridiculizar a la secta, en cuyos ritos depravados nadie creía y más bien se había hecho *vox populi* que se trataba de imposturas. No obstante, John Aristizábal seguía asegurando poseer noticias fidedignas sobre acciones abominables perpetradas en el seno de la pandilla y, algo peor, toleradas en cierta manera por las directivas universitarias, que habían llegado a temer la perversión generalizada entre ciertos adolescentes.

Al regresar a casa, comentábamos todas aquellas extravagancias cuando un hombre de baja estatura, con un bigote indómito a la Charles Bronson y cubierto por un delantal impecable, nos abordó en el momento de bajar del taxi y nos dijo haber abierto una nueva panadería en los locales comerciales de la cuadra de nuestro edificio. Nos reclamaba como clientes de sus trenzas, roscas y hogazas aromáticas, ya que era panadero graduado y, hasta hacía poco, había trabajado con uno de los hoteles más lujosos de Bogotá. Me llamó la atención su mirada un tanto socarrona, llena de probables y tácitos reparos a algo (no podía yo descifrar qué) en nosotros. Le agradecimos la información y le recibimos una tarjeta con dirección y teléfono, impresa en tipo Baskerville Old Face de imponente cursilería. Tampoco sé dilucidar por qué el rostro de ese tahonero, que frisaría entre los cuarenta y cinco y los cincuenta años, se me grabó de modo tan nítido, como más adelante habrá de verse.

En la noche del día siguiente, el taxista amigo nos paseó por varios barrios de la ciudad, a fin de admirar las iluminaciones navideñas que ya pululaban por doquier. Luego nos dejó a las puertas del edificio de apartamentos donde moraba John Aristizábal, que nos había invitado a cenar. Hallamos allí, muy provistos ya de vasos de whisky, a Nicolás Sarmiento, a Helena Jáuregui y —lo cual me produjo fastidio— a Richard Nessler, que parecía haber asumido una cínica defensa de la invasión de Irak por los Estados Unidos. Lamentaba que su patria no hubiese adherido a esa acción arbitraria y decía poderse explicar que Francia hubiese hecho lo mismo, «si se piensa en lo débiles mentales que han sido siempre los franceses». Le pregunté si Voltaire o Hugo o Pasteur se le antojaban mentalmente alfeñiques y sin hacer la merced de mirarme a los ojos respondió que ésas eran meras excepciones. Inquirí si no le parecía que aquella invasión se había ordenado con el deliberado propósito de echar mano al petróleo iraquí. Consideró, sí, esa contingencia, pero insistió en su apoyo, ya que, según no dudó en preconizar, «las necesidades del primer mundo eran incuestionablemente prioritarias». Después de no pocos desbarros como aquél, aplaudí que Aristizábal le hubiese pedido abandonar su casa. El alemán se largó maldiciendo como un lansquenete.

Pasada la cena, en la cual sirvió el oferente unos medallones de lomo de res seguidos de un postre de natas, todo ello pedido a un acreditado restaurante vecino, prolongamos los tragos (con mi excepción, pues Asencio me los había prohibido) y pronto vimos que éstos parecían surtir en Helena Jáuregui un efecto depresivo. Sus ojos se humedecieron sin aparente causa y, cuando le preguntamos lo que pudiera ocurrirle, estalló en sollozos e inició una enumeración acongojada de maltratos sin cuento de los cuales, según afirmaba, su madre la hacía víctima. Al parecer, la matrona le reprochaba con superba acritud, no sólo su obesidad anormal —que había alcanzado aquellas proporciones teratológicas apenas unos años atrás—, sino ante todo la que llamaba su «debilidad de espíritu», manifiesta en el gusto por disciplinas «tan inútiles y baladíes» como la literatura y la filosofía, cuyo estudio jamás habría de servir para traer un poco de estabilidad económica al hogar. La verdad era que desde siempre su hija predilecta había sido Anita, la asesinada hermana mayor; y que Helena, desde el instante de nacer, parecía haberle inspirado una especie de grima desnaturalizada y que trataba en todo momento de ignorarla, de hacerla de lado, de mostrar hacia ella una indiferencia rayana en el desprecio. A partir de la muerte de Anita, aquella actitud se había acendrado al extremo de conducirla incluso a la agresión física. Todos intercambiamos miradas de tristeza: nada podíamos hacer por aquella joven desdichada cuyo torpe aspecto llegaba a motivar en nosotros, sin que pudiéramos evitarlo, una suerte de ternura. Aitana trató de infundirle ánimos, pero nada hizo posible que la becaria parase de llorar y de lamentarse, lo cual siguió haciendo hasta el momento mismo en que Nicolás Sarmiento se ofreció para acompañarla a casa. Debí reprocharme para mi coleto, entretanto, el haber fugazmente pensado que jamás había sido «Mosquetero», el *setter* inglés, la cabeza de aquel hogar, como su propietaria lo propalaba no totalmente en broma, sino alguna de esas más evidentes y proverbiales matronas bogotanas que refinan la mordacidad hasta volverla un arte y son las maestras del dicterio y del ultraje solapados.

Aquella noche, mientras tratábamos de conciliar el sueño, Aitana y yo comentamos con tristeza la forma en que buen número de seres humanos parecen aplicarse a hacer infelices a sus prójimos y, en especial, a sus más allegados. Por distraer ese abatimiento, cambiamos de tema e intentamos divertirnos imaginando la severa frustración que debía experimentar el sandio de Eduardo Obeso al comprobar que había despilfarrado su tiempo instruyendo en tácticas comunistas a espías del enemigo que tomaban buena nota de ellas. En ésas estábamos cuando sentí de pronto como si el hierro candente de los góticos incendiara mis entrañas. También como si una bayoneta me hubiese atravesado y procreara un dolor por intolerable casi vejatorio en mi intestino. No tuve ahora el coraje suficiente para mostrarme sereno y disimular así ante mi esposa el tormento horripilante que experimentaba y también la angustia en que me sumía. Y algo curioso: en aquel instante caí en la cuenta, y así lo transmití a ella, de no haber evacuado la vejiga ni el estómago por lo menos en dos días. Aitana saltó de la cama y se precipitó hacia el teléfono. Logró comunicación con el doctor Asencio. Éste insistió en hablar conmigo, pero sólo después de muchas negativas accedí a pasar. Le imploré que viniera a casa e hiciera algo por mí. Respondió que carecía de los equipos de laboratorio necesarios para explorar en busca de la causa de todo aquello y que, por consiguiente, no había otro camino que trasladarme a un hospital. Sólo allí podrían establecer la razón de mi padecimiento. En forma bastante ridícula, grité que para llevarme a uno de esos establecimientos tendrían primero que pasar sobre mi cadáver. Asencio me pidió poner al habla a mi esposa. Luego de escuchar por largos minutos las opiniones del médico, Aitana colgó y tornó a discar para avisar a mis hijos y solicitar un servicio de taxi. Yo, durante aquel lapso, sentí poco a poco aflojarse mi voluntad y comprendí por fin la fatalidad de tener que acatar la orden médica. Que pasaran, pues, sobre mi cadáver. Nos vestimos aprisa y bajamos a la primera planta a aguardar el vehículo.

Nunca olvidaré lo apática, oscura y solitaria que percibí, a aquellas tiritantes dos de la madrugada, la calle en la que descendimos, frente a la entrada de urgencias del Hospital San Patricio. Estaba situado en un suburbio próximo al centro, que hasta hacía unos cuantos años tuvo fama de constituir uno de los sectores más peligrosos de la capital, pero al cual recientes impulsos de la administración distrital habían librado de cafetines, tabernas, ventas callejeras y uno que otro *bric-à-brac* del todo indeseables, que lo habían convertido en nido de un hampa mediocre pero, por ello, más temible. Pese a su ubicación, se trataba del hospital bogotano más avanzado en tecnología. El enorme portón verde se hallaba cerrado y debimos golpear varias veces antes que un desganado portero acudiera y nos franqueara el ingreso. Nos atendió una enfermera por fortuna bastante amable, lo cual constituye una rareza en ese gremio. Titubeó mucho, sin embargo, antes de animarse a llamar a la médica. Yo imploraba que me administraran lo más pronto alguna pastilla o inyección que redujera el dolor. La doctora tardó en llegar. Cuando lo hizo, debió advertir a simple vista el estado de choque en que ya me encontraba. Ordenó que trajesen una silla de ruedas, que ella misma empujó a toda prisa para entrarme en un ascensor. Aitana logró introducirse asimismo, acezante por la maratón que debió emprender para seguir a la médica. Mi pobre damita llevaba la angustia impresa en el rostro.

Un cirujano que acudió con prontitud ordenó conducirme a la unidad de cuidados intensivos para una laparoscopia, que consistió en una exploración del vientre realizada a través del ombligo. Según lo supe después, se me encontró una descompensación hemodinámica o trastorno agudo de los tejidos, que ponía en gravísimo riesgo mi vida. Los síntomas, por lo demás, habían sido ya patentes: piel húmeda, labios azulados y fuerte taquicardia. Mi líquido de reacción peritoneal era escaso y padecía según el examen una seria obstrucción en la masa intramural del yeyuno. Esto último, al parecer, lo dedujeron de una sombra más que siniestra aparecida en el sondeo. Se nos indicó a Aitana, a mis hijos y a mí que sería precisa una intervención quirúrgica. Antes, jamás había sido operado y la sola noticia me colmó de un desasosiego lindante con el pavor. Ignoro a qué horas de aquel día me prepararon, con todo el aparato sibilino, augural y sombrío que caracteriza estos manejos hospitalarios, para el trance aciago de una cirugía intestinal.

Yo apenas conseguía poner en orden mis pensamientos y repetía, ante la angustia creciente de Aitana: «Me tienen que operar, Dios mío, me tienen que operar». De repente, creció en mi fantasía, en vez de la bondadosa faz del Creador, la imagen todopoderosa —era la forma en que se presentaba— de Armando García, el brujo negro, el taumaturgo diabólico que me enriquecía en desdichas y me empobrecía en esperanzas. Pensé que sin remisión iba a fallecer en la mesa del quirófano. Nicolás Sarmiento y John Aristizábal se habían hecho presentes un rato antes e iniciaron con mi esposa y mis hijos, escoltando mi camilla, la marcha hacia esa sala aséptica a la cual entran los cirujanos, el anestesista, las enfermeras por esclusas detersivas. Lo único que acerté a balbucear cuando iba ya a trasponer la entrada fue: «Que sea lo que Dios quiera». Después recuerdo vagamente a médicos y enfermeras rodeándome y al anestesista aplicándome la mascarilla con el gas volátil que me hundiría en la hipnosis. Me precipité en la nada, sí, en un vasto y huero mar de insustancia.

XIV

Estamos en fila, uno al lado del otro, cerca de diez enfermos a quienes va a pasar revista el director de esta clínica que me hace perder la noción de mi ubicación en el universo. Sólo una cosa se me pone muy de manifiesto, y son esas paredes tan insólitas, como hechas para sugestionarnos, pues se encuentran recubiertas de una especie de terciopelo color ocre rojizo, en donde la luz crea extraños efectos como de larvas o sabandijas que se deslizaran de uno a otro extremo. Es un simulacro alucinante, que me obsesiona e incuba en mí un nerviosismo mezclado de sensaciones placenteras de excitación y a la vez de intermitente irrealidad. Ahora sé que ese médico jefe que se aproxima es hijo de un pariente cercano mío, acaso un primo que fue también mi condiscípulo en la escuela primaria. Esto último me infunde cierta confianza, aunque al tiempo conozco que algo muy desdichado está por ocurrirme. El individuo al llegar se desplaza por detrás de nosotros, que nos encontramos todos en desnudez absoluta. Al situarse a mis espaldas, siento que me aprisiona por los hombros e introduce en mi conducto anal su miembro viril. Comprendo que estoy siendo violado sexualmente, pero en mi conciencia creo suponer que se trata de un procedimiento médico de rigor. Permanezco impávido, pues, sin ver muy a las claras cómo es posible aquella violación en la posición erguida en que me encuentro. Entonces recuerdo hallarme en esta clínica por haberme yo mismo apuñalado en el vientre, durante una brumosa sesión de alcohol en mi apartamento con Nicolás Sarmiento y con cierto profesor jubilado de literatura, en la cual este último logró persuadirme de que quien en verdad se considere un poeta, no debe vacilar en clavarse un cuchillo sin soltar un gemido. Sarmiento dijo concordar con tal premisa y entonces, estimulado por el alcohol, procedí a acuchillarme para demostrar lo poeta que era. Por eso hay en mi vientre una abertura sanguinolenta, que promueve un dolor nada superficial, ya que penetra hasta mis entrañas.

Tendido en un lecho junto a Aitana, bajo un equipo que semeja los de tomografía axial computarizada, en los cuales nos rodea un túnel de metal mientras arriba opera un explorador ante el cual nos sabemos un miserable despojo de humanidad, trato de explicarle, en tanto nos sondea el ojo inhumano del artilugio, que no he podido evitar una violación y que no logro explicarme cómo la medicina apela a este insulto al honor. Mi esposa me tranquiliza encareciéndome que, tratándose de un pariente cercano, la violación no comporta mayor deshonra y que no había modo de evitarla. De pronto, veo que sobre nosotros se proyecta la luz vigorosa de varios de esos reflectores usados en los estudios de televisión. Comprendo que estamos colaborando para un programa sobre cuestiones científicas dirigido por mi primo, el padre del médico violador. Él, recuerdo, ha trabajado siempre en los medios. Me pregunto qué hago aquí, yo que más bien rehuyo las cámaras, y por qué no está en mi lugar, con más fundamento, Eduardo Obeso, que busca los reflectores como las polillas la llama. A poca distancia de nosotros, oímos languidecer y lanzar gimoteos y lamentaciones a una mujer ignota, a quien sin duda tortura el procedimiento exploratorio que le es practicado. No entiendo cómo en una simulación registrada por un vídeo, con destino a una emisión ilustrativa, se permite ocasionar sufrimiento a quien se presta a ella, mas lo cierto es que la pobre víctima debe padecer un agobio infernal. Trato de que sea Aitana quien me explique aquella situación. Veo entonces que mi mujer ha entrado en una suerte de éxtasis contemplativo y que no atiende mi reclamo. En cierto momento, me doy cuenta de que la grabación ha concluido y también de que las actrices en el papel de enfermeras siguen tratándonos como si de fijo fuésemos pacientes reales y debiéramos permanecer allí en forma indefinida. Una de ellas, a mi pregunta, me recuerda que soy ciertamente un paciente hospitalizado y que no habrá forma de verme libre de esta prisión que intenta parecer altruista.

Sin que medie explicación, sin embargo, Aitana me dice en tono autoritario que me ponga de pie y la siga. Ahora comprendo que el estudio de televisión —en las ventanas interiores de cuyos pisos más altos, iluminados por una luz glacial, he visto asomarse rostros de robots que nos observan con una frialdad penetrante— comunica con un restaurante chino cuyo local es propiedad de mi primo, que lo ha rentado a esos taciturnos hombres y mujeres de raza amarilla, afanados de un lado a otro para servir colaciones mientras halagan a los clientes con venias ceremoniosas. Nos instalamos en una de las mesas, tras lo cual comprendo que no podré moverme de allí sin la ayuda de alguien, pues mis extremidades inferiores parecen de trapo y no me sostendrán. Me atosiga una sed desalmada, que me hace experimentar un árido estiaje en el paladar y algo así como calderas flamígeras en el estómago, cuya combustión se dispara esófago arriba. En tanto Aitana ordena a la joven china que nos atiende una leche malteada, yo elijo pedir una gaseosa helada de naranja. Pronto, la pequeña de tez cérea pero lozana trae a mi esposa su sorbete, pero a mí me deja con un palmo de narices. A mi protesta, me pide tener calma, que ya traerá lo mío. Pasa el tiempo, no obstante, y nada llega. Suplico a Aitana hacer algo pues me quemo de sed y siento la lengua baldía como un yermo inhóspito. Mi esposa hace un gesto de indiferencia, se alza del asiento y declara que irá a visitar a mi primo y a su mujer, que viven en la casa frontera. Su mirada inexpresiva me cala como una ráfaga de ventisquero. ¿En qué momento mi damita cambió conmigo de ese modo? ¿Qué deseo suyo no satisfice para incubar este aparente desdén? Quedo solo en ese lugar desconocido e insisto en que me traigan el refresco; las chinas que atienden dicen que sí, pero se distraen con otras mesas y no me complacen.

Advierto que la tarde va cayendo y que llevo horas sentado ante esa mesa sin lograr un maldito sorbo de cualquier líquido que apague el volcán que se revuelve en mi organismo. Soy consciente no sólo de mi incapacidad para movilizarme, ni aun para incorporarme de la silla. Imploro a una de las jóvenes orientales que me ayude a erguirme y que acceda a conducirme a casa de mi primo. Me dice que su religión taoísta le impide hacer aquel género de favores. Una reflexión abscóndita me deja saber lo muy intrincado de ese credo que ordena al individuo ignorar los dictados de la sociedad y plegarse sólo al *Tao*, pauta subyacente del universo cuyo agudo intríngulis radica en que no puede ser descrita con palabras ni concebirse como pensamiento. Entonces reparo en la presencia de una china muy anciana, probablemente la abuela de las ligeras pero indolentes camareras, de cabello blanco y arrugas muy bien excavadas en el rostro sapiente y comprensivo. Sus ojos son como libros abiertos donde resplandece una gnosis milenaria. Le pregunto qué puedo hacer, entrada ya la noche, para trasladarme a mi vivienda, que sé muy lejana de aquí. Me responde que aguarde un poco, pues pronto habrá un espectáculo de mímica china que no debo perderme. Esto me sosiega por instantes, y no tarda en darse lo anunciado. Los mimos (casi todos mujeres) dan comienzo a la consabida procesión de expresiones faciales y posturas corporales primarias, en esas caras maquilladas con cosméticos inextricables que oscurecen las pestañas y nievan el rostro, que queda como de yeso. Nunca me han agradado —memoro—, pues me producen susto, las personas que ocultan de cualquier modo sus facciones. Éstas me hacen sentir una culebrina de frío subirme por la columna. Entonces reparo en la presencia de Aitana, junto a mi primo y su esposa, que contemplan el espectáculo desde una especie de palco situado a una altura imponderable y sumida en cierta neblina friolenta y como llena de un hechizo fantasmal.

No sólo ha concluido la representación, sino que incluso han cerrado ya el restaurante, todos se han ido y sólo quedan las cuidadosas muchachas chinas que retiran vajillas y colocan los asientos sobre las mesas. Indago con la abuela de cara indulgente qué puedo hacer, inmovilizado como estoy, a esa hora y tan lejos del hogar. Con un lenguaje casi ininteligible, la mujer me hace saber de todos modos que puedo permanecer allí, sin que ello suponga para ellas incomodidad alguna. Le transmito lo horriblemente que la sed me suplicia, pero deja flotar en su mirada una expresión de franca perplejidad y hace mutis por alguna trampa disimulada. Entretanto, las jóvenes han transformado el local en un gran dormitorio y extienden mosquiteros sobre colchones que han desplegado en el piso y donde se aprestan a dar comienzo al reposo nocturno. De algún modo sé que Aitana ha regresado a casa sin mí. Ello me taladra el ánimo con una angustia sólo explicable por el amor inmensurable que le profeso y la martirizante necesidad de su compañía. Una mujer china ya de unos treinta años pasa frente a mí en camisa de dormir y por un momento me contempla con un sesgo de burla en los ojos rasgados. Siento luego que me laceran el silencio y la soledad, pues todos duermen y sólo velo yo en ese ámbito extraño, que rezuma el hálito de una cultura inmemorial cuya comprensión se me escapa como bocanada incorpórea. En algún momento, veo pasar otra vez frente a mí a la mujer y le lloro para que me pida un taxi por teléfono y poder así volver a mi morada, por la que ahora suspiro cual si fuese el don más generoso deparado por la Providencia. Me responde que sí, que me concederá ese deseo y que simplemente espere. Mientras lo hago, percibo a corta distancia de mi desolada y humillada humanidad la figura de un simio, del tamaño de un niño de diez años, que cruza ostentando un gorro como de botones de hotel y una suerte de librea. Malicio que no es real, sino una proyección holográfica con la que quieren asustarme y que, supongo, representa uno de los doce signos de la astrología china. Me hago una reflexión improcedente acerca de la avanzada tecnología que deben poseer para crear estas ilusiones los herederos de una nación que hace ya cuatro mil años alentaba bajo el poder despótico de la dinastía Xia.

Pese a que casi todos duermen, percibo que una de las puertas de calle permanece abierta, y a través de ella diviso las luces del taxi solicitado. Me inunda una alegría enajenante y pienso que ahora podré volver a casa y requerir de Aitana, de mi máximo amor, la limosna de una explicación por su conducta. Pero subsiste mi incapacidad para erguirme del asiento y caminar. Una esperanza aflora en mí cuando veo que el conductor del vehículo se ha asomado a la puerta por inquirir quién ha pedido el servicio. Le aclaro que fui yo y le ruego ayudarme a llegar al auto, pues me encuentro en estado de transitoria invalidez. El hombre parece husmear y desmenuzar con un análisis muy sesudo el local; en su cara se refleja el desagrado. De pronto, me comunica que, si es aquélla una residencia de chinos, sepa yo que él no presta servicios a esa ralea expatriada y contaminante, cuya lepra se extiende por el mundo. Sonrío y trato de hacerle entender que no soy chino. Retruca que eso se nota a simple vista, pero que parece palmario mi comercio con esa gente despreciable, razón por la cual debo haberme contagiado de sus lacras prehistóricas. En vano le dirijo súplicas. Le encarezco no hallarme aquí por voluntad propia sino por culpa de mis impedimentos físicos, que no me han permitido movilizarme. Adopta un gesto de desprecio y se retira del vano para regresar al vehículo, cuyo motor brama anunciando su partida. La mujer accede a dos intentos más, con resultado idéntico. En respuesta al último de ellos, lo que arriba no es un taxi sino un camión de enorme tonelaje, cuyos faros encandilan como si se concentraran al refractarse en una lente. El conductor arguye análogas razones de repugnancia hacia la raza y las culturas amarillas.

Casi sin solución de continuidad, veo a Aitana entrar por la puerta y en mí siento renacer el optimismo y la alegría. Mi damita elegante al fin se ha apiadado de mí. Viene luciendo una blusa de lindos colores y un pantalón de fino corte que a la perfección riman con ella. Para mi asombro, no se dirige a mí sino a la china que pidió los taxis. Le dice que pueden empezar de una vez, ignoro qué endiablada cosa. La china se aproxima a mí y me ata prolijamente, con sogas, a la silla, sin que mi cuerpo desmazalado pueda ni siquiera resistirse. A continuación, comienza a infligirme una serie de torturas en carne viva, ante todo pellizcos, retorciéndome la piel, que me descomponen y encrespan. Al tiempo, inicia un largo interrogatorio acerca de las infidelidades conyugales en que haya yo incurrido durante los años más recientes. Para estimular mi memoria, me arroja baldados de agua helada. Aitana contempla impasible la escena. Cuando se rebaja a explicarme algo, dice que esa mujer china intuye a través de métodos adivinatorios los hechos de una vida y que la ha alertado sobre mis posibles defecciones. Replico que lo único que aquella intonsa sabe es proyectar hologramas de animales astrológicos para tratar de asustar a incautos entre los cuales no me cuento. Esta respuesta parece ablandar a mi esposa, que ordena la suspensión de las torturas y pide que se me desate. Está convencida, a lo que parece, de mi fidelidad incorrupta. De improviso, sin embargo, un sujeto muy flaco, de rasgos aindiados, con una cara empalagosa como esas frutas conservadas en almíbar, se coloca detrás de mí de un salto y procede a una violación anal mucho más áspera y profunda que la sufrida en el hospital. Cuando consigo librarme de él, hago hincapié a mi cónyuge, con lágrimas rabiosas, en el modo como, al desconfiar de mí y someterme a aquel proceso peor que kafkiano, sólo consiguió que fuese violado por segunda vez con degradación malhadada de mi autoestima. Aitana me mira con compasión y conviene en que se dejó arrastrar por celos insensatos.

Entonces avanzamos, entre nubarradas de polvo y en un vehículo cuya velocidad corre parejas con mi agitación, por una carretera que parece ilímite, y sé que hago rumbo con ella hacia la tierra natal de mi padre difunto, en las sabanas de Sucre. No visito ese poblado hace casi cincuenta años y sé que ello va a redimirme de las ignominias de que he sido objeto. Volveré allí como a una fuente de purificación, como a un manantial de aguas aptas para el sacrificio lustral. En esa comarca perduran, como preservadas en un hibernáculo, las raíces de mi estirpe, hondas a la manera de un pozo artesiano cuyo elemento irrumpiera hacia la superficie al conjuro de la sangre que llama. No obstante, al acercarnos a la meta comprendo que todo aquél a quien conocí en ese enclave reposa ahora en una tumba y que todo, incluido el paisaje que tanto amé en mi niñez, ha mudado al desabrigo del tiempo inclemente. Trato de explicarme por qué aquellas tierras antes aventajadas y llenas de gracia, hoy se han convertido en el escenario torpe de esas pugnas fratricidas entre árabes y judíos, que no contentos

con llevar muerte y estrago al Oriente Próximo, han dado
en irradiar sus odios por todo el planeta. A cada instante,
hombres con uniforme palestino nos obligan a detenernos
y a dejarnos practicar requisas infamantes.

Cuando arribamos por fin al antiguo caserón de la
familia de mi padre, sólo encontramos allí vástagos jóvenes
que para nada recuerdan el porte gentil de mis abuelos y mis
tíos. Después de probar ciertos pretendidos manjares que
para nada recuerdan la esclarecida cocina de mis mayores
y que saben más bien a cartón triturado, nos vemos obli-
gados Aitana y yo a pernoctar al aire libre, en una plazole-
ta enfriada por cierto viento forastero y cortante, sobre un
camastro primitivo desde el cual diviso, en una torreta alzada muy cerca, mientras mi esposa cae rendida por el viaje,
a un centinela árabe que permanece inmóvil toda la noche,
rígido como un soldado de plomo, con sus dobles cananas
al cinto y el fusil expectante que no depone jamás. Permanezco horas y horas contemplando a ese hombre cuya sola
silueta recortada contra el cielo nocturno me infunde escalofríos. Lo único que me conforta es saber a mi damita
durmiendo a mi lado, hundida quizás en esos sueños con-
fusos que motivan siempre los viajes más que kilométricos.
Su compañía no deja de representar en mi sentir la de un
hada buena que me preserva y me guarece. Al amanecer,
tomamos a toda prisa el camino de regreso, entre compli-
cados retenes y tiroteos lejanos. De pronto pienso si no an-
dará extraviada mi mente al tomar por guerra entre palestinos e israelíes lo que en verdad es presencia guerrillera y
enfrentamiento con los regulares. Pero no. No, no. Se trata
de árabes y judíos. Me hago la composición mental de un
mapamundi que dilucida a la perfección cómo han llegado
a mi país esos destacamentos extranjeros, para mayor mal
de nosotros. El mapamundi me da vueltas en la cabeza, ma-
reándome, al punto de convertirse en una obsesión.

Es otra vez de noche y nos detenemos ante la misma
clínica bogotana regentada por el hijo de mi primo donde
sufrí la primera violación. Ahora veo que es un edificio de
ladrillo rojo, con muchos pisos, sobre cuyo pórtico campea
un emblema consistente en un círculo dividido por una línea horizontal, en cuyo hemisferio superior hay una especie de dibujo que no consigo descifrar; el inferior lo ocupan
tres radios que lo dividen en partes iguales. Sí, constituye
el símbolo de esa casa de enfermos donde debo reingresar
para proseguir el complejo tratamiento por la herida con
arma punzante que yo mismo me causé. Enfermeras con cara de maniquíes me recluyen en una habitación de la planta baja, el vano de cuya entrada carece de puerta que pueda
aislarme del exterior. Se trata de un aposento muy oscuro,
de muebles como fundidos con la tiniebla, en el cual permanezco sentado en una especie de esclerosis semejante a la
padecida en el restaurante chino, pues sólo consigo mover
los miembros superiores y la cabeza. Estoy como atornilla-
do allí, sin movimiento en las piernas ni en el torso. Aitana ha desaparecido. De pronto, se llega a mí un grupo de
hombres jóvenes que, mientras me dirigen insultos y procacidades, ante todo burlándose de mi obra literaria y ju-
rándome que se encargarán de desacreditarla, proceden a
despojarme de mi reloj, de mi anillo de matrimonio, de mi
billetera. Un atraco, pues, a la vista de la enfermera recepcionista, a la cual puedo distinguir sentada ante una mesa
sobre la cual hay un computador y muchos papeles. Observa el asalto con indiferencia. Uno de los perpetradores,
que lleva mascarilla de tela al modo de ésas que usan los médicos para tapar nariz y boca, toma mi mano y procede a
pinchar mi dedo índice con la aguja de una jeringuilla a fin
de extraerme, ignoro para qué, una gotita de sangre. Comprendo que se trata de otra forma de violación y, al sentir
la punción, protesto desde lo más hondo de mi pundonor

o de lo que me queda de dignidad. Entonces, observando la parte superior del rostro de quien realiza la operación, reconozco las facciones de Fabián, mi hijo mayor, a quien indago lleno de congoja por qué acolita esta infamia que me infligen. Él se limita a mostrarme unos ojos llenos de risa cínica y recoge la gota de sangre en un tubito. Luego se marchan todos. Viene la enfermera de la recepción y me pregunta qué me ha hecho armar tanto alboroto. Intento ponerla al corriente de lo acaecido pero ella, con ojos severos, asegura que nadie ha entrado en el aposento.

La sed desquiciadora, que me aflige desde las largas horas del restaurante chino, no da tregua en mis labios, en mi lengua, en mis entresijos, al punto de provocarme un llanto silencioso. En la habitación donde me encuentro no hay una mísera jarrita de agua ni de ningún otro maldito líquido que pueda refrescarme. Entonces veo cómo, con un sigilo como de conjurada, Aitana se desliza desde el vano trayendo consigo un refresco de naranja embotellado. Suspiro con un anticipo de alivio creyendo que va a alargármelo. Pero no. Con una sonrisa crispada, mi damita —que ahora parece tan joven como en los días de nuestra boda— lo coloca sobre una mesa muy distante de mí, a la cual, por mis impedimentos, no me es factible llegar. La presencia de la botella inalcanzable, repleta de ese líquido anaranjado, estimula aún más mi sed y la convierte en un suplicio chino. Mi esposa, pese a las imploraciones que le dirijo, ha abandonado el recinto con la misma sutilidad con que entró. Durante un tiempo indistinto —tasable más en horas que en minutos— no logro apartar la vista de aquel envase cruel, que fulgura en la sombra como una joya imperiosa, magnetizadora, cuyos reflejos como de azafrán desleído hacen que mi lengua se reseque más y más hasta volverse como una masa de hilaza o de papel secante. La recepcionista repite su ronda en mi aposento y le suplico acercarme la botella. Fija en mí unos ojos como si me considerase el ser más antojadizo e incomprensible del planeta. Como si exclamara: «¡Alargarle yo esa cosa, caprichosito, maniático, tarambana!». Y se aleja balanceando sus glúteos opíparos, con un paso como de gansa doméstica llena de consentidas negligencias.

Empieza a amanecer y una luz tenue de alborada bogotana se riega por el espacio que discierno ante mi habitación, un corredor de pavimento más allá del cual se alza la que debe ser capilla de la clínica. Frente al altar mayor yace un féretro color caoba, destapado, dentro del cual vagamente distingo el cuerpo sin vida de Helena Jáuregui, excediendo casi la urna mortuoria. En el rostro, que ahora percibo con mayor claridad, destacan algo así como forúnculos bermejos esparcidos por todo él como retoñuelos que exudaran un pus ominoso. De pronto y a toda prisa, Aitana emerge del oratorio y, antes de desaparecer de mi vista doblando a la izquierda, me dirige una mirada burlona y aviesa. En un visaje, me da a entender lo bajo que hemos caído mis amigos y yo en la consideración del Altísimo. Un poco más tarde, me alarmo hasta lo superlativo al verla penetrar en el aposento armada de algo parecido a un garfio y, sin pronunciar palabra, precipitarse sobre mí como para hincarlo en mi cara. La enfermera de la recepción irrumpe en ese instante e impide la agresión asiendo a mi esposa de los brazos con energía. Aitana opta por batirse en retirada. Algo dentro de mí me indica que «mi niñita» —ha vuelto a mi memoria ese apelativo cariñoso— sólo quiso asustarme y que nunca sería capaz de provocarme daño alguno. Inquiero, no obstante, a mi robusta defensora qué motivo puede habitar en mi esposa para que su conducta haya variado de ese modo, si pensamos que fue siempre para mí como un hada bienhechora pronta a protegerme y abrigarme. La enfermera torna a clavar en mí unos ojos difíciles, cual si estuviera disparatando o hablándole en lengua arcana. Luego regresa a su pupitre de la recepción y puedo ver cómo Aitana, grácil y fina como una adolescente, se le acerca ataviada con uno de sus abrigos de piel, heredados de mi madre, para obsequiarle cierto delfín de murano que hace años reposa sobre la mesa de centro en nuestra sala. Comprendo que regalos como éste constituyen la causa de las miradas abstrusas, al modo de incógnitas reacias en una ecuación intrincada, abundantes en aquella enfermera sobornada de ese modo para disimular, hasta el límite de lo posible, las travesuras extravagantes con las que mi cónyuge, a costillas mías, parece divertirse. Pienso en la forma como tales obsequios, aunque utilizados para consumar un mero juego, desmantelan nuestro menaje doméstico y convierten en groseras mercancías objetos que hemos amado.

Me pregunto cómo consigo ver esa escena, si el pupitre de la recepcionista no se encuentra frente a mi puerta. Ahora veo que de la recepción me separa una gran ventana encristalada, a través de la cual me es posible columbrar también una sala de espera, en la cual permanecen tanto mis hijos y mi nuera como Nicolás Sarmiento y John Aristizábal, trenzados todos en una plática que comienza a intrigarme. ¿De qué pueden estar hablando? ¿Discuten algo? Súbitamente, la recepcionista anuncia a María Jimena que tiene una llamada telefónica. La esposa de mi hijo menor acude al aparato y me esfuerzo por discernir aquella conversación. En determinado momento, su voz siempre melodiosa y al tiempo llena de energía como la de Aitana, produce un enunciado que me crispa cual si fuera una declaratoria de guerra. Dice algo así como que las cosas en la familia van a marchar ahora por vías más expeditas y amables, pues se han puesto de acuerdo todos y van a tratar de que yo, constituido ahora en un estorbo, sea declarado enfermo mental y recluido en una clínica de reposo (eufemismo tras el cual se enmascara la muy heridora voz *manicomio*). Un pánico paralizante colma mi organismo. De sobra sé que, cuando se han empollado sospechas sobre la salud mental de alguien, todos los esfuerzos que haga esa persona por demostrar su cordura sólo reafirman a los especialistas, que los consideran un síntoma más, en dar por incuestionable una aguda locura. Como quien dice: está tan rematadamente loco que le ha dado por jurar que no es un loco. Por ciertos gestos de contrariedad, punteados en su rostro mientras gesticula frente a los otros, me huelo que Nicolás Sarmiento —firme admirador de mis libros y de cierta lucidez que me atribuye y que, por cierto, no logro yo mismo reconocer en mis especulaciones a menudo caóticas— va a oponerse con valentía a aquella conjura. En cambio, John Aristizábal se encuentra pleno de dudas, tal vez por temor a disgustar a mi familia. Lo veo sentando en actitud gacha, con las manos entrelazadas y mirando con fijeza el piso de madera. Hay no sólo preocupación, sino asimismo angustia en su semblante.

Quisiera con desesperación saber hasta qué punto Aitana está implicada en la maquinación. Me resisto a creer que un ser a quien he hecho entrega de mi amor y de mi vida, y que fue siempre para mí como una bendición llovida desde las manos mismas del Creador, pueda aprobar esa maniobra solapada y rahez. Comienzo a llamarla a gritos, y de pronto sé que se encuentra reunida con María Jimena en una habitación vecina. Pero todos ignoran aquellos clamores como si procedieran de la jeta de un bruto. Sí, en eso me he convertido: en una alimaña repugnante a la cual es posible castigar con pencas, fustas, rebenques, qué sé yo, y humillar y violar cuantas veces se lo desee. Casi de la noche a la mañana, el poeta venerado por tantos, envidiado por otros, odiado por los más incapaces, pero respetado y medio intocable en todas partes, ha sufrido una extraña metamorfosis degenerativa y se encuentra recluido en una clínica que mejor semeja una cámara de torturas, pronto a ser declarado más loco que una regadera y falto de toda responsabilidad para conducir su vida. ¿Cómo surgió todo esto? Y ¿por qué me hago pregunta tan tonta? Claro que fue debido a la insensatez de haberme apuñalado yo mismo sólo para llevar la corriente a un profesorcillo cínico y malintencionado cuyo solo fin era destruirme y que, sin que pueda entenderlo, contó con la aquiescencia de un muchacho normalmente leal a mí, que sin duda actuó bajo el efecto de una riada de tragos baratos. Observo mi vientre, apartando esta especie de blusa de médico de que me han provisto en no sé cuál momento y que apenas consigue cubrirme, y puedo constatar allí la presencia de vendajes sobre la herida que me abrí. Percibo también en ese segmento de mi tronco un ardor que penetra tan hondo como debió hacerlo el cuchillo. El recuerdo de la escena de apuñalamiento en mi propia morada es difuso, casi nebuloso. Me veo sentado con aquellas dos personas, frente a una botella de licor y a tres vasos colmados, alrededor de una mesilla que antaño, antes de popularizarse los computadores, albergaba a mi máquina de escribir con esferas de caracteres intercambiables. Esa noche parecía haberse convertido en un espacio para libaciones, no logro establecer por qué, pues mi sala y mi estudio se hallan lo bastante dotados como para no haber tenido que recurrir a ella. Veo también los ojos axiomáticos y fijos del profesor en cuestión, a quien hacía tiempos no trataba, incitándome a clavarme el puñal como si aquello fuera el deber de todo poeta.

—Quien pretenda ser poeta —repetía— debe tener el coraje de coserse a puñaladas, so pena de no ser más que un tramoyista.

Sí, sí, lo memoro con rabia y perplejidad. ¿Cómo pude dejarme convencer tan a la bulla de los cocos, yo que he sido un escéptico y que, como Thomas Mann, no creí nunca en los genios desequilibrados? Me muerdo los labios de amargura. Entonces veo pasar frente a mi puerta a María Jimena y le dirijo súplicas para que se aproxime y me explique cómo han podido concebir mis propios hijos plan tan siniestro en mi contra. Me siento dispuesto a reconocer que, bajo el efecto del alcohol, cometí un acto de locura impulsado por un bergante advenedizo. Pero sin que quiera ello decir que haya naufragado mi mente, más allá de toda reversa, en los piélagos de la insania. María Jimena ignora mis reclamos, lanzados casi a voz en cuello, y prosigue su camino hacia la recepción, donde vuelve a unirse a mis hijos y a mis dos jóvenes amigos. Tras ella veo venir a Aitana, cuya actitud es la misma. Mi esposa luce ahora un chal negro con flecos, que cubre casi por entero su vestimenta más bien severa. Es —pienso— como si ya guardara luto por mí. A la postre, un marido hundido en la locura equivale a un difunto. Y resulta evidente que mis familiares no van a concederme el beneficio de la duda, ni siquiera barruntan que pueda yo probar la cordura en que, ciertamente, me debato ahora como un loco.

XV

Llevo horas aguardando en esta camilla que me entren al quirófano. Una enfermera, que por largo rato ha rehusado absolver mis preguntas, en cambio se dirige a algún practicante y le dice que tarda el cirujano en llegar porque una de sus hijas cumple años y no le es posible por ahora abandonar el festejo. A mi lado, como ejerciendo una custodia inútil, se encuentra un adolescente que hará treinta y siete años era malacate en el periódico en el que me desempeñaba como redactor internacional. Han pasado todos esos años, pero él sigue siendo el adolescente, bastante agraciado —al extremo de haber desatado en cierta ocasión el rijo del corrector de estilo, que aventó la mano hacia su virilidad—, que bajaba el material escrito a los talleres. Viste como enfermero y me ha prometido, sin aclarar cuándo, ir a alguna tienda vecina y traerme una gaseosa helada de naranja o bien una Kola Román, a ver si por fin consigo aplacar esta sed devorante que hace días me consume. Caigo de improviso en la cuenta de que me engaña, pues no guardo un céntimo conmigo y no será él quien cubra el importe de la bebida. Le hago conocer esta conclusión y responde que no me preocupe: en la clínica hay surtido de gaseosas gratis y él muy pronto irá por una de ellas. A mí no me queda sino resignarme a lo que venga. A lo largo de este viacrucis enmarañado, no me he cansado de repetirme lo vano que es rebelarse contra los males del mundo, si la abrumadora mayoría de ellos no tienen remedio.

También hace horas sé que Aitana se encuentra en una cafetería vecina a esta sala donde aguardo. Bebe en soledad, una tras otra, tazas de café cargado, mientras fuma impasiblemente. Nadie me lo ha dicho, pero puedo verla a través de la pared. El infortunio aguza los sentidos, no quepa duda, y ahora mi vista es capaz de traspasar los muros más sólidos como si fueran plástico transparente o papel celofán. Qué no daría porque ella accediera a venir a mi lado, tan sólo a imponerme en el rostro, como solía hacerlo, sus manos sedativas. Daría cualquier cosa por lograr depositar un beso en sus mejillas que tienen la suavidad de un pétalo. Varios recados le he enviado para que venga con el antiguo malacate que, a la postre, me ha dicho que, en su opinión, esa señora es un iceberg. Le he replicado que se deje de lisuras y que, por si quiere saberlo, esa mujer es mi esposa y la mayorazga universal de mi corazón. No deja de sonreír; me parece que el amor y, sobre todo, la relación conyugal se le antojan paparruchas. Algún día, me digo, podrán llegar a ser el único asidero de su felicidad, pero ¿qué felicidad esgrimo como relación? No la mía, desde luego, que toda dependía de esa damita y ahora la agosta el infecundo sol de un erial. Tales reflexiones son interrumpidas por un revuelo mayúsculo, entre enfermeras y practicantes, como si alguna luminaria de la pantalla hubiese entrado en la sala. Se trata del cirujano. Su porte es triunfal, como soberano que se sabe de la vida y de la muerte. Cuando pienso que va a ocuparse de mí, de este ser ahora macilento que lo ha esperado por horas, imparte rápidas órdenes para que preparen el quirófano y hace ingresar a éste a un individuo de apariencia feral y todopoderosa —debe ser un ejecutivo de éxito o el presidente de alguna compañía— que acaba de llegar en una camilla.

Me encuentro otra vez frente a la ventana con cristal tras la cual burbujea de gente la recepción de la clínica. En el pupitre donde antes había una enfermera, ahora se halla instalado mi hijo Gustavo, que digita en el computador algo que me sé de sobra: redacta una carta, con destino a la dirección del establecimiento, en la que da fe de mi estado de insania mental. Por mi mente cruza la sensación de que, aunque su esposa María Jimena esté involucrada en el complot, a él de algún modo lo han engañado, contándole anécdotas mentirosas sobre arrebatos e iras injustificadas, sólo propios de un esquizofrénico, que se me achacan. Intento atraer su atención, de mil modos distintos, para que se acerque a mí y compruebe, gracias a mi razonamiento normal y sereno, que no soy lo que afirman Aitana, María Jimena y Fabián. De pronto, este último llega de la calle y muestra a Gustavo un sobre, no sin indicarle con una seña que va a llevarlo a la oficina del director. De fijo —no oigo lo que hablan, interpreto apenas sus gestos—, su hermano le hace saber que está concluyendo su testimonio. Ambas cartas irán a parar a manos del hijo de mi primo, que es quien dirige la clínica. Si sólo pudiera acceder a ese médico jefe para persuadirlo de hallarme en mis cabales. Pero ¿cómo? Yazgo en este camastro sin posibilidad ni siquiera de incorporarme y ahora siento una intensa necesidad de evacuar el intestino. Tanteo por ver si hay algún dispositivo de timbre en la habitación y, al no ubicarlo, llamo a gritos una enfermera. Entonces, de un altoparlante que no había visto encima de mí, brota una voz comedida pero perentoria que me indica hacer mis necesidades donde sea, para eso visto un pañal de plástico; ya vendrán las enfermeras a hacerme el aseo. Con repugnancia pero también con urgencia obedezco esa orden y una desazón innumerable me domina al percibir la masa blanda y húmeda que habrá de persistir allí quién sabe cuánto tiempo.

Desde hace rato albergo la sospecha de tener mis brazos atados a un impedimento tedioso, a un lastre que me veda moverlos con libertad y que, además, se ha constituido con el paso de las horas asimismo en un lastre de conciencia, pues representa algo que he repudiado a lo largo de mi vida. De pronto, comprendo que se trata de un libro muy pesado, un libro cuya tapa ha de ser de un material en extremo agobiante y cuyo paginaje debe corresponder a kilos de basura retórica. Se encuentra encadenado a mis brazos y sé de un momento a otro que constituye nada menos que un novelón de comienzos del siglo XX, ignoro si de Eduardo Zamacois o de Antonio Hoyos y Vinent, de aquellos rubricados en esos años con el ambiguo rótulo de «novelas galantes» y en el cual por ciencia infusa conozco que se narra el amor de un hidalgüelo por una moza de cántaro. Hay en él lances pretendidamente caballerescos y duelos a estoque y remedos que intentan en vano emular la melodía sempiterna del ruiseñor de Verona. En ocasiones, no sé cómo, consigo desprenderme de la ligadura, pero pronto veo que el volumen ha vuelto a ser sujeto a mí por una cadenilla plateada, de eslabones menudos pero inexorables. De alguna manera, la sola contemplación del libraco acrecienta esta sed que no cesa y siento mis labios como si fueran hojas secas abrasadas por un vaho de horno. Frente a mí discierno la presencia de una mujer atada a una silla, cubierta de sangre y con uno de sus ojos vaciado de la órbita, que cuelga como un perendengue oscilante. La visión me hunde en la náusea y la desesperación, y reclamo lleno de zozobra a alguien que la quite de mi vista. Entonces, tras la silla en la que reposa la supliciada, va configurándose, como neblina que se solidificara poco a poco, la imagen brillante y poderosa de Armando García, con la risa congelada en la boca. Me observa con ojos radiantes de potestad, dueño como es de permitirme o retirarme este débil aliento de vida que se manifiesta apenas en mi pulso acobardado. Cierro los ojos y emito un llanto de anciano, llanto cansado y monótono, llanto de hombre derrotado y sin esperanzas.

Una bruma me envuelve por instantes y ahora veo, con alivio, que mis sentidos me han hecho una jugarreta y que no es una mujer martirizada lo que tengo ante mí, sino la bata médica del director de la clínica, bajo la cual una corbata carmesí me ofrecía la impresión de la sangre. Quizás un destello de sus anteojos me fingió el ojo péndulo que casi me hizo vomitar. No debo desaprovechar esta oportunidad, calibro al rompe, para convencerlo de la sensatez de mi comportamiento y de la lucidez de mis ideas. Lo rodean otros doctores, más bien jóvenes, cuyo semblante no me resulta hostil. Sin dar margen al interrogatorio a que acaso deseaban someterme, inicio una disertación sobre el principio de incertidumbre que formuló Werner Karl Heisenberg, según el cual no es posible especificar con exactitud y en forma simultánea la posición y el momento lineal de una partícula subatómica, y sobre el aporte que entrañó a la teoría cuántica. Después de exponerlo con palabras tan claras que yo mismo quedo helado de asombro, pues nunca he sido fuerte en la ciencia de los componentes fundamentales del universo, me prolongo ilustrando al auditorio acerca de la participación de aquel científico en la construcción de un reactor nuclear para Hitler, empresa que por fortuna se hundió en el fracaso. Hablo también sobre la prisión que, pese a ser desde años atrás Premio Nobel de Física, debió Heisenberg sufrir, traspuesta la guerra, en Gran Bretaña. Me prolongo explicando el influjo logrado por el principio de incertidumbre en el pensamiento filosófico del siglo XX. Razonamiento que paso a aplicar a la impresión que alguien puede alojar en relación con la cordura o con la vesania de algún semejante, para concluir que todos somos susceptibles, en determinado momento, de mostrar rasgos capaces de indicar locura, cuando en realidad, como en la apreciación de Polonio sobre Hamlet, superabundamos en método. A medida que avanzo en el discurso, compruebo con sorpresa de qué modo mi voz se ha transformado hasta reproducir a la perfección la de cierto político ya fallecido, que gozó de enorme habilidad para persuadir.

Me temo, sin embargo, que mi elocuencia (¿garrulería?) ha sumido en el tedio a esa audiencia facultativa, avezada en los intríngulis del cuidar, curar y medicar del *mederi* latino, y acaso en la leucotomía, la lobotomía, el electrochoque y las fenotiazinas para tratar orates, pero ayuna de cualquier interés por la teoría del quántum. El médico jefe, mi primo segundo, sonríe con una indulgencia del todo agraviante para comunicarme que no necesito meterme en bejucales tan embrollados para probar mi sanidad mental. Ellos, los allí congregados, harán caso omiso de las cartas de mi familia y de la insistencia de mi esposa y de mi nuera, y rechazarán cualquier presunción de locura referente a mí. Esto me sosiega un tanto, pero no es suficiente para tranquilizarme. Igual cosa pueden estar diciéndoles a multitud de candidatos al manicomio para aquietarlos y facilitar su reclusión. A renglón continuo, el médico jefe extiende el brazo para mostrarme los pabellones del hospital —en donde campea el emblema circular del que he dado ya noticia y que, no sé por qué, me infunde un sentimiento tétrico, y en cuya atmósfera se infiltran ominosas ráfagas de luz ora glauca, ora de un rojo fucsia—, y en los muros y vitrinas puedo apreciar una serie de carteles ideados por Nicolás Sarmiento, con mi vera efigies en todos ellos, a fin de proclamar mi recto discernimiento y recordar el lugar que ocupo en el Parnaso nacional. Aquello se me antoja una demasía, máxime si me encuentro convertido en un andrajo de lo que era y si el constante defecar en el pañal y el no lograr incorporarme en la cama ni caminar me han suprimido toda autoestima y toda capacidad de autovaloración. Además, el desvío de Aitana, para quien siempre signifiqué una especie de Teseo en lucha contra el minotauro de la adversidad y por lo cual ella encarnó ante sí misma la Ariadna dispuesta a secundarme y a devanar el ovillo de Dédalo, destruye en mí cualquier conato de refloración, cual si me hallase inmerso en un invierno sin fin que todo lo escarcha, lo entumece y lo incauta en su prisión de hielo.

Desconozco el momento en que he sido trasladado a un piso superior, uno de los más altos, en el cual permanezco tendido, conservando por fuerza una posición en extremo rígida, sobre una cama bastante inhóspita (ironía, si es cama de hospital), siempre sujeto al enorme libro galante y ahora con cierto adminículo mordiéndome el dedo índice de la mano derecha. Cada vez que puedo retiro este último y trato de escamotearlo bajo la cama, pero sin falta acude una enfermera y me lo ajusta otra vez. Inquiero por qué rayos debo soportar estos estorbos mil veces malditos, que se me vuelven abrumadores y también obsesionantes y no me dejan pensar. Aborrezco por lo demás esos haces fucsias o bien esmeraldinos de luz que, alternándose, obran como un latigazo en mis ojos y en mi conciencia. Y aún más ese símbolo circular partido en dos, con una especie de mapa dibujado arriba y tres radios descendentes en el hemisferio inferior. Comprendo que debe ser el distintivo de la institución, pero ¿por qué lo hallo ahora en todas partes? En la alta noche, y con el apoyo intermitente de aquellas luces obstinadas, creo vislumbrar en el confuso mapa el contorno geográfico de Thyra, la isla del mar Egeo sepultada en la más remota antigüedad por una erupción volcánica y que, muy probablemente, inspiró a Platón para hablar en el *Critias* de un continente perdido y de una república utópica. De algún modo —pienso—, esta clínica es propiedad de una sociedad secreta que detenta el conocimiento de esa ínsula ingurgitada por el mar, en la cual habitó una raza de hombrecillos anómalamente delgados y febles, pero cuyos cráneos albergaban un cerebro superdotado para las ciencias. En fin, una raza de reyes sabios como Platón la soñó para su República. Tendré que investigar por qué esa alusión a Thyra o ya no soportaré ver por doquier el emblema circular, que ahora fulge también en mi mente cuando cierro los párpados.

Me parece recordar entonces un viaje por mar que realicé en mi lejana adolescencia. No logro precisar cuál era el destino que llevábamos en esa embarcación pequeña, pero con árbol y mastelero, que balanceaba con cierta fuerza el océano, donde me hacía compañía un marinero como emanado de una novela de Stevenson, con una piel decolorada por vientos, sales y soles marinos y que fumaba sin parar una cachimba similar a la del gracioso Popeye de las tiras cómicas. Recalamos, sí, en una isla madrepórica en forma de anillo, con una laguna en su centro, que sabía celebrada en memorable poema por un compatriota de nombre en cambio desdibujado, tal vez arrastrado por el tiempo como una basurilla mientras su obra permanecía brillando en la posteridad. Mi acompañante me aseguró entonces que este atolón batido por las olas había sido la fuente de inspiración para la Utopía de Thomas More, ese inglés canonizado por el siglo XX pero ajusticiado en sus tiempos por el inefable Enrique VIII. Así, las ruinas de templos, fortines y palacios que contemplábamos constituían restos de las arquitecturas duplicadas en el grabado ilustrativo que acompañó la edición príncipe del *De optimo reipublicae statu de que nova insula Utopia*. Le pregunté cómo diablos se había enterado de aquello e hizo con la mirada un signo de sapiencia. Y creí entender que nos hallábamos, de juro, en Thyra; y que Platón y More se habían inspirado en el mismo lugar geográfico, cuya deglución por el océano acaso no fuera otra cosa que una leyenda. Pero no. Es posible que Thyra sólo fuese visible para ciertas personas elegidas, en cuyo caso —pienso al rompe— el andrajo en que me sé convertido no podría beneficiarse de la visión. Tal pensamiento me vuelve al aposento de hospital y a la enfermera que hace de vigilante a unos metros de mí, y a las endiabladas luces que me confunden, y me hago consciente del engaño en que me he sumido y de la calidad falaz de aquel recuerdo. Veo ahora de pie ante mi cama, metido en un grueso abrigo gris, a mi hijo Fabián, que me observa con rostro compungido. Nada podría indicarme en él que se encuentre en disposición adversa a mí, como hace un tiempo (¿cuánto, Dios mío, si he descubierto ya que no estoy en capacidad de calcular de un modo correcto los transcursos?) pareció probarlo la carta en que respaldó la hipótesis de mi locura. Pero, por una parte, esa carta ha sido irremisiblemente un hecho y, por la otra, no consigo olvidar su participación en el asalto de que fui víctima cuando recién había ingresado al aposento de la planta baja.

Por ello, no puedo menos que dirigirle una mirada de ira, brotada de lo profundo de mi humillación y de mi vergüenza, y dispararle una expresión rabiosa, dolorida y soez, que acaso a mí me duela más que a él. Mi hijo mayor —no se aparta, ay, de mi mente el recuerdo de cuando era sólo un bebé y empezaba a gatear y lo metíamos en un corralito de madera para evitar que procediera por su cuenta hacia cierta escalera empinada— no modifica su gesto entristecido, como si lo abrumara la situación en que me encuentro y temiera para ésta un desenlace ominoso. Me cuesta creer que su actitud sea maniobra de mera hipocresía. Jamás lo sentí fingidor, sino todo lo contrario, a lo largo de sus treinta y ocho años de vida. ¿Cómo puede haber adoptado esta especie de viraje de ciento ochenta grados, él que se me antojó transparente cual si en su espíritu se operase esa «apertura de lo sagrado a lo divino» de que hablaba María Zambrano? Siento, al impulso de estas dubitaciones, que me hundo en un vértigo de caída que va sumiéndome cada vez más en un pozo sin fondo aparente, cuyas paredes lanzan destellos con matices idénticos a los de esas luces entrecortadas que he sentido golpear mis ojos. Me hundo y me hundo como si lo hiciera a través de las capas concéntricas que forman la porción sólida del planeta y cuyo núcleo irradia un calor cada vez más intenso. Supongo que vivo tan sólo una especie de metáfora inconsciente de lo que, en la dura realidad, es mi incuestionable descenso a los infiernos, a «la más profunda fosa» con que amenazó al rey de Babilonia el profeta Isaías. Comprendo, sin embargo, que esta caída no tiene término y que me precipitaré más y más sin tocar jamás fondo en este túnel vertical y abrasante.

De repente, un pájaro gigantesco asciende en sentido opuesto al mío. Algunas de sus facciones son humanas, pese al corvo pico y a la mirada afilada como la del águila, luminiscente y roja cual si viniera cuajada de sangre. Su plumaje es lustroso y de una tonalidad ígnea, tal una ensoñación de Carroll, de Thurber o del *Physiologus*. En rápido artificio me arrebata y prosigue el ascenso conmigo entre sus garras. En lo alto columbro la abertura luminosa adonde debemos llegar, y avisto a Aitana que me tiende el brazo como para que en él me asga y corone la altura. Cuando me uno a ella y, a despecho del corazón alterado y de la aturdida respiración, me considero a salvo, intento agradecerle esta acción redentora y celebrar que haya vuelto a erigirse en mi hada madrina. Mi esposa bosqueja un ademán de rechazo, me da la espalda y desaparece tras una puerta. La indigna, sin duda, mi torpeza incalificable. Entonces compruebo hallarme sentado ante una mesilla como de café, en algo así como el área social de la clínica. Hay médicos, enfermeras y pacientes circulando aquí y allá. Sé que no podría incorporarme y caminar si lo quisiera. Reparo en las peculiaridades arquitectónicas del edificio y debo confesarme con plena sinceridad que las hallo asombrosas. Memoro, por ejemplo, cómo la forma más importante discurrida desde la antigüedad por la arquitectura es el arco; y constato de qué manera todos los vanos en los muros de esta construcción han sido concebidos como arcos. Esos muros, como antes lo consigné, se ven tapizados con algo así como un terciopelo ocre rojizo, el cual produce una ilusión óptica que me hace percibir como si por su superficie se deslizaran de un punto a otro extrañas formas de invertebrados: arácnidos, cárabos que se desplazan a gran velocidad, escarabajos, orugas geómetras... Las columnas que sostienen esta fábrica poseen un aspecto hiperboloide, cual si se hubiesen inspirado en la imagen del hueso fémur en el ser humano. Ello me conduce a pensar que esta arquitectura, que podría datar de comienzos del siglo XX, intenta sugerir primordialmente formas de la naturaleza (arborescencias, conjuntos rocosos, partes de la anatomía humana), idealizadas por un arquitecto erigido en una suerte de *Alter Deus* impredecible, siempre pronto a maravillarnos, audaz como un volatinero metafísico. Arriba, la bóveda, que en el techo debe configurar paraboloides hiperbólicos, parece oscilar y hasta me causa un poco de vértigo. Muy próxima a mí, una fuente vomita, a través de cabezas de serpientes, no agua... no, no... sino esa misma gaseosa de naranja que mi sed anhela hace tanto. Pese a su belleza, el conjunto despierta en mí una siniestra impresión.

Es como si hubiera nacido de la mente de uno de esos modernistas de hará cien años, acaso del mismísimo Antoni Gaudí. Interrogo en este sentido a varios médicos (no tiene caso indagar con las enfermeras, incultas siempre como eriales sin dueño); nadie consigue darme noticia de quién pudo construir esta mole que bien haría en remontarse por los aires y volar en definitiva hacia los reinos del delirio. Pero... ¿no se encuentra ya en ellos? ¿No se afinca en la fantasía de un Jonathan Swift o de un Lewis Carroll mudables y hasta arbitrarios? ¿O en la mía, arrebatada por el deterioro, carcomida, mellada, destruida por el escarnio? De estas reflexiones vuelve a distraerme la sed, la sed acicateada por ese líquido azafranado que expulsan las cabezas ofídicas y que, refrigerado como lo intuyo, podría beber en volúmenes ilimitados a ver si extingo el incendio que fumiga y esteriliza mis entrañas. Advierto de pronto que a varios de los médicos, en efecto, les son servidos por un camarero, cuya cara relamida de *latin lover* augura que poca atención me prestaría si algo solicitara de él, vasos holgados de ese refrigerio por el que entregaría la vida. Pregunto a una enfermera inexplicablemente risueña, que se ha instalado cerca de mí, si no podría aspirar aunque fuera a un sorbo, a un poquito de ese néctar codiciado. Sin dejar de sonreír, me aclara que aquel refresco está reservado en forma exclusiva a los doctores, que son los que allí se desloman todo el día. Arguyo que también los pacientes padecemos sed. Me dice que, si hubiera que complacer todos los inoportunos y chinchosos caprichos de nosotros los pacientes, se quebraría la disciplina en la clínica y acabaríamos convertidos en un carnaval de bebedores y de comelones alegres y desenfrenados. Es tal la cólera que me suscita su respuesta, ante todo porque no borra de su rostro esa sonrisa jactanciosa, que intento arrojarme hacia ella para abofetearla. Recuerdo entonces que me encuentro impedido, que soy un tullido incapaz ni siquiera de incorporarse. Mis gestos deben transmitirle el deseo que siento de romperle la cara, y será por eso que se yergue con lentitud del asiento y, dándome la espalda en ademán de desdén, suelta un retumbante pedo antes de alejarse.

Algo me traslada otra vez al aposento y distingo con mucha claridad a mi lado, reflejada en sus semblantes una tribulación irrecusable, a Aitana y a mis hijos, que ocupan sillas junto a mi lecho. Mi esposa muestra húmeda la mirada y en las ojeras la huella de vigilias y de oscuros presentimientos. Esta vez, a diferencia de como la he percibido desde cuando fui internado, ostenta su edad real, inscrita en

su cara como un testimonio perturbador de los años que
ha sobrellevado en mi compañía, como la rúbrica inequí-
voca del largo camino de sufrimiento por el cual debió tran-
sitar en nuestros primeros tiempos de casados, cuando el rechazo despiadado era la sola respuesta a nuestros esfuerzos
por construir una obra literaria y pictórica. No, ahora no ostenta ya la juventud reflorecida que sorprendí en ella cuando me jugaba bromas pesadas en la planta baja. Es una dama grave, consternada, abrumada por un padecimiento que
se ha descargado en lento goteo sobre su ser frágil y bondadoso. Nuestros hijos la rodean con la preocupación perfilada en el pliegue de los ceños. Creo advertir en Fabián,
además, la desazón que todavía le infunde el denuesto que
le dirigí no sé si hace poco o hace mucho y que le inflige un
sentimiento de desolación. Conforman todos un cuadro
doliente, la escenificación de un rehecho *Stabat Mater*, cuya
pesadumbre, sin embargo, no se origina en mi crucifixión,
sino por el contrario —me digo— en mi maldad, en mi culpa, en «mi máxima culpa». Sea como sea, para ellos es como si pendiera de una cruz o fuese el cordero en uno de esos
sacrificios de expiación en las antiguas religiones, cordero
que acabará siendo lanzado, como estuvo ya a punto de
ocurrir, a un precipicio sin fondo.

Giro la cabeza y, al otro lado, doy con Helena Jáuregui, que ha venido a visitarme. Recuerdo haberla visto ten-
dida dentro de un féretro en la capilla de la clínica, lista para
la misa de cuerpo presente. Pero aquí está, con su mirada
vivaz y alerta, con sus demasías físicas reposando del mejor
modo posible en uno de los asientos nada resistentes y, por
tanto, erizado para ella de contingencias dramáticas. Hago
un esfuerzo por hablarle (quisiera oír alguna explicación
suya acerca de estas miserias que soporto, este trato abusivo en la clínica, este adminículo que me pellizca el dedo, este
mamotreto «galante» al cual permanezco atado, esta irre-

solución en todo como si meramente se me debiera archivar aquí a la manera de un cachivache inservible), pero de mi garganta brotan sólo gargarismos cual si mi aparato fonador fuese sólo una caldera en ebullición, un tubo por el cual emanaran gases burbujeantes. En un relámpago, la imagen de la becaria se me trueca en la de Richard Nessler, que sonríe como un personaje del arlequinado y me observa con ojos minuciosos al modo de un entomólogo que examinase a un artrópodo. Muevo la vista por ver si en sus cercanías se encuentra Carmenza Beltrán, a quien ya relaciono con él, pero sólo diviso a una enfermera ceñuda que ejerce cierta vigilancia más bien parecida al espionaje. Durante un rato, el alemán me refiere anécdotas que debe juzgar divertidas pero que no consigo comprender. Alude ante todo, me parece, a sus andanzas por partes muy diversas del continente latinoamericano. Poco a poco, sus frases se me van aclarando y discierno que me habla de sus experiencias con brujos en algunos lugares del Caribe. Ciertamente, piensa que mis achaques se deben a la acción de uno de ellos. Según afirma, su formación europea y racionalista no le impide creer en la eficacia de la magia negra, pues ha podido constatar sus efectos. Por último, me asegura que, durante su larga estancia en la costa atlántica colombiana, donde antes de injerirse en cuestiones de derechos humanos administró un ingenio azucarero, debió matar por su mano a quince brujos que intentaban dañarlo con hechizos mortíferos. Había acatado, pues, la orden de Éxodo 22, 18. Lo hizo a palos, destrozándoles la cabeza. Sus palabras adquieren ecos dilatados en mi cerebro. Nubarrones que se resuelven en agua y viento se ciernen sobre mi espíritu. Una turbonada súbita me obnubila. Hago ruecas desesperadas en una pleamar de agonía.

XVI

Hundo el remo y voy navegando, con Aitana sentada frente a mí, en un bote pequeño por una corriente del color de la gaseosa de naranja que vierte la fuente en el área social de la clínica. En cierto modo, navego por esa fuente porque nos hemos reducido de tamaño y somos dos ufanos liliputienses en una embarcación de papel. Aitana, cuya cabellera negra y viva como una llamarada agita una brisa leve, me sonríe con su rostro juvenil: estamos recién casados y empezamos apenas a saborear la felicidad, pero ésta no me resultará asequible, no sabrá extenderse en el tiempo a menos que consiga pacificar la sed que muerde mis entrañas como un perro rabioso. Y el elemento que puede hacerlo es, por supuesto, este mismo en el cual hundo el remo para impulsar el bote. Sí, sí, voy a inclinarme y me abrevaré en esta piscina generosa, cuyas linfas manan sin cesar de esas dos enormes bocas de serpiente y por fuerza han de poseer también una virtud salutífera. Aitana se apresta a sujetarme para que no se deslice hacia ellas todo mi cuerpo y naufrague sin remedio yo que no sé nadar. Va a tocar ya mis labios el líquido cuando siento que una mano me presiona el hombro y embute a continuación unos comprimidos de amargo sabor en mi boca. Es, ay, la enfermera que me ha devuelto al aposento de hospital y me obliga a tragar las medicinas sin rebajarse a pedirme que las acepte de buen grado, sino introduciéndolas con violencia en lo que debe considerar mi hocico, el hocico de este bestión nauseabundo en que me he convertido y que en vano intenta protestar con gruñidos irracionales y con esfuerzos por alzar el brazo y retirar su mano que no van a rodar con fortuna, pues sigo atado al mamotreto aborrecible.

Un hombre de larga estatura y rasgos negroides, con una bata de médico sobre sus vestiduras, ingresa en la habitación y examina la hoja clínica que debe colgar de los pies de la cama. Lo primero que dice es que aquélla parece una cama de galgos. La enfermera se disculpa explicando que no me sé estar quieto y que vivo revolviendo las sábanas y cobijas, no con las manos, que bien atadas están, sino con las piernas levantiscas. Discurro entonces que, si bien esas piernas no lograrían sostenerme en pie, en cambio no han perdido del todo sus movimientos. El facultativo acerca su rostro al mío y me pregunta si recuerdo el nombre que recibí en la pila de bautismo. Mi respuesta es siempre ese gargarismo bochornoso y diría que casi abominable. Pero él parece satisfecho. Sí, sí recuerdo mi nombre y también los de mi esposa y mis hijos y mi nuera y los de mis amigos. Conservo aún un atisbo de coherencia, de discurso, de sensatez, mi querido doctor. No me he vuelto loco, a pesar del celo por ustedes puesto en conseguirlo, y tampoco ignoro ser ahora una alimaña que abandonó todo parentesco con el género humano y se debate entre la fiera turbulenta y el minino obediente. Aunque —la verdad— los mininos no suelen conducirse en forma muy obediente y disfrutan de ese mismo albedrío del que ustedes me han privado para reducirme a la maldita impotencia en esta llamada clínica que no es otra cosa que un manicomio disimulado. ¿Su misma arquitectura no es un delirio solapado, un desvarío poético, la obra de un proyectista que perdió su metabolismo normal y se sumió en las antípodas o en las galaxias del *delirium tremens*? ¿No lo creen así ustedes? ¿No creen que estos endriagos a quienes llaman enfermeras son ciertamente las que han perdido el equilibrio racional y andan inmersas en un orbe incógnito, anónimo, indocumentado, feroz, en el cual el paciente es a veces un enemigo de cuidado y otras, una bestia a la que, aunque apacible en la mayoría de las ocasiones, se debe manipular con toda la brusquedad del caso, y a ratos hasta con crueldad, pues puede transformarse en una tarasca tragantona, sedienta, sibarítica y pérfida, que desea hurtar sus bien merecidas pitanzas a los doctores? ¿No lo creen así?

Mi alma se agita como un trapo enloquecido por el viento. Advierto entonces que Aitana, mi pobre Aitana, se encuentra en la habitación, vestida con el uniforme característico de las aseadoras del hospital, de color violáceo desteñido con cenefas amarillas, y barre resignadamente el piso, sin mirar hacia nadie, con esa actitud tristona de las criadas viejas que se saben en el peldaño más bajo del orden social y han perdido toda capacidad de amargarse, todo ademán de insubordinación. Pero al mismo tiempo comprendo que se trata de un ardid para infiltrarse en horarios que no son de visitas, para hallarse allí siempre, ignoro con qué fines. Puedo verla penetrando a hurtadillas en el cuarto donde las empleadas se mudan de ropa y vistiendo sigilosamente ésta que luce ahora, tomando una escoba (pero ¿no deberían las instalaciones de una clínica ser barridas mediante aspiradoras eléctricas?) y deslizándose así no sólo en la mía, sino en todas las demás habitaciones, cuyo número ha de ser muy elevado. ¿Para qué? Algo trama mi linda damita en el recato de su mente. Algo que, por necesidad, se relaciona conmigo y que, además, intuyo dentro de la esfera invaticinable de sus bromas o maldades pesadas. De pronto, pienso que le he cobrado miedo —miedo al enigma que entreví siempre en ella y que ahora se ha tornado más agorero e inquietante— pero sin dejar de amarla un ápice. Al revés, me parece que la amo más que nunca. Mientras me hallo enfrascado en estas reflexiones, mi hijo Gustavo ha entrado también en la habitación. Dirige una sonrisa a su madre, sin que el verla allí barriendo parezca causarle la menor sorpresa, y se aproxima a mi lecho. Ante todo, me pregunta si me siento en calma, si no voy a estallar en alguna de esas rabietas que, según le han asegurado, me acometen frente a cualquier bagatela.

Esta vez, al responderle que me considero el espíritu más manso del mundo, afirmación que —para mi asombro— respalda de improviso una enfermera joven y de una belleza serena como la de alguna modelo de Maillol, mi voz sale clara al modo de antes, sin esa traza de gargarismo que tanto me avergüenza. Gustavo me confía, ya tranquilizado, que ha venido porque su hermano Fabián se siente apenado en lo más íntimo por el dicterio que, sin causa alguna en apariencia, le dirigí. Ha perdido por ello (y no me crea que son exageraciones) el apetito y el sueño. Le digo que aquel dicterio sí obedecía a una razón flagrante: lo reconocí entre el grupo de jóvenes malvivientes que me asaltó en la planta baja. Mi hijo se extiende un poco para explicarme que aquel grupo era comandado por un médico neófito que quiso hacer parte de la brigada de cirujanos de esta clínica, pero que fue rechazado por su palmaria incompetencia y su irresponsabilidad rampante. De entonces a esta parte, parece haberse dedicado a encabezar pandillas de atracadores que delinquen en las calles, pero sobre todo atacan a pacientes de la institución que lo repudió. Al parecer, Fabián se hizo amigo suyo cierta noche de bohemia en la Zona Rosa y el médico fallido lo persuadió de unirse a su cuadrilla. Ahora, lo consume el remordimiento y ha prometido no volver a incurrir en aquellas tropelías. Me suplica, pues, que lo perdone y olvide aquel asalto en que perdí no sólo la billetera, el reloj pulsera y los anteojos, sino además la sortija de boda, que es, como suele decirse y se sabe de sobra, un objeto sentimental irrecobrable. El sufrimiento de mi hijo mayor, tal como su hermano lo describe, obra en mi carne como un estilete. Toda congoja suya lo es mía asimismo, porque él es parte de mí del mismo modo que soy parte de él. Le envío, pues, con Gustavo el mensaje de perdón y de olvido. Siempre he creído más arduo olvidar que perdonar, mas es lo cierto que si ambas cosas no van juntas, el perdón carece de consistencia como si fuera sólo un celaje pronto a ser deshecho por la brisa más tenue. La modelo de Maillol da indicios muy adorables de aprobar el indulto extendido y veo ahora que se trata de alguien no mayor de dieciocho años, muy esbelta y flexible, a quien creo inspirar, ignoro por qué, una simpatía que, en mi caso, resulta oxigenante.

Gustavo se ha ido (más bien se ha disuelto en el aire) y me rodea el área social, en donde una caterva de enfermeras comentan ser hoy nochebuena y disponerse todas a reunirse con sus familias para celebrar. También los médicos se advierten contagiados de ese ánimo festivo y algunos de ellos apuran ya copitas de un vino rojo probablemente obsequiado por la dirección de la clínica. Siento una opresión, pues siempre me han rodeado en esta fecha Aitana y mis hijos y ahora se diría que van a prescindir de mí. No obstante, alguna de las asistentes me habla de sopetón para informarme que, por razón de la festividad, seré remitido hoy mismo a casa y sólo devuelto al hospital pasado mañana. El júbilo me inunda. Nunca como ahora he añorado tanto el hogar ni sentido en forma tan punzante la necesidad de su calor, de su cósmico amparo. Pasados unos instantes durante los cuales el goce trajina como gusarapito íntimo en mi pecho, mi primo segundo viene y me anuncia que se halla en camino una ambulancia para transportarme. Avisto entonces, vestida con una sudadera oscura, misteriosa y sutil como si conspirara, a mi esposa en un salón adyacente. Al parecer, se atarea con un computador, lo cual no deja de asombrarme, pues no sabía que supiera operar esos aparatos. Transcurrido un buen rato, el médico jefe me comunica que, ignora cómo, la empresa despachadora de las ambulancias recibió una orden de cancelación de la solicitud para mi traslado. La han vuelto a formular, claro está. Pero al cabo de otro tiempo mi pariente me informa de una nueva anulación, hecha tal vez a través de un computador, y empiezo a sospechar que es Aitana, opuesta a mi retorno a casa, quien envía tales contraórdenes. Así lo expreso, pero todos se niegan a creerme. Cuando la gestión ha fracasado ya cuatro veces, veo aproximarse al médico alto y negroide que me visitó en la habitación. Me anuncia que se impone hacerme un examen. Éste es practicado y, una vez conocido el diagnóstico, ordenan llevarme cuanto antes a una unidad especial. Se cancela, por supuesto, mi proyectado asueto. Con mucha prisa soy entubado y se me encajan agujas por donde menos se piense.

Siento que comienzo a levitar, apenas un poco por debajo del cielo raso de la unidad. Oigo lejanas las voces del doctor y de las enfermeras. Un boquerón enorme se ha abierto por encima de mí y percibo una luz muy fluida que desciende por él. Comprendo que, de alguna manera, me encuentro en trance de muerte. Así lo comunico en voz muy alta al médico y éste ordena revisar los medicamentos que se me administraron. Pronto descubre que uno de ellos fue adulterado, al parecer con el fin de asesinarme, e inquiere furioso quién diablos, fuera del personal hospitalario, se acercó al estante donde reposaban esas ampolletas. Una enfermera atónita señala con el dedo a Aitana, que sigue allí, metida en la sudadera oscura, género de vestimenta que jamás la vi usar con anterioridad. El doctor, casi aullando, le pregunta si deseaba matarme, indaga quién es aquella mujer que para nada debería encontrarse allí y ordena su expulsión inmediata. Aitana es conducida fuera de la clínica, mientras siento como si mi cuerpo, libre de toda sensación cenestésica por efecto de la fuerte droga y flotando en el aire como un globo aerostático, fuese penetrado por la más alta congoja que quepa experimentarse. ¡Dios mío —me repito—, Aitana ha querido matarme! Mi dulce damita ha sufrido una transmutación infernal y parece haberse aliado con el brujo que nos acecha desde la sombra. El médico opina, sin embargo, que la dosis no ha sido bastante para obrar en mí mortalmente y que lo único prudente es aguardar a que sus efectos se difumen. Permanezco flotando, en tanto me envuelven hálitos glaciales. La unidad dentro de la cual me encuentro se ve saturada de ondulantes volúmenes de esas luces de esmeralda y fucsia que me martirizan.

Pero estoy otra vez en el área social, que es en realidad —así lo compruebo ahora— una taberna o cafetería, situada en la terraza exterior y abierta, por lo demás, al público y no sólo a médicos, empleados y pacientes de la clínica. La ornamentan arbustos sembrados aquí y allá en cuadros de tierra, y que a veces obstruyen el paisaje total. Es de noche, el día navideño ha quedado atrás y, aunque visto el mismo pañal y la misma tamba minúscula que en la habitación, me sé insensible al frío bogotano que, en cambio, obliga a algunos jóvenes que beben en las mesas vecinas a levantar las solapas de sus sacos y a frotarse las manos. Me encuentro ante una mesilla, sentado y sin señorío para incorporarme. No consigo atraer la atención de las enfermeras que hacen de meseras, ahora que es mi oportunidad, a no dudarlo, de saciar por fin la sed que viene calcinándome desde el restaurante chino. A una de ellas le ruego ayudarme a levantar y luego a caminar, por ver si logro acercarme a la barra. La mujer suelta una risita y me pregunta si no dilucido que es la misma que, en aquel restaurante, hace ya un tiempo inestimable en mi mente, me dijo que se lo prohibía su confesión taoísta. Alego que auxiliar a un impedido no puede constituir falta en religión alguna. Redarguye que eso es muy posible, pero que no tiene por qué ayudar a incorporarse a un señor bastante crecido y entrado en años como yo y que parece sentirse un monarca rodeado de esclavas. Tras un gesto de desdén, dejo de prestarle atención. Que se vaya al diablo con su *Tao* y con sus remilgos orientales. En ésas, veo que Helena Jáuregui se encuentra sentada con un grupo de gente en una mesa próxima. Al tiempo creo comprender que no puede ser ella, pues parece menos voluminosa y muestra un cutis muy terso como nunca se lo conocí. Le pregunto si es en verdad la becaria. Me contesta que lleva su mismo nombre, pero es en realidad su hija. Suponiendo que me conoce aunque sea de mención, le revelo quién soy y la amistad que profeso a su madre. Me recorre de pies a cabeza con desprecio y, mencionando el que juzgo mejor entre mis libros, inquiere si soy el autor, para opinar de inmediato que es la basura literaria más sandia que ha conocido.

En ese instante se aproxima a ella el médico alto, de aspecto negroide, que ordenó la expulsión de Aitana. Ha escuchado lo dicho por la muchacha y, como para respaldarla, se dirige a mí, me afianza con sus brazos atléticos y, sin condescender a solicitar mi venia, me tiende cuan largo soy sobre la mesa. Protesto a gritos llamándole abusivo, déspota y probablemente verdugo. Él, impertérrito, me alza la ropa y muestra a todos la herida que me causé la noche en que un profesorcillo me convenció de hacerlo, y que es la razón por la cual me encuentro internado. Inquiere si un verdadero poeta (cita varios nombres: Machado, Neruda) hubiese hecho lo mismo. Y, antes de librarme de sus garras, termina reconociendo que poseía yo un físico lo bastante aceptable como para que no hubiera incurrido en la estupidez de estropearlo con semejante estulticia. Agrega, a guisa de corolario, que la culpa es de este país de la pura mierda, donde a cualquiera, por unos renglones mal tramados, se le declara poeta y se le rinden honores de artista. Me acaloro respondiéndole que libre es de calificarme como quiera, mas no de ultrajar al país donde nació. Me señala con el dedo para llamarme «tonto nacionalista» y recuerda el lema japonés, durante la Segunda Guerra Mundial, de «Asia para los asiáticos», para tildar al nacionalismo de «invención fascista». Lo contradigo memorando de qué modo fue el neonato nacionalismo la fuerza esencial que derrumbó los regímenes feudales, y cómo obró mucho después en la obtención de la autodeterminación y la independencia de las antiguas colonias europeas. El hombre prorrumpe en una carcajada infamante y se limita a responderme que no ignora el estado de sed jadeante en que me encuentro, de forma que por lástima a lo infatuado que fui y al despojo que soy va a enviarme una enfermera con una botella de Kola Román. Se yergue, pues, y se dirige a la barra.

En efecto, una enfermera viene con la ansiada botella sobre una bandejita. Pero lejos de colocarla a mi alcance, la deja a la distancia mínima para que no logre hacerme con ella. Entonces reparo en que es la misma enfermera jactanciosa y sonriente que antes alegó ser el líquido de la fuente sólo para los doctores y veo cómo, una vez colocada a esa distancia la botella, realiza una contorsión burlesca, dirigida a todos los presentes para ufanarse de su mala acción, y alza luego su nalgamenta para expeler tremendo ventarrón que estremece el paisaje. El médico negroide ha regresado a la mesa vecina, pero no parece darse por enterado de la nueva villanía de que he sido víctima. Siento cómo de mis ojos ruedan lágrimas gruesas, en tanto memoro con pungente nostalgia los días en que compartíamos Aitana y yo la existencia como si nuestro amor fuese el mismísimo soplo vital y éramos ambos objeto de la cortesía y del miramiento generales, fundidos como estábamos en una unidad esencial e irradiando ese esplendor de nobleza y dignidad que todos parecían dispuestos a reconocer en nosotros. En ésas estoy cuando veo a Aitana emerger desde el follaje de uno de los arbustos ornamentales y, mirándome con extrema piedad, llegarse hasta la botella y tratar de acercármela para que pueda beber. En ese momento, sin embargo, el médico que ya antes había ordenado su expulsión se percata de su presencia y, asiéndola de un brazo, procede a entregarla a un conserje para que la destierre de la clínica. Recuerda que había impartido ya instrucciones muy terminantes para que esta señora no tuviese acceso al establecimiento. Y afirma que pretende en forma mentirosa ser mi cónyuge. Ante esto último, procedo a defender la verdad y aclaro que, por cierto, Aitana es mi esposa hace casi cuarenta años y a ella me une un amor indisoluble.

En admirable desobediencia al mandato del médico, que ha dado la espalda y vuelto a los pisos superiores, el conserje —apenado tal vez por la tristeza que debe derramar mi semblante— la deja libre. Aitana viene entonces a sentarse frente a mí, sin pronunciar palabra pero escrutándome con mirada de barrena. Quisiera que, como antes parecía habérselo propuesto, me alargara la Kola Román; sólo que proyecto la vista hacia donde ésta se hallaba y evidencio que ha desaparecido de modo misterioso. Resignado a seguir soportando esta sed corrosiva, pregunto a mi esposa qué puede haberle acaecido para que haya mudado su carácter y su comportamiento para conmigo sin aparente explicación. Aitana hace su mirada más intensa, dando a sus ojos la imanación que a veces ejerce un voladero escarpado, pero insiste en su silencio que algo tiene de hierático. En ese instante, irrumpe y ensordece el ámbito una explosión. El desorden y el pánico catapultan a los parroquianos, que saltan de los asientos y miran en todas direcciones buscando de dónde provino ese instantáneo estrépito. Cuando la serenidad ha regresado, el director de la clínica impone el silencio y explica que se ha tratado probablemente de una bomba dejada por terroristas palestinos, dado que el establecimiento es propiedad de millonarios judíos. No hay víctimas a lo que parece. Se trató de un petardo de pequeño poder que hizo estallido en un recodo solitario. La clientela, de todos modos, comienza a desalojar el lugar. A la sazón, agentes de policía, que llegan en vehículos que asordan con heraldos ululantes, inician lo que supongo sea una pesquisa. Alguien se me arrima entonces y me transmite un recado del médico jefe para que me reúna con él.

Supongo que he sido conducido en una silla de ruedas a la oficina de la dirección. La sed hace efecto ahora en la totalidad de mi organismo; me desgarra interiormente como si me recorriera una sustancia cáustica. Mi primo segundo me notifica haber impartido orden ya para que abandone la clínica. Mientras me habla, lo percibo sentado ante una mesa, junto con otro médico, examinando papeles ignotos. Me pregunto si tendrá memoria de aquel acto execrable que perpetró en mí en un pasado que no sé calcular, ya que mi entendimiento y el tiempo parecen ahora oponerse. Agradezco, no obstante, que resuelva darme de alta y satisfaga de ese modo el anhelo más ferviente de mi vida: volver a la normalidad descaminada, al seno y al calor de Aitana, a la proximidad de los míos. Me agrada comprobar entonces que mi esposa ha acudido aquí con el fin —espero— de viajar conmigo en la ambulancia ya solicitada. La noto bastante remisa, mohína, siempre hundida en ese mutismo presagioso, como si no terminara de aprobar mi retorno. Aguardamos en una habitación llena de nocturnidad, aunque a medias iluminada por reflejos llegados de fuera, la cual no deberemos abandonar para emprender el viaje, puesto que puede engancharse a la ambulancia al modo de un remolque. Pasado un corto tiempo, vemos proyectarse en los vidrios los faros del vehículo. Exulta cada átomo en mi cuerpo, porque presumo el retorno, ahora sí, inminente. Aitana va al encuentro de la ambulancia. De ésta desciende el conductor y con sorpresa, una vez se han movido hacia mí, conozco que se trata de no otro sino de aquel panadero de bigote a la Charles Bronson que nos reclamó como clientes de su tahona en una noche perdida en los dédalos de mi conciencia. Tal circunstancia, que en mi esposa parece despertar una especie de júbilo, se explica, según el hombre nos deja saber, por su necesidad de incrementar sus ingresos laborando como chofer en las noches. Aitana salta de gozo por ello, sin que yo sepa explicármelo.

Entonces comprendo que mi esposa ha llevado aquel alborozo al extremo de retrasar la partida porque desea invitar al conductor a compartir con ella una cerveza en una taberna vecina. Me resigno, pues, a esperar. La joven enfermera a quien parezco simpatizarle decide hacerme compañía, y no tarda en llegar otra, más veterana y lenguaraz, que asegura haber visto besarse con arrebato a Aitana y al hombre de la ambulancia mientras beben de la misma botella. La modelo de Maillol se niega a darle crédito y trata de convencerme —una inmensa tristeza me ha envuelto— de que son puras habladurías. Pero miro por el vano de la puerta hacia el vehículo estacionado y, en el cromo de la carrocería, veo reflejados los cuerpos que se estrechan y besan como si trataran de aplacar un ansia milenaria. Las lágrimas recargan otra vez mis ojos, que siento pesados como bolsas de materia purulenta. Haciendo un esfuerzo, me hago oír por el médico jefe, que sigue enfrascado en sus papeles, para suplicarle ordenar al conductor uncir la habitación a la ambulancia y despegar de una santa vez. Mi primo segundo alega no hallarse ya a cargo de mí. A pesar de lo cual pasan las horas y las enfermeras siguen sometiéndome a esas torturas que llaman cuidados médicos cual si nada hubiera cambiado. La que de ellas es, sin duda, la más joven (y atractiva, para qué ocultarlo) da muestras insistentes de experimentar por mí, no sólo piedad por el percance que ha hecho esfumarse la ambulancia y a su conductor al par que a Aitana, sino también algo así como un amor recóndito, un sentimiento muy activo que la impulsa a despojarme de mis escasas vestiduras para proceder a asear milímetro a milímetro mi cuerpo. Al tomar mi virilidad para refregarla con jabón no consigue despertar en mí excitación alguna, a tal punto se ha degradado mi humanidad, pero en cambio me pide hacerme el de la vista gorda porque, con su otra mano, ha levantado sus ropas y fricciona con ritmo enérgico su sexo hasta obtener un orgasmo rápido y perentorio. La enfermera lenguaraz no ha pasado por alto la ocurrencia y emite, toda risoteada, un comentario a la vez de mofa y de reproche. Pero ¡cuidado! Todo se clausura ahora en una reserva solemne, como de basílica. Disparo la vista por la puerta y, primero, veo pasar a Aitana como una sombra entre densas sombras, ágil y taciturna, con quién sabe qué rumbo. Ahora se me antoja entenderla —furtiva como la he visto discurrir por el pasillo— al modo de uno de esos personajes sigilosos y lánguidos de Edvard Munch. Luego, comprendo que en el aposento que da su frente al mío ha fallecido un sacerdote católico; y es tal la razón por la que un grupo de religiosos entonan ahora esa prosa latina que se conoce como el *Dies Irae*. No pensé que rituales como éste buscasen por escenario las habitaciones de los hospitales, así doblara en ellas la cabeza un jerarca, y es lo cierto que la secuencia, brotada de la garganta de un cura joven ataviado de blanco, suscita en mí un estremecimiento premonitorio. Me parece que esa noche va a tragarme como un precipicio de tiniebla.

Una jornada más despunta, sin embargo, en esta cadena de soles fugados sin dejar estela, y el área social, en funciones de cafetería, comienza a poblarse de ejecutivos y de estudiantes que vienen a desayunar. Los efectos del petardo han sido hábilmente borrados. No sé cómo (acaso con la ayuda de esa «chica de portada» que ha preferido profesar como enfermera) me sé instalado en una de las mesas, tras alguno de los arbustos ornamentales que, por cierto, me veda la visión total del ámbito. Entonces las voces que me llegan desde una de las mesas ocultas por el follaje me hacen saber que Aitana ha invitado a desayunar allí a Absalón Bermeo. Platican quedamente, y si bien el jurista insiste en que ha venido sobre todo para verme, mi esposa le hace creer que no es posible, por prohibición de los médicos. De improviso, la modelo de Aristide Maillol se presenta ante mí para anunciarme que en definitiva salgo ya de la clínica, que ha llegado una ambulancia y, si me introduzco en una habitación que me señala, ésta será uncida al vehículo y me transportará a casa. Me ayuda a movilizarme y, en efecto, veo que Aitana se incorpora a nosotros para hacerme compañía en el trayecto. Casi en un abrir y cerrar de ojos, tras un recorrido trepidante pero para mí placentero y colmado de esperanzas, constato hallarme en mi añorado apartamento. Hallo la alcoba un tanto alterada, llena de cierto capcioso desafuero. Pero suspiro al saberme en casa. Julia, la empleada, me advierte —lo cual interrumpe mi contento— que, en lo sucesivo, no espere ver a mi esposa demasiado tiempo a mi lado, pues la pasa bebiendo cerveza, en la panadería, con el hombre de los bigotes cinematográficos, con quien sostiene un idilio culminante. La tristeza vuelve a descender sobre mí. Aitana, Aitana, ¿qué mal pude haberte hecho? ¿Por qué este desvío que me pulveriza como bajo la opresión de una zarpa gigantesca? Me pregunto si toda una vida de tesón y trabajo, dirigida por completo a hacerla feliz, merece este epílogo vejatorio. Entonces reparo en que, en el lugar donde estuvo siempre el ventanal de nuestra alcoba, se puede observar en cambio, señero, helado, amenazante, el círculo partido en dos, el símbolo de la clínica, de donde jamás he salido.

XVII

Lo primero que vi cuando se despejó esa cerrazón, ese nublado terco que me envolvía, fueron los rostros de Fabián y Gustavo que, risueños y sin duda complacidos, me observaban como si hubiese superado yo montañas de carencia, de lobreguez, de exilio, de dolor, y tornase a la llanura con el continente estropeado y casi exánime, pero airoso como un paladín de la vida. Un par de enfermeros membrudos me alzaban, el uno de las axilas y el otro de las piernas, a fin de acomodarme en una silla ortopédica. Algunas mujeres se alistaban para poner en orden el lecho y la habitación con destino a algún otro enfermo grave. A mí, habían ordenado los médicos trasladarme al pabellón de recuperación. Salía, al parecer, por la orilla misma por donde había entrado. De un vistazo atónito, reconocí entonces las instalaciones austeras (y un tanto familiares) y el rancio estilo francés del viejo Hospital San Patricio.

Impulsado el asiento de ruedas por uno de los enfermeros, emprendimos el lento recorrido hasta el ascensor y luego, en un piso más alto, por pasillos de paredes desnudas y fuerte olor a desinfectante. Mis hijos insistían en preguntarme cómo me sentía y respondía que bien, sin saber a ciencia cierta si decía la verdad. Me sabía, eso sí, débil como una pavesa, susceptible de ser tronchado por un mero soplo. Una preocupación me trabajaba por lo demás y, en consonancia con ella, dirigiéndome a Gustavo le advertí que tomásemos precauciones, pues había terroristas musulmanes acechando el hospital. Me miró con extrañeza y alarma, ya que, según me informó días después entre risas, los médicos habían prevenido a mi familia, durante ese mes y medio en que permanecí casi siempre privado de lucidez en la unidad de cuidados intensivos, sobre la posibilidad de que, al volver en mí, no lo hiciese del todo, pues podría haber perdido la memoria de mi pasado y haberme extraviado temporal o permanentemente en los limbos de la inconsciencia.

Me preguntó de dónde había sacado idea tan peregrina. Quise avivar en su memoria, sorprendido de que lo hubiese olvidado, el petardo explotado en la taberna-cafetería de la primera planta unas noches antes. Mirándome con un poco de consternación, apuntó que, por una parte, ningún petardo había hecho explosión que él supiera y, por la otra, no había cafetería ni taberna algunas en la planta baja, sólo una tienda de víveres y un cajero automático. Opté por guardar silencio, en respuesta acaso a la confusión que aquella declaración revolvió en mi mente. ¿Ningún petardo terrorista? ¡Pero si Aitana había sido testigo, se hallaba a mi lado cuando lo detonaron! Por fortuna, me he ejercitado toda la vida en conceder atención, antes de resolverme a extraer conclusiones, a la posibilidad de encontrarme en él o de ir a caer en el error, lo cual me aleja en forma terminante de todo dogma y de toda modalidad del empecinamiento. Anduvimos, pues, sin añadir palabra hasta llegar al aposento al cual se me destinaba, una alcoba con muebles sumarios, pero dotada con un aparato de televisión. Allí me esperaban Aitana, que se arrojó en mis brazos estremecida por los sollozos, y María Jimena. En tanto mi esposa me cubría de besos, insistía yo en preguntarme qué prodigio se había obrado no sólo para que volviera a su natural de siempre, sino también para que tornase a representar su edad, luego de haber lucido tan traviesamente juvenil en los últimos días.

Era cerca del mediodía y habrían de transcurrir todavía algunas horas antes que la duda —por lo atinente a ese enjambre de recuerdos, relacionados con sucesos recientes, que aleteaban como aves aciagas en mi cerebro— acabase de saturarme. Tanto Aitana como mi nuera me confesaron después no haber entendido, en aquellos momentos, las miradas de desconfianza y hasta de miedo que les dirigía. Movía mis ojos de la una a la otra cual si me preguntara cuándo la escena mudaría y volverían a manifestarse ásperas y partidarias de mi reclusión de por vida. Cuando el fornido enfermero que había empujado la silla me alzó en sus brazos para depositarme en la cama, adquirí de un golpe conciencia ya del estado de astenia en que me hallaba y de la inepcia de mis miembros inferiores para sostenerme ni siquiera si deseaba ir hasta el pequeño cuarto de baño situado junto a la puerta. Como un nubarrón súbito colmó mi mente la certeza, producto sin duda de ese mismo estado, de que jamás podría volver a incorporarme y muchísimo menos transportarme en mis propias piernas. Había quedado reducido, me dije, a una condición de inválido, lo cual me forzaría a vivir recluido en lo futuro, tal vez con el solo consuelo de los libros y de la televisión. Ignoraba si aquello sería mejor o peor que la muerte. La costumbre o el instinto de conservación parecían sugerirme que me inclinara por la vida, pero no bien creía dirimido ese pleito la desgana vital tornaba a envolverme como un manto cinerario.

Me sumía en aquellas cavilaciones cuando Aitana, que se había sentado a mi lado en el lecho y estrechaba con las suyas una de mis manos, me preguntó si recordaba la razón por la cual me hallaba allí. Sin pestañear respondí que por haberme yo mismo apuñalado en obediencia a la insinuación proclive de cierto indeseable. Dijo que me lo había preguntado porque eso mismo repetía yo, entre sueños y alucinaciones, cuando luchaba por la sobrevivencia en la unidad de cuidados intensivos. Debo confesarlo: pensé que lo decía sólo por mitigar mi remordimiento. A continuación, sin embargo, emprendió el recuento de los días que sobrellevé bajo el tormento de los cólicos ventrales; de la hospitalización ordenada de urgencia por el doctor Asencio, y de nuestro arribo al Hospital San Patricio aquella noche espectral en que los médicos resolvieron practicarme una cirugía. Un verso escolar medieval, concebido por cierto en latín macarrónico (*«gratatio capitis facit recordare cosellas»*), predicaba que rascarse la cabeza lo hace a uno acordarse de algunas cosillas. Lo traigo a colación porque, en efecto, llevé las manos a la cabeza y la froté con las uñas antes que mi memoria hiciera algo así como un espasmo para ajustarse a aquello que, hacía mes y medio, había acontecido en la sobria realidad. Mi nuera y mis hijos me miraban sonrientes, aliviados a todas luces al constatar que, a despecho del pronóstico de varios médicos, daba indicio yo al menos de una memoria en la cual parecía reverdecer el pasado próximo. Ya habría ocasión, debieron decirse, de averiguar si hechos y conocimientos más remotos anidaban aún en ella o si habían sucumbido bajo la marea procelosa de la agonía.

Inquirí, claro, qué podía haberme acaecido para que padeciera ahora, a más de esta ciclópea confusión mental —en que mi entendimiento parecía oscilar entre realidades contradictorias—, aquel impedimento para incorporarme y, de fijo, para trasladarme por mi propia cuenta. Me explicaron que, ante todo, mi organismo vivía un estado de extenuación generalizada, luego de mes y medio sin probar alimento y siendo nutrido tan sólo mediante sueros intravenosos. En segundo lugar, al haber permanecido en cama durante ese período, los músculos que obraban en aquellos movimientos se habían atrofiado y sería necesario un tratamiento fisioterapéutico para devolverlos a sus funciones normales. Opiné que, conforme a aquellos indicios, parecía palmario que me hubiese columpiado por todo aquel lapso (mi sentido del tiempo quizás no hubiese conseguido evaluarlo del todo) entre la vida y la muerte como la aguja de una brújula enloquecida. Aitana, con llanto en la mirada, me reveló que en efecto había ocurrido de ese modo, al extremo de que los médicos, con escasa piedad pero con harta franqueza, le habían asegurado durante días que todo no pasaría de esa noche.

Persuadido ya de hallarme ante la *verdadera* Aitana, pude imaginar el dolor extremo por el cual debió atravesar mi pobre damita en esos días atroces, durante los cuales experimenté, sí, algunas limitaciones o torpezas en mi organismo, pero estuve lejos de saberme enfermo grave. A propósito de lo cual, sentí súbita urgencia por determinar esta para mí todavía ignota fecha en que acababa de abandonar la unidad de cuidados intensivos y forcejeaba por sentir otra vez familiar la realidad. El dato me pasmó. Nos hallábamos a finales de enero, es decir, que por primera vez desde mis tres o cuatro años de edad un cambio de año había transcurrido inadvertido para mí. De algún nebuloso modo, en oleadas de imágenes, visitaba mi mente la idea de la nochebuena. Creía poder evocar una mañana malograda en que se me dijo que iría a pasar en casa esa festividad y en que vi a médicos y enfermeras brindar con copas de vino. Fue también, me dije, la ocasión en que sobrevino (o así lo fantaseé) el conato de Aitana por asesinarme. La busqué con los ojos y la percibí a mi lado, sentada en el lecho, y sus mejillas cubiertas de lágrimas me afianzaron en la convicción de que era otra vez el Hada Azul de este Pinocho chato que estoy convencido de encarnar. En aquel momento, una enfermera entró en la habitación y procedió a pinchar con una aguja el extremo superior de mi índice derecho. La dejé hacer y sonreí al pensar que fue tal vez esta misma mujer la que extrajo de mi dedo una gotita de sangre cuando creí que, por pura maldad, lo hacía el bueno de Fabián.

Esta última verificación me condujo a reflexionar en tantas otras equivocaciones a que pudo inducirme el caos de mi fantasía, arrebatada probablemente por el clorazepato dipotásico, el diazepam y otros fármacos hipnóticos que, según pude constatarlo más tarde, me fueron administrados para reducir mi tensión nerviosa y favorecer el sueño. Entre ellas, me dije con una sacudida, la horrible impresión de haber sido dos veces violado, la primera por el médico jefe de aquella clínica en nada semejante al Hospital San Patricio; la segunda por un sujeto aindiado y atorrante en el interior del restaurante chino. No tuve necesidad de acudir a médicos para ver absuelta esta inquietud. María Jimena soltó una risita y me dijo que, en efecto, luego de la operación me debieron ser practicadas dos colonoscopias —examen que se realiza por el recto— para obtener placas radiográficas de mi estroma gastrointestinal, donde el cirujano había entrevisto la presencia de un tumor. Pregunté si por acaso el director del hospital donde nos encontrábamos no sería un primo segundo mío. Con gesto de extrañeza, Aitana y María Jimena indagaron de dónde podía haber inferido tamaño disparate. Mencioné el nombre de aquél a quien creía padre del médico violador. Siempre con asombro, me recordaron que la descendencia de ese primo hermano mío sólo estaba constituida por mujeres, ninguna de las cuales se había graduado en medicina. Mi esposa me refrescó la memoria recapitulando cómo la mayor era, al igual que nuestro hijo Fabián, diseñadora gráfica, mientras la segunda se desempeñaba en ese momento como consejera en una embajada. Cuando me instruyeron sobre la identidad del director del San Patricio, comprendí que se trataba de cierto facultativo harto prestigioso que, en años anteriores, había fungido como médico de la Presidencia de la República y que, probablemente, jamás en su vida había abrigado ni siquiera el proyecto remoto de perpetrar violación alguna.

Cada vez me aproximaba más al convencimiento de haberme sumido, quién sabe por cuánto tiempo, en un delirio erizado de devaneos indudablemente morbosos. No obstante, aquellas imágenes, casi todas malsanas e incluso en el recuerdo torturadoras, habían poseído una nitidez, una calidad de vida real que volvían trabajoso relegarlas al confín de los espejismos o de las entelequias sin concederles un examen lo más prolijo posible, sin someterlas —en fin— a un escrutinio analítico que apartara, por así decirlo, el oro de la morralla. ¿Quién podría ahuyentar de mí la idea de que, al menos algunas de ellas, pudieran corresponder a contextos de una realidad o potencialidad apenas presentidas? Indagué, por ejemplo, acerca de ese mordisco constante que experimentaba en este mismo dedo del cual hacía poco una enfermera había obtenido una gotita de sangre. No tardé en saber que se trataba de un dispositivo para medir los niveles de oxígeno en mi organismo, dispositivo que debía mantener allí en forma continua y que enviaba información a una pantalla. Conocí también que, en varias oportunidades, me desembaracé de él, lo cual conmovió el sistema de alarma y los médicos debieron acudir a toda prisa ante el temor de que hubiese experimentado un paro cardíaco. Por lo que al tomo «galante» al cual me creía atado concernía, me enteré de que, justamente para impedir que desprendiera el respirador, los catéteres y otros conectores a los cuales debía permanecer acoplado, fue preciso atarme las manos. Me resultó harto impresionante saber que había durado casi todo el tiempo con un ventilador mecánico inserto en la boca, para que así el aire penetrase a través de un tubo. Ello, por supuesto, explicaba el porqué de mi defectuosa emisión de voz, trocada en aquellos gargarismos abominables.

Parecía evidente además la forma como en determinados momentos recobraba yo el sentido, emergía del universo ilusorio y atroz en que largamente me hallaba inmerso, y lograba percibir fragmentos de realidad. Fue el caso, vamos al decir, del día en que vislumbré a mi familia reunida a mi lado como en una escena de *Stabat Mater*, cuando Aitana retornó en mi mente a su edad y apariencia actuales. La joven enfermera a quien he equiparado con una modelo de Maillol asimismo pertenecía al mundo real, pero sin duda la fantaseaba en situaciones y actitudes totalmente irreales. Por igual era de carne y hueso el médico alto y negroide y, en efecto, debió inclinarse sobre mí uno de aquellos días por investigar si por lo menos recordaba mi nombre. Pero todas sus demás conductas en mi cosmos pesadillesco habían sido fruto de mi delirio. Cierto es, verbigracia, que entre las numerosas visitas que me fueron hechas por personas amigas o tan sólo conocidas se contaron las de Helena Jáuregui y Richard Nessler. No podía sentirme cierto, empero, de haber percibido con fidelidad el probable diálogo sostenido con ellas. Tampoco ellas, al parecer, habían logrado captar palabra de lo que hubiese intentado yo comunicarles. Ahora que, en el pabellón de recuperación, era de nuevo invadido por catéteres, destinados a hacer entrar en la corriente sanguínea fármacos y sueros, empecé a preguntarme qué proceso protervo se desarrolló en mí luego de haber sido introducido al quirófano. Lo último que memoraba era la mascarilla que me acercó el anestesista y su voz ordenándome respirar en profundidad. Voltejeaban asimismo en mi mente las palabras postreras que articulé ante mi esposa, mis hijos y mis jóvenes amigos Sarmiento y Aristizábal: «Que sea lo que Dios quiera». Sólo con el paso de los días conseguí ponerme totalmente al corriente de lo ocurrido durante la cirugía y en ese aproximado mes y medio que viví en la unidad de cuidados intensivos.

No es fácil traducir en palabras accesibles la ende-
moniada jeringonza de la medicina. A los médicos muy poco les agrada que lo hagamos, de suerte que se abstienen por
regla general de ofrecer demasiadas explicaciones. Entiendo que la laparoscopia que me fue practicada en cuidados
intensivos mostró, en efecto, una sombra sospechosa en el
yeyuno. Ello determinó a los doctores a ordenar una cirugía y así, creo que a media mañana, fui conducido en una
camilla al quirófano. Al parecer, una vez abierto mi vientre,
con desplazamiento absoluto de esa cicatriz del cordón umbilical que a lo largo de la vida llamamos ombligo —y que
en algunos casos puede erigirse en parte de nuestros atrac-
tivos sexuales—, lo que halló el cirujano en el lugar en donde se había entrevisto la sombra no fue el tumor obstructi-
vo que esperaba, sino uno muy pequeño que se encontraba
repartido entre la pared interior y la externa del intestino.
Esto llevó a la conclusión de que aquello que me producía
los cólicos no era en verdad una oclusión intestinal, sino
una mera colitis amebiana. Para curarla estaba de más la
cirugía ordenada, pero ya que se me había abierto como a
una res en una tripería, creyeron conducente proceder a retirar la parte del tumorcillo localizada en el exterior del tracto digestivo. En ello se ocupaban cuando advirtieron que
—debido, como luego habrían de explicarme, a los analgésicos ingeridos durante los días previos— acababa de presentarse una falla renal aguda. Se apresuraron, pues, a detener el proceso operatorio, pues mi vida se hallaba en peligro.
Fue así como me devolvieron a la unidad de cuidados intensivos sin cerrar la herida practicada en mi vientre y que,
desde luego, motivaría en mi imaginación la idea de haberme autoinfligido una puñalada por sugerencia de cierto profesorcillo de quien hacía años no tenía noticia. No bien se
me hubo trasladado, los médicos descubrieron con alarma
que presentaba yo escalofríos y una fiebre muy alta. El diag-

nóstico fue inmediato: la abertura hecha a bisturí había precipitado una septicemia, o sea, una sepsis de la sangre inducida por la multiplicación de bacterias en el torrente sanguíneo.

Se trata, como muchos lo saben, de una infección que causa la muerte en altísimo porcentaje de quienes la sufren. Es famosa, por ejemplo, la que en su juventud sobrevino a Jorge Luis Borges a consecuencia de la excoriación que un cuerpo misterioso le ocasionó en una escalera en tinieblas. El escritor argentino fluctuó varias semanas entre la vida y la muerte. Una vez sanado por algo que los médicos juzgaron «un milagro», Borges enriqueció sus hábitos literarios al introducirse, en zambullida no prevista por quienes ya admiraban su poesía y sus doctos ensayos, en el maravillante remolino del relato fantástico, tal como si su mente hubiese experimentado una especie de nueva alborada. También en el caso mío el organismo luchó con bravura, pero en medio de la crisis, sin que los riñones hubiesen salido ni con mucho del colapso en que se habían precipitado, los largos días en el lecho determinaron una neumonía doble, agravada por una inestabilidad hemodinámica que requirió intubación endotraqueal y el tratamiento de ventilación de que di ya cuenta. Entretanto, necesité asimismo aquellas colonoscopias que incubaron la ilusión de violaciones y que resultaron en extremo dolorosas, ya que el colon acusaba la presencia de úlceras. Graves fallas respiratorias, una conjuntivitis purulenta, diarreas imparables, taquicardias agudas y leucocitosis fueron males que se sumaron poco a poco a la catástrofe de mi organismo. La lista de medicamentos que debieron serme suministrados daría para varias páginas. Cuando se me creía libre ya de la septicemia y de la neumonía y se me hacían tratamientos intensivos de hemodiálisis para controlar los riñones, los pulmones tornaron a fallar. No es raro, pues, que los facultativos tra-

tasen de preparar a mi familia para el desenlace letal ni que
se asombrasen cada mañana de hallarme con vida, cuando
claramente habían supuesto que fallecería durante la noche. El doctor Luis Ernesto Asencio, según supe, me visitó
varias veces y quedaba como absorto en reflexiones seguramente presagiosas, mientras observaba el despojo en que me
había convertido. Más tarde, cuando me vio ya en proceso
de recuperación, conceptuó que mi supervivencia, tal como consigné aquí que lo hicieron por igual los médicos de
Borges, podía considerarse «milagrosa».

Lo primero que me pregunté, al informarme el director de la clínica que podía saberme «fuera de peligro», se
relacionó con la certidumbre, rebrotada en mi mente, de
que el turbión de desdichas arrojado sobre mi hogar y el
de varios amigos en los últimos tiempos provenía de maniobras satánicas consumadas por Armando García. Como ya
lo expresé antes, esto constituía para mí una verdad fundamental, pero indemostrable como los axiomas matemáti-
cos. Lo que no atinaba a explicarme era la razón por la cual,
mientras varias personas cercanas a nosotros habían hallado la muerte como resultado de esas maniobras, en cambio Aitana y yo —abatidos en forma sucesiva, ella por una
neumonía, yo por una plétora de males— habíamos
logrado sobrevivir. Como sobre Agamenón, la maldición
había caído sobre nosotros, pero sin derribarnos, al menos
por el momento. Tales reflexiones, que conllevaban dudas
y presentimientos, me decidí muy pronto a transmitirlas a
mis hijos y a mi nuera —Aitana ya las había oído creo que
en exceso—, tan sólo por conocer su opinión. Yo, claro,
también de sobra sabía que, lo más probablemente, habrían ellos de escandalizarse de que un individuo letrado,
culto como yo, incurriera en semejantes creencias primitivas. Mas no por primitiva una creencia es por necesidad
errónea, me repetía, y en ello tendrían que acordarse con-

migo. Fabián descartó, sin embargo, toda perspectiva de acuerdo, ya que, según dijo, las maldiciones eran cosas del teatro griego y de las películas de terror, los cuales podían invocándolas absorber el interés del público; pero resultaban vanas aun como conjeturas en estos principios del siglo XXI. Me sorprendió, en cambio, que mientras María Jimena se ponía del lado de su cuñado, Gustavo diese oídos a mi versión y la considerara al menos dentro del perímetro de las posibilidades. Me reveló conocer a cierto joven —antiguo condiscípulo, por cierto— en cuya familia existían personas dotadas de algunos poderes y poseedoras de conocimientos herméticos. Muy pronto lo trajo a mi habitación de hospital, pero lo único que oí de sus labios se refería al hecho de no haber sido posible mi salvación por la medicina si sobre mí pesara un conjuro de esa ralea.

—Cuando alguien —afirmó— es condenado por un brujo negro, ni la ciencia ni poderío humano alguno pueden librarlo de morir.

Debo decir que desestimé esa opinión, pues bien podía figurar entre los planes del mencionado brujo el poner a marchar la maldición con lentitud, ralentizando sus efectos, para así garantizar un sufrimiento más exquisito. Resolví, empero, alejar un poco la cuestión de mi mente y ejercitarla más bien en desentrañar lo que hubiera causado algunos de los delirios que viví en la unidad de cuidados intensivos. Éstos, valga la verdad, se me habían convertido en genuinas obsesiones. Ante todo el edificio de aquella clínica ilusoria, que había creído lucro de una especie de Antoni Gaudí fantasmagórico, dominaba mi memoria como una fijación infernal, ya que lo suponía lleno de contenidos siniestros y de algún modo indicio de haber ingresado yo en un período tenebroso de mi vida. Era además como si el clima que lo circundaba, su ambiente embrujado, sus álgidas luces me siguiesen acechando y se posesionaran cada vez más de mi fantasía e, incluso, de mis formas de raciocinio. Comprendía, por ejemplo, que el viaje que soñé realizar, así como las dos navegaciones, podían derivar de las manipulaciones nunca muy delicadas a que las enfermeras sometían mi cuerpo, fuera para asearlo o para intubarlo o para transportarme a la unidad de diálisis u otros recintos en los cuales se me practicaban sondeos o exámenes de laboratorio. Ignoraba y jamás pude dilucidar la raíz de aquel restaurante chino en donde creí sufrir torturas sin cuento. Desde luego, la sed insistente en todos aquellos delirios había sido debida a mi estado de deshidratación, si se piensa que sólo mediante catéteres fue mi organismo nutrido en aquellos días. De allí la fuente de gaseosa de naranja y el lago por el cual imaginé bogar con Aitana por aguas color de azafrán. En alguna ocasión, mi esposa efectivamente me llevó, contra la prohibición médica, una Kola Román y la depositó en la mesita junto a mi cama. Mas no estuve en capacidad de ingerirla. Huelga añadir que, ya en el pabellón de recuperación, mi ansia de agua pura era indómita e insistente.

Pero ¿por qué era aquel edificio apócrifo, con sus columnas hiperboloides y sus muros recorridos por invertebrados fantásticos, lo que más parecía querer martirizarme con su memoria omnímoda, incesante y aviesa? ¿Qué representaba en verdad? Rondaba mi mente la antigua expresión «*non ridere, non luyere, neque detestari, sed intelligere*», que traducida aconseja no reír de ello, no afligirse por ello, ni tampoco indignarse, sino comprender. El espíritu exige ante todo el entendimiento de aquello que lo preocupa o que lo perturba. Y es lo cierto que, aunque en las horas nocturnas —cuando quedaba solo— hacía sangrar mi fantasía por encontrar el sentido de esa arquitectura maligna, nada parecía acudir en compensación a mis esfuerzos. Supongo que cualquier otro, con un cerebro más saludable y menos propenso a obsesiones que el mío, habría alejado tal preocupación, reemplazándola por algo más vital y vigorizante. Dada la sutileza de su instinto, Aitana pudo intuir sin dificultad el extravío con el cual intentaba luchar. Me instaba, con las palabras más dulces, a olvidar el báratro de inconsecuencias en el cual me había mantenido por un período tan dilatado y concentrarme en el modo como ante mí se abría una suerte de «nueva vida», de «aurora segundogénita», producto de una «victoria sobre la muerte». Hubiese deseado con todas mis fuerzas poderla complacer, pero la obsesión seguía allí como un fantasma obstinado, terco como la mala suerte, que colmaba mi imaginación y giraba a mi alrededor al modo de zumbador abejorro, de larva profunda.

Por razón del trabajo al que mis hijos debían consagrarse en horarios escrupulosos, mis acompañantes durante las horas de visita eran siempre Aitana y María Jimena. Cuando esas horas sonaban y mi esposa aún no acudía, crecía en mí el aguijón de la soledad así me rodease un elenco bastante pintoresco y bullicioso de enfermeras. Sus pasos los descifraba no bien salía del elevador, nada cercano a mi aposento, y la oía recorrer aquella distancia con un ritmo y una determinación que adoraba. El taconeo peculiar de Aitana me era tan entrañable como su rostro mismo. Mi alejamiento por una temporada nada corta de la alimentación habitual había por fuerza reducido la capacidad y el reclamo de mi estómago, y debía ella suministrarme tierna pero imperiosamente las comidas, introduciendo los alimentos a mi boca como se haría con un bebé. Solía yo protestar, pero me recordaba mi esposa la advertencia médica en cuanto a ser imposible darme de alta mientras mi organismo no hubiese recuperado las fuerzas. Lo hizo con tesón y amor, oponiéndose a que fuesen las enfermeras quienes me alimentasen. Con el paso de los días y el regreso tumultuoso de las preocupaciones cotidianas, indagué en qué menesteroso estado se encontraba nuestra cuenta bancaria. Mi hospitalización la cubría por fortuna una de las llamadas «empresas promotoras de salud», a la cual me hallaba afiliado, pero ¿y los gastos del hogar?, ¿cómo se habían solventado? Me enteré entonces de cómo mi cuenta de banco no había sido para nada tocada. Fabián, con lealtad y sacrificio, se había hecho cargo de la totalidad de los gastos hogareños. Me punzó el alma, al saberlo, memorar el modo como, en mi delirio, lo había creído integrante de una banda de atracadores que en mí consumaba un pillaje. Relaté a Aitana este pormenor y la puse al corriente del dicterio que creía haber dirigido a nuestro primogénito. Me dijo que, la verdad, a mí poco se me entendía lo que modulaba, por causa del ventilador, pero que en alguna ocasión Fabián advirtió la ira en mis ojos en momentos en que me visitaba e interrogó a su madre sobre la causa de ese probable enojo. Así supe que, en efecto, alguna vez la enfermera me extrajo la gotita de sangre del dedo índice en circunstancias de hallarse él presente. Algunos enigmas de mi desvarío iban, pues, despejándose, pero subsistía la imagen obsesiva de la clínica todopoderosa, cruel e inexistente.

Como puede desprenderse de cierta anécdota relatada al comienzo de este texto, jamás en mi vida me preocupó ser visto sin ropas. De hecho, en diversas oportunidades frecuenté en Europa playas nudistas o acudí con grupos de amigos y amigas a bañarnos desnudos en el cauce de un arroyo o riachuelo. No obstante, me irritaba ahora que, para asearme y para colocar el odioso pato de los hospitales bajo mi cuerpo, debiera irrumpir en la habitación un auténtico tropel de enfermeras, que zarandeaban mi humanidad totalmente en cueros como si se tratase de un pellejo de vino similar a aquéllos con los que batalló Don Quijote o de un saco de arena bajo el agobio de los golpes de veteranos pugilistas. Por si ello fuera poco, las más vejanconas hacían mofa de mis desnudeces y me desafiaban a poner mi falo en erección cual si no fuese yo en aquellos días un ripio de ser humano depauperado por la desnutrición y la salud quebrada. Una de ellas, gordezuela y harto decana, semejante a un colchón henchido de aire, dio en nombrarme, como alguna vez Armando García, por el diminutivo de mi nombre de pila, lo cual resentía como una ignominia. Con claridad recuerdo asimismo la figura esbelta y sensual de la modelo de Maillol, que se abstenía de participar en la faena de aseo, pero se apostaba muy cerca para seguirla en detalle. Mi memoria de ella es, por lo demás, agradecida. Se hallaba atenta a reaprovisionar la jarra de agua cuando se agotaba y, sobre todo, a rescatarme de la unidad renal cuando, tras la diálisis que debía sufrir cada dos días, los especialistas simplemente me desconectaban y luego se olvidaban de mí, que quedaba abandonado en aquel ámbito glacial y bastante sórdido.

A propósito del agua, supongo que mi estado de deshidratación se prolongaba, porque la sed me hostigaba con una constancia perversa por mucho que bebiera. Los médicos me habían animado a ingerir todo el líquido que pudiera, por ser ello aconsejable para estimular el funcionamiento de los riñones. Pero, en las noches, sin falta ingresaba al cuarto una enfermera solemne y apática que me retiraba la jarra so pretexto de serme dañina la excesiva ingestión de su contenido. Yo la maldecía y trataba de señalarle su equivocación; pronto llegué, sin embargo, al convencimiento de que disfrutaba provocándome aquella tortura. Varias veces Aitana protestó ante las autoridades del San Patricio por ese abuso torpe, sin que nadie accediera a prestarle oídos. El insomnio agravaba esas noches en que trataba de entretenerme con la televisión, la cual mi esposa insistía en dejar encendida, sólo para comprobar que la antena de aquel hospital era toda una lástima y sólo permitía imágenes turbias y desfasadas. En una de ellas, un médico joven hizo entrada al aposento y, tras observarme con gesto preocupado, me dijo ser el cirujano que había ordenado y realizado mi operación, y haber sido por cierto su experiencia prístina como profesional. Esto me llenó de alarma, pues entendí haberme encontrado en manos de un bisoño y de qué modo el diagnóstico y el procedimiento hubiesen podido ser muy otros si en su lugar me hubiese hecho el examen un médico experimentado. Más tarde habría de obtener diversas constancias del desacierto con que fui atendido la noche en que llegué al San Patricio. De momento, tanto el director como los médicos de mayor jerarquía coincidían en aseverar que en el estroma gastrointestinal conservaba yo la parte del tumor correspondiente al interior del intestino y que, debido al colapso de los riñones, no había podido extirparse. Ello significaba que, no bien me repusiera del estado deplorable en que la operación y el cúmulo de complicaciones me habían dejado, debería someterme a una nueva cirugía. La sola idea de ese segundo descuartizamiento —es así como lo he experimentado— me sumía en la melancolía más amarga.

A lo largo del mes que debí ver transcurrir en el pabellón de recuperación, recibí la visita no sólo de amigos, sino también de algunos personajes solventes o tan sólo vistosos del mundo literario. Cierta mañana vi llegar a Glenda acompañada por su padre. Me traía flores y algunos libros, y me dijo que su esposo se hallaba impedido para venir, por razón de su insuficiencia en punto a defensas, originada en el tratamiento quimioterápico y que tornaba peligrosa su presencia en ambiente tan contaminado como el de un hospital. Inquirí por el progreso de su salud y supe que pugnaba como un cíclope en su empeño de derrotar el cáncer, pero que su estado seguía siendo delicado en extremo y que los cancerólogos seguían mostrándose en alta medida pesimistas respecto a su recuperación. También por el teléfono recibí voces de ánimo, incluso desde países lejanos. Entretanto, los médicos nos notificaban todos los días que, en un plazo de veinticuatro horas, visto que mis riñones parecían haberse normalizado y que mi cuerpo recobraba poco a poco su brío (esto último quise creerlo, claro, pero se hallaba harto distante de la verdad), sería reincorporado a mi hogar. Para mí, aquel retorno se había erigido en la máxima apetencia. Transcurría el lapso indicado, sin embargo, y la orden de alta seguía siendo denegada, so capa de no comer yo lo suficiente, lo cual obviamente se debía a lo desaborido de esa comida de hospital. Me sofocaba tratando de explicar a esos doctores que, una vez en casa, la bondad de los guisos hogareños me devolvería el apetito. Todo en balde. A veces, sentía cual si de nuevo viviera la pesadilla de mi delirio, en la cual se frustraba siempre aquel regreso. Ello hacía que las horas empezaran a cobrar en mi imaginación la marcha desesperante de un caracol que, para avanzar, tuviera que segregar un soporte mucoso. Por la ventana podía mirar un retazo de cielo casi siempre aborregado y que esparcía apenas una luz cobarde, y no sé por qué aquella percepción me sumía en un desmayo vital que podía engendrar en su insulsez impulsos suicidas. Sí, mi alma se había oscurecido igual que ese cielo, me sabía perdido en las nieblas de la morriña, de la desilusión y hasta de la hipocondría. Mi suerte estaba echada y jamás podría abandonar esta prisión terapéutica y execrable. No obstante, cierta mañana de finales de febrero, Aitana irrumpió triunfal en la habitación con la orden en la mano.

XVIII

Puestos en el fonógrafo por María Jimena, los *Reflets dans l'eau* de Debussy desgranaban sus notas cuando en una silla de ruedas fui entrado a mi apartamento por altos y hercúleos enfermeros de ambulancia. Creo que de ese modo mi nuera, cuya sonrisa iluminaba su rostro al verme llegar, quería darme a entender el cariño que por mí profesaba, a contrapelo de los devaneos febriles en que la fingí mi enemiga y casi mi verdugo. Ya por entonces cavilaba en que acaso ese papel que le adjudiqué en mis alucinaciones había sido provocado por la peregrina idea que concibió, según lo reveló poco antes de mi hospitalización, de consultar a Maritza Ordóñez acerca de mi lealtad conyugal. Todavía a estas alturas no me había transmitido, por lo demás, el veredicto exculpatorio de la médium, cuya asimilación por parte mía acaso la habría eximido de esa cruda transfiguración a la cual fue sometida, sin que pueda culpárseme, por mi inconsciente. Esto, claro, se hallaba muy lejos de aclarar por qué a Aitana, a mi damita dulce, le había asimismo asignado un rol innoble en aquel maremágnum de monstruosidades.

El trayecto en la ambulancia me había ajetreado penosamente. En la medida en que comprendía estar acercándome a mi hogar, intentaba desde la camilla identificar los edificios circunvecinos por las siluetas de los tejados o de sus partes altas, que era todo lo que lograba entrever. Aunque apremio alguno existiera para ganar a toda prisa las torres donde habitaba, los enfermeros, deseosos de terminar cuanto antes aquella misión, habían hecho sonar la sirena como si en el vehículo transportaran a algún moribundo. Lo cierto es que no era yo precisamente un dechado de energías en aquella tarde opaca y entristecida por una llovizna liviana, casi vaporosa, que obligó a mis palanquines a cubrirme con un lienzo de plástico para conducirme hasta mi torre.

Ahora, frente a una realidad más domesticada y, sobre todo, más firme que aquélla pretendidamente aséptica y neutra del hospital, tornaban a mí sin embargo la tonalidad y la atmósfera de mis delirios y me atormentaba preguntándome, muy en serio, si no estarían colmadas de verdad esas teorías, abundantes en la filosofía y en la literatura, según las cuales lo que tomamos por mundo real, no siempre asistido por una congruencia absoluta, no será a la par un sueño de imágenes más chispeantes, pero tan aparente y fraudulento como el más delicuescente de los espejismos. Al ser depositado en el viejo lecho matrimonial, agucé la vista por tratar de sentir más vívida la alcoba que tan familiar me había sido por años; por convencerme, además, de que en verdad me hallaba en ella y de que no iba a ser posible, bajo ninguna circunstancia, que de repente surgiera ante mí, en vez del ventanal recatado por gruesas cortinas, el símbolo abominable que una vez lo reemplazó en un desenfrenado desvío onírico. Pero no. El ventanal ofrecía un aspecto sereno, razonable, lleno de realismo, y debí convencerme de que en verdad me encontraba en mis antiguos predios, luego de algo que, a más de haber entrañado el mayor quebranto sufrido por mi organismo a lo largo de mi vida, poseía también un viso de aventura, una especie de sesgo heroico. En cierta manera, había hecho yo el recorrido de esos dioses o guerreros grecolatinos que, para fines abscónditos, entran al Averno por la puerta córnea y luego, pese a la prohibición de abandonarlo, logran —cumplida su meta— emerger por la puerta ebúrnea.

El lecho matrimonial era, desde luego, infinitamente más acogedor que aquél en que había permanecido en el San Patricio. Por una parte, se hallaba equipado con un juego triple de cobijas muy gruesas, amén de la bolsa que las contenía y de una sobrecama de alpaca; en el hospital, lo único que vestía era el pañal y ese saquito de tela delgada que poco defendía del frío que, en las noches, se colaba por una ventana de hojas defectuosas, que no podía cerrarse del todo. Además, el colchón era allá rígido y rugoso y atormentaba mi físico, máxime si se piensa que, en la región lumbar, había ido desarrollando una suerte de escara, originada sin duda por mi merma de vitalidad, que cuando no producía una comezón desesperante, dolía en extremo como resultado del mucho rascarse. Las enfermeras, claro, cada vez que les era posible impedían que hiciese esto último (en general, frustraban todo intento mío de rascar en cualquier parte del cuerpo, alegando que en las uñas se depositan microbios y otras suciedades agresivas), pero no bien me dejaban solo el único alivio a ese hormigueo endiablado consistía en hundir mis apéndices córneos en la carne como se hace con la reja de un arado. Sobra añadir que las consecuencias eran un agravamiento de las horribles condiciones de esa costra llena de ronchas, de donde a ratos me sacaba sangre. Volver a casa, pues, no suponía tan sólo el tornar a la querencia pacífica, sino asimismo al confort que el hospital negaba a mi humanidad abatida.

Seguía imposibilitado para incorporarme en el lecho. Aitana o mis hijos debían tirarme de los brazos cuando necesitaba estar en posición sedente. Ésta era indispensable, por ejemplo, para tomar los alimentos, que mi esposa o la empleada me traían en una bandeja. Traté de adoptarla también para mirar la televisión, pero ello me granjeaba dolores musculares y pronto desistí de hacerlo. Cuando pedí a Aitana traerme algún libro de mi biblioteca, caí en la cuenta de que mis manos carecían de la fuerza necesaria para sostenerlo y leer, así se tratara del tomo más liviano. Las necesidades orgánicas debía calmarlas en un pato idéntico al del hospital, y era mi esposa quien, con una abnegación que me confieso incapaz de prodigar a nadie, me aseaba después de cada defecación, protegiéndose en buena hora con un tapaboca similar al de los médicos. Por igual me bañaba todas las mañanas, enjabonándome y secándome ella misma mientras yacía yo en el lecho como un odre vacío. Creo haber proporcionado ya una idea bastante completa del amor que le profesaba, pero debo agregar que éste, durante aquel período, creció en forma tan descomunal, al constatar de qué modo el suyo se extendía hasta el sacrificio mismo, que llegaba a sentirlo como una desgarradura en el espíritu. Médicos y enfermeras no ya del San Patricio, sino de la «promotora de salud» a la cual me hallaba afiliado, acudían cada dos días para mudar de vendajes la herida aún abierta de la cirugía, inyectarme misteriosas medicinas y hacerme masajes eléctricos en la zona de los pulmones, empecinados al parecer en prolongar su débil condición. Por igual, un fisioterapista me alentaba a realizar determinados movimientos con brazos y miembros inferiores, a fin de devolver a mis músculos las funciones perdidas. Tales ejercicios resultaban sin remedio dolorosos. Entonces, cuando aún no transcurría una semana desde mi regreso, comencé a sentir punzadas intermitentes y agudísimas en el vientre. No parecía existir forma de aliviarlas, pues el empleo de analgésicos me devolvería al colapso renal. Las punzadas aparecían ante todo en la noche, una vez había consumido mi parva cena. Era como si, en el mundo inferior, me hubieran atado a la rueda de Ixión.

El médico que dirigía mis curaciones periódicas opinó que aquellas contracciones tenían su origen en una inflamación del colon, la cual motivaba un movimiento peristáltico capaz de provocar espasmos en el segmento inferior izquierdo del abdomen. En suma, me había sobrevenido una diverticulitis, para combatir la cual se me aplicaban (ya desde el hospital) los medicamentos apropiados. Debería llenarme por algún tiempo de paciencia y de aguante, antes de sentirme libre del dolor. Pero se trataba, le encarecí, de un dolor escandaloso. Insistió en que apelar a analgésicos constituiría una condena quizá fatal a mis riñones. Recomendaba únicamente el acetaminofén, que ningún efecto parecía obrar en mí. El asunto sólo se zanjó gracias a una visita de cortesía del doctor Asencio, que vino a verme acompañado por su esposa. Lo sorprendió que aquel médico —tan parecido en sus funciones a los abogados de oficio— ignorase que existían analgésicos no dañinos para el sistema renal. Se trataba de los llamados opioides, entre los cuales figuraba la morfina, pero también algunos menos teatrales. En los días subsecuentes seguí aquel consejo y, en efecto, los dolores se amortiguaron al principio y luego fueron cediendo en forma acelerada. Ignorante era yo, no obstante, de los efectos secundarios que los opioides podían desatar. Uno de ellos no tardaría en hacer aparición.

Desde mis primeros días en casa, mis visitantes fueron aun más numerosos que en el hospital. John Aristízábal compareció en compañía de Nicolás Sarmiento y me entretuve hablando largo con ellos sobre temas literarios, en los cuales caía ahora en la cuenta de no haber vuelto a ocuparme desde la hospitalización. Comentamos algunos libros por mí leídos antes de enfermarme y también una obra de teatro de Rubio-Salazar, que había obtenido un premio en San Sebastián —pese a su enfermedad, el escritor se había arriesgado a viajar con Glenda para recibirlo— y acababa de ser publicado por una institución bancaria española. A causa de la indefensión de su organismo, el novelista había sufrido, en medio del invierno vascongado, una gripa colosal que lo obligó a permanecer recluido en su hotel más de una semana. Me daba vueltas en el magín la fortaleza de mi amigo, idóneo a pesar de su grave mal para trasponer el océano, mientras a mí los quebrantos me impedían incluso ir al cuarto de baño. De pronto, Aristizábal dio un giro a la conversación para exteriorizar, en un tono quedo de voz que no cuadraba con su vigor habitual, ciertas obsesiones recelosas que habían hecho como súbita irrupción en su psique, a partir de una pesadilla en que creyó verse atenazado por el espectro de la muerte. A resultas de aquel íncubo, sentía como si Átropos avanzara hacia él esgrimiendo sus temibles tijeras. Quise ponerle de presente, en vista de esta actitud inopinada en joven tan a menudo vitalista y lleno de optimismo, de qué modo, por ejemplo, en la pintura romántica el impulso por plasmar el autorretrato podía derivarse de una tensión psicológica insufrible —en la cual el artista maldecía la inevitable escisión que habría de experimentar su ser—, así como también erigirse en mera protesta por las cargas ominosas que la sociedad le imponía. Acaso su aparente pánico respondiera tan sólo a la conciencia de tal servidumbre social, que por lo demás todos padecíamos. Denegó con un cabeceo triste. En su sueño, aquello que lo oprimía no daba trazas de ser humano: la Moira tendía sobre él su cendal de apretada negrura, mientras su faz descarnada le dirigía muecas de sarcasmo y de irrevocabilidad. En momentos en que esto murmuraba, creí maliciar en el rostro de Nicolás Sarmiento un rictus contenido de risa, algo como si lo llenara de una satisfacción mezquina el espanto que turbaba a su compañero y se sintiera en cambio inexpugnable en el sólido bastión de su lozanía desbordante.

También Helena Jáuregui acudió muy pronto. Era la segunda vez que se sometía a tener que casi empotrar en el angosto elevador de mi torre su enjundia alarmante, y eso se lo agradecí en lo íntimo. Hubo que traer un butacón de la sala para lograr acomodarla junto a mi lecho. Venía acompañada —sola no hubiera sabido movilizarse— por un muchacho flacucho, de muy baja estatura, casi tenue en sus modales humildes, que era al parecer otro logoteta y emborronador, además, de cuartillas poéticas, según se creyó obligada a informar la becaria. Se llamaba Simón Barraza y procedía de la zona menos montañosa del Quindío, las riberas onduladas del río La Vieja. Sus padres habían prosperado sembrando palma de cera en el Valle del Cocora y por ello podían costearle las dispendiosas matrículas de la Filotécnica. Nos traía Helena dos noticias conmovedoras: la una triste, la otra reanimante. Desde su llegada, advertimos Aitana y yo que llevaba una cura de esparadrapo color piel en una de sus sienes. No fue menester una inquisición para que revelase haber sido agredida por su madre, debido a la antipatía cobrada por ésta a «Mosquetero». Desesperaba la estudiante por hacer entender al universo que el *setter* era un can angélico, pero a su madre le había entrado la chifladura de ver en él un cancerbero, por aquéllos que consideraba sus «modales inciviles».

—Pedir civilidad a un perro —alegaba la becaria— es como exigir educación o cortesía a un futbolista argentino. Yo, por supuesto, he educado a «Mosquetero» del mejor modo imaginable, pero hay que aceptar el hecho de predominar en los animales el instinto. La verdad, en una palabra, es que mi madre lo golpea y él toma venganza orinando en la sala.

—Cuando vivíamos en Nairobi —ilustró Aitana— teníamos un perro labrador, que una vez trató de morderme cuando trataba de bañarlo. Le propiné un buen moquete y su venganza consistió en algo más que orinar, y en nuestra cama nada menos.

Aquí la becaria, que desde su arribo había exhibido una expresión lánguida entre sus mofletes, esbozó una sonrisa muy leve. Barraza la observaba con una especie de recogimiento, como si fuese la reverenda madre superiora de su comunidad logotética o como un pobre guiñapo genealógico ante la matriarca de *The Big Valley*. Y, de improviso, una lucecilla parpadeó en mi entendimiento: ¡aquel poeta impalpable, casi microscópico, estaba enamorado de la repolluda! Tal conclusión me inundó de un sentimiento entre tierno y compasivo, al constatar cómo puede la flor indisciplinada del amor abrirse en medio de paisajes difíciles y serranos.

La segunda noticia se relacionaba con el retrato que un viejo pintor, rodeado otrora de cierto prestigio, hacía por esos días de la becaria. Ese anciano caballero, desdeñado desde haría unos veinte años por los exponentes más energúmenos de la novísima crítica, había merecido algunos galardones en su juventud —cuando ensayaba correrías hechizadas por un surrealismo de afiladas figuras al estilo Giacometti— y, a partir de sus años maduros, se había concentrado en el retrato, siempre con el fin de obtener una suerte de grafía psicológica a través de la estilización del modelo. Sorprendía, por supuesto, que un cultor de las delgadeces como Seferino Martínez quisiera representar a alguien que mejor hubiese posado para Fernando Botero. Pero tales son, me dije, las paradojas del mundo, y me prometí, tan pronto pudiese —si es que podía— abandonar el vasallaje al lecho, curiosear por el taller de ese antiguo contertulio por develar el misterio de aquella improcedencia artística. Helena, según me reveló, posaba para el retrato hacía ya varias semanas y a las sesiones la acompañaba siempre el logoteta minúsculo, que seguía embebido en su contemplación como si hallara en ella la exuberancia sensual y los repertorios de curvas, no de una Helena Jáuregui panzona y prosaica, sino de toda una Elena Fourment.

En aquellas jornadas acerbas recibí otras visitas, muchas de ellas honrosas. La de un escritor irlandés, verbigracia, cuya indudable bondad de corte humanístico no lo eximía de una aproximación apasionada al ideario marxista, que lo había conducido a escribir biografías apologéticas de algunos cabecillas guerrilleros. También la de ese poeta a quien Armando García deseaba que destronara yo mediante una acusación de plagio. Con este último —opuesto a que la poesía contemporánea preservara algunos rigores clásicos— discutí un poco, más que todo por defender la obra, de corte harto clasicista, del peruano Carlos Germán Belli, sustentador de una musicalidad fundada en irrenunciables procedimientos métricos. No sólo escritores, sino también críticos, periodistas, editores y directores de revistas literarias, amén de uno que otro político (asombrosamente, los hay que adoran las letras), desfilaron por mi habitación, donde impedía a macha martillo que Aitana dejase entrar la luz del sol, pues ésta se me había transformado en algo siniestro: me recordaba ese retal de cielo que divisaba por la ventana de mi alojamiento hospitalario y que solía incubar en mí un inexplicable sentimiento de melancolía. En uno de esos días, desperté de una siesta intranquila y hallé ante mí a Carmenza Beltrán y, desde luego, a su ahora inseparable Richard Nessler.

Me llamó la atención algo así como una juventud retoñada, una primavera extemporánea en el continente de mi amiga de años. «Sin duda —me dije—, el amancebamiento con este teutón la ha hecho reflorecer como merced a una de esas llamadas "podas naturales", que sin embargo exponen a las plantas al enervamiento y a la putrefacción». De inmediato, traté de borrar esa idea, surgida a punto fijo de la desazón que me inspiraba verla en compañía de alguien con manifiestas propensiones eurocéntricas y racistas. Y, en efecto, Nessler tampoco pudo evitar esta vez mostrarse en su natural nada soterrado. Insistió en apoyar la invasión de Irak por los Estados Unidos, a despecho del caos de violencia intertribal y terrorista (a esas sectas musulmanas prefiero nombrarlas *tribus*) en que había sumido a un territorio que albergó antaño civilizaciones tan caras a la humanidad como la babilonia y la asiria. En esto el alemán no convenía, pues para él la sola civilización surgida a lo largo de los siglos había sido la llamada «occidental». Según su talante antojadizo, tan asimilable a la fantochada, las dinastías de Ur y el código de Hammurabí representaban sólo dislates brotados de la fantasía de los arqueólogos para consolar a los salvajes habitantes del Oriente Medio de su esterilidad histórica.

—Es —dijo— como cuando hablan de pretendidas culturas incas o mayas. Todo eso es invención pura. De haber existido esas civilizaciones no emparentadas con Occidente, los nativos del tercer mundo no se expondrían ahora como las razas inferiores que son en realidad.

—Si eso fuera cierto —demandé—, ¿bastaría para justificar las vejaciones infligidas a los iraquíes en la cárcel de Abu Ghraib?

—No lo dude —replicó, mirándome fija e intensamente.

Previendo de seguro una reacción violenta de mi parte, Carmenza reconvino con algunas frases azucaradas a su camarada de yunta. Éste reaccionó únicamente aduciendo lo que era, según él, incapacidad creadora de los pueblos anteriores al auge de Europa. Aitana, que había permanecido en mutismo, preguntó si las pirámides, la Esfinge y, en general, la arquitectura egipcia de la antigüedad no merecían a Nessler reconocimiento alguno. El hombre, en réplica que parecería increíble a quien no la hubiese escuchado, argumentó que, a su ver, tales monumentos no habían sido construidos jamás por «africanos ignaros», sino por gente blanca desplazada desde Europa. Mi esposa inquirió si también la ciudad maya de Tulum o el centro cere-

monial de Tikal o la Escalera de los Jeroglíficos en Mota-
gua o las acrópolis de Usumacinta habían sido construidas
por blancos desplazados. Haciendo un gesto repulsivo, el
teutón preguntó —luego de aventurar que podían haber
sido fábrica de navegantes vikingos— si no nos parecían,
pues, sabias e irrefutables las leyes de la eugenesia publica-
das por Francis Galton —primo, por cierto, de Darwin—
y relativas al «genio de las razas nórdicas» frente a la «incompetencia intelectual» de las que habitaban los países mediterráneos, la Europa oriental, África, Asia y América latina,
y que habían dado lugar en los Estados Unidos a la Ley
Johnson, que prohibía la inmigración de «seres inferiores»
para que no contaminaran así al «americano puro». Creo
que fue la Providencia la que, a esta altura de la conversación, aumentó en mí los espasmos abdominales y me aportó un pretexto para, sin apelar a la brusquedad, pedir al nazi
y a Carmenza que me dejasen solo. Aitana, sin embargo, según pude en forma borrosa percibir, lanzó algunas invecti-
vas a Nessler antes que ganaran la puerta y marchasen —abo-
chornada mi paisana, según luego me indicó mi esposa—
hacia el elevador.

Las sesiones de ejercicios con el fisioterapista parecían, entretanto, surtir algunos efectos. Podía ya incorporarme en el lecho, aunque las piernas toleraban apenas unos
dos o tres pasos antes de periclitar y obligarme a volver al
decúbito supino. Una mañana, acababan de irse las personas que me renovaban los vendajes, velaban por mitigarme
las incomodidades de la escara y me sometían a masajes eléctricos, cuando al intentar la posición sedente vi de improviso el cuarto girar como un tiovivo beodo en torno a mí.
Llamé a gritos a Aitana y logré que trajera una jofaina de
plástico escasamente a tiempo para que volcara el vómito
efusivo que lanzaba mi estómago. Eran los efectos secundarios de los opioides, que a partir de ese día suprimí, entre

otras cosas porque el último espasmo de mi vientre había sido el que sobrevino, unos días antes, en presencia de Nessler y de Carmenza. Habría transcurrido una semana cuando el fisioterapista, en vista de que conseguía hacerme andar unos diez pasos, recomendó el uso de un caminador, que sin falta, según afirmó, restablecería en mí la confianza, cuya pérdida parecía ser lo único que me impedía ahora la posición erecta y la marcha normal. Consignaré aquí que era tal mi deseo de poder echarme a andar por mi cuenta, que varias noches soñé que el fisioterapista pulsaba el timbre de mi apartamento y resultaba siendo yo, ágil como un cervatillo, quien acudía a abrir. El hombre me dirigía entonces un gesto maravillado, cual si acabase de presenciar el ostento de una «obra de Corpus Christi».

Ya para entonces había efectuado, en una ambulancia y una vez allí en una silla ortopédica, visitas al Centro Clínico de mi «promotora de salud», donde un cirujano cubano, harto simpático, revisó el expediente de mis días en el San Patricio y, tras opinar que me había preservado vivo «gracias a un milagro», indicó que sería necesario dar tiempo a mi pleno restablecimiento, para entonces pensar en la cirugía que debería erradicar la porción tumoral subsistente en el intestino. La segunda vez lo visité andando ya con la ayuda del caminador. Mi recuperación parecía avanzar, pero ahora que conseguía por mis propios medios asomarme al espejo del tocador de Aitana, me causaba espanto el aspecto sepulcral ofrecido por mis carrillos hundidos, mis pómulos agigantados, las ennegrecidas cuencas de mis ojos, mis brazos consumidos y mi tez grisácea y laxa. Era mi humanidad como una descaecida y desdibujada silueta de *El sueño de Gerontio*: un ánima en pena o, mejor, un trasunto mortecino, oscurecido como una figura de plata frotada con azufre.

Lograba ya instalarme a escuchar música en un sillón de la sala —donde obsesivamente contemplaba el delfín de murano que una vez creí obsequiado a la enfermera recepcionista por esa irrealidad arrogante que usurpaba la imagen de mi cónyuge—, cuando una noche, a eso de las siete, Aitana se quejó de un dolor agudo en el pecho. Localizado por teléfono, el doctor Asencio ofreció una opinión vaga, relacionada con problemas estomacales, y prescribió algunos medicamentos que a ella no la convencieron. Al día siguiente, más o menos a la misma hora, el dolor era tan intolerable que mi esposa, desesperada, me dijo que se proponía tomar un taxi y en él encaminarse, sin compañía alguna, hacia el Centro Clínico. Consideré riesgoso que se fuera sola —a mí, que aún debía servirme del caminador, no me resultaba ni con mucho hacedero acompañarla—, así que llamé aprisa a mi hijo Gustavo, a fin de que la transportara en su automóvil. Vivía él a buena distancia de nosotros, razón por la cual Aitana, casi doblegada, decidió no esperar sino lanzarse al arroyo en pos del primer taxi que compareciera. Por fortuna, un vecino que, en ese instante, abandonaba su apartamento se ofreció cortésmente a auxiliarla e incluso a sostenerla de un brazo. Los vi llegar a la calle desde el ventanal de la sala y suspiré aliviado cuando comprobé que Gustavo arribaba y la hacía subir a su vehículo. Aún memoro con aflicción la imagen de mi damita mientras, cubierta con un sumario abrigo, introducía en la parte trasera su cuerpo dolorido pero siempre elástico, ése que había idolatrado, que aún idolatraba y que habré de idolatrar, hasta la consumación de los tiempos, por encima de cualquier otra presencia real o ideal del universo inmensurable.

María Jimena se ofreció a quedarse conmigo, pues era palmario que no me hallaba en condiciones de permanecer en soledad. Mientras esperábamos noticias —también Fabián, a quien habíamos telefoneado, se dirigía hacia el dispensario—, nos dimos a escuchar música y a leer poesía en alta voz. No acostumbro recitar mis poemas a nadie, salvo en auditorios donde quien los escuche será porque así lo quiere; pero aquella noche estimé posible que su lectura interesara a mi nuera y nos proporcionara un poco de serenidad. Ocurrió de ese modo y diré sin jactancia que, por un lapso relativamente largo, María Jimena dio indicios de disfrutar la improvisada sesión, pese a la zozobra en que la salud de Aitana nos mantenía. Aún recuerdo cómo la *Pequeña suite* de Adolfo Mejía parecía balancearnos en un oleaje rítmico, mientras modulaba yo poemas de mi propia factura cuya existencia había olvidado —como pintorescamente lo comuniqué a ella— desde los tiempos del rey Perico. Pero no olvido tampoco la atmósfera entre fosca y sobrenatural de aquella noche de comienzos de mayo, que a través del ventanal de la sala intentaba arparnos con uñas de tarasca. El viento mugía antes de golpear los vidrios y, en el cielo cuadriforme que divisábamos desde nuestros asientos, agonizaba un pedazo fantasmal de luna, que simulaba brotar del pretérito. La bombilla eléctrica, como en consonancia con aquella fantasmada de los elementos, empalidecía y parpadeaba. Por último, cuando sonó el teléfono, supimos con un sacudimiento, manifiesto en mí como un frío que me trepanara las entrañas, que Aitana había sufrido infarto del miocardio y que, según el electrocardiograma, no era el primero: el otro había sobrevenido unos diez días atrás, sin que ella lo advirtiera. Nuestros hijos la conducían ahora a la Clínica Shaio, donde iba a ser internada de urgencia.

XIX

Lentos como una línea de aceite rodando por una superficie desigual transcurrieron los días que siguieron a aquel internamiento, en los cuales a Aitana, ante todo, le fueron practicados dos cateterismos, a fin de realizar una angioplastia coronaria. Se trataba de desatascar por completo su sistema circulatorio, lo cual se logró con éxito. Cavilaba yo, entretanto, en el hecho de haber sido aquel traslado al Centro Clínico y después a la Clínica Shaio la primera vez que mi esposa abandonaba en más de dos meses nuestra vivienda, donde se consagraba a procurarme cuidados desde el día en que se me dio de alta en el San Patricio. Supongo que esta sola circunstancia bastaría para valorar en su medida justa el sacrificio a que, sin una protesta, acaso sin darse cuenta ella misma, se había sometido en aras de ese amor que, en mis delirios morbosos, había creído yo extinguido como si fuese tan sólo un fuego material y no la hoguera espiritual en nosotros alzada desde el día en que nos vimos la primera vez. Y ahora, cuando empezaba a reponerme y a ensayar movimientos más libres gracias al caminador, caía ella vulnerada por la hilandera que hila el hilo de la vida, como si la única recompensa a su abnegación tuviese que ser este verdugazo brutal que, además, a mí me golpeaba peor que mis propios males. Aitana era la razón de mi vida y poco me importaba recibir cuantos golpes el destino quisiera depararme, siempre y cuando ella permaneciera intocada y, aún más, agasajada por las fuerzas rectoras.

Alguien me dijo alguna vez que aquél a quien Dios aflige tiene a Dios consigo. Me parece que lo oí de labios de un sacerdote que hablaba desde el púlpito, en los tiempos en que iba aún a misa, vale decir, en mi infancia. Tales palabras me dieron vueltas en la imaginación durante la semana o semana y pico que Aitana demoró hospitalizada. Y confieso que poco sentido les hallaba. Esas pruebas a que, como a Job, sometía Dios a sus criaturas, ¿tendían en verdad a algún fin edificante? ¿Cuál? Pero, lejos de desbarrancarme por el precipicio que veía abrirse ante mi entendimiento, me detuve a la postre reflexionando cómo, al dejarme envolver en ese vértigo, terminaría por no encontrar sentido a la vida misma, si se pensaba que la aflicción era connatural con ella y que a su término, como meta de todos y cada uno de los seres humanos, estaba sólo la muerte. Este razonamiento parecía conducir sin trámites a la visión de la vida como un aprendizaje y, por consiguiente, a la necesidad de la trascendencia, entendida como la pervivencia post-mortem. Se aprende para luego ejercitar lo aprendido y, si bien a lo largo de la senda logramos poner en práctica una parte de esas destrezas, adquiridas casi siempre a través del sufrimiento, la mayoría de ellas quedaría sobrando si todo concluyera en manos de Thánatos. El sufrimiento era, pues, algo esencial, indispensable e inseparable de la vida. La conclusión, por supuesto, me acudió una vez me hube cerciorado de que Aitana se encontraba fuera de peligro. Pienso que esa tranquilidad actuó en mi discernimiento, pues ya habría ocasión en el futuro próximo de renovar mis dudas sobre la manipulación divina de nuestro tránsito terrenal.

Incapacitado como me sabía para visitarla en la clínica, debí atenerme durante todos esos días a las informaciones traídas por mis hijos y a las que podía allegar hablando a Aitana por teléfono. Fabián y Gustavo me relataron cómo el médico que practicó los cateterismos, hallándose ellos de visita, irrumpió en la habitación y preguntó a mi esposa cuándo había fumado su último cigarrillo. Respondió que mientras iba en camino a la Shaio. El doctor le advirtió que debía tomar conciencia de haber sido aquél en realidad el último, el definitivamente postrero, ya que cualquier reincidencia en el tabaquismo la tendría allí de vuelta en menos de seis meses, y ello en el caso de que consiguiera llegar con vida. A la sazón, yo había debido dejar el cigarrillo, por obvias razones, durante todo el tiempo de mi reclusión en el San Patricio. Tal contención seguí adoptándola al volver a casa, debido sobre todo a la vigilancia impuesta a mis hábitos por mis preocupados hijos. No obstante, una semana antes de conocer los episodios cardíacos sufridos por mi esposa, la ansiedad me persuadió de desafiar la prohibición y retornar al vicio. Al conocer la orden médica impartida a Aitana, medité sin embargo en la necesidad de abolir otra vez la maldita rutina fumívora, así tuviera que sacar fuerzas del vacío. Una tarde, al volver mis hijos de la clínica, María Jimena me enteró de la escena protagonizada por mi damita en la institución cardiológica. Habían salido las dos al pasillo, porque sí y sin permiso de nadie, y Aitana le pidió prestarle su bolso. Un tanto desconcertada, mi nuera —fumadora asimismo, pero moderada— se lo alargó. Aitana extrajo la siempre seductora y fementida e imanante cajetilla, ésa que parecía reclamarla como un cebo de anzuelo, así como también el encendedor, y llevó a la boca y prendió un cigarrillo. Como varios conserjes acudieron a recordarle que estaba prohibido fumar en el interior del edificio, mi damita, ni corta ni perezosa, bajó las escaleras hacia la planta baja y, a despecho de las protestas de los empleados, salió a la calle y en ella permaneció —desafiando la temperatura con la ropa ligera que llevaba— hasta agotar el airoso pitillo. María Jimena tuvo que afinar sus recursos de diplomacia casera para convencer a los conserjes de no elevar un informe ante la dirección.

La noticia me llenó de preocupación, pues bien conocía lo arduo que iba a ser persuadir a mi esposa de lo imperioso de la orden médica. Y, en efecto, no bien estuvo de vuelta en casa, apenas hubo traspuesto la puerta principal, Aitana exigió no uno, sino todo un paquete de cigarrillos de la reserva que guardábamos en la cocina. Lo encendió y afirmó en tono concluyente no encontrarse en disposición de abandonar un hábito adquirido desde la pubertad. De nada valieron nuestros encarecimientos y súplicas. Entonces caí en la cuenta de cómo, al intentar que alguien deje de fumar, todos apelan siempre a frases altisonantes o amedrentadoras y no, en cambio, a la ternura. Me propuse desde ese instante emplear con ella procedimientos diferentes de la admonición y del regaño. Para ello, claro está, parecía conveniente fijar una fecha y una hora en que ambos, para bien mutuo y asimismo para probar la firmeza de nuestra voluntad, según le diría con el fin perfectamente diagonal de acicatear su amor propio, dejaríamos de fumar. Ello expresado, me prometí, del modo más suasorio y dulce que cupiera adoptar, echando mano si era necesario de algún artificio sofístico, como lo hice en efecto. Días enteros pasé fraguando la clase de treta de la cual habría de valerme. Aitana, entre sus cualidades (que en este caso obraba como un defecto), poseía la de no dejarse engatusar con facilidad. En ciertas situaciones, podía llegar a ser más suspicaz que una ardilla. Le permití, pues, que arrojara humo todo lo que quisiera, en tanto yo seguía haciéndolo por igual pero me pertrechaba con amorosa paciencia para dar un buen golpe en bola.

Por esos días acudimos al Centro Clínico con el objeto de entrevistarnos con el cirujano cubano que habría de segmentar mi intestino para extraer la parte faltante del tumor. Haría uno o dos días había resuelto prescindir del caminador, pues aunque aún me resultaba casi imposible su-

bir sin ayuda peldaños e incluso aceras, en tanto el terreno
fuese plano lograba ya desplazarme con cierto equilibrio.
El simpático especialista, cuyo acento poseía esa cadencia
acariciadora propia del Caribe, nos reveló que había convocado una junta de cirujanos en el seno de la «promotora
de salud» y que, en ella, el jefe de cirugía de la institución
—profesional de reconocida prestancia en la ciudad—, al
examinar mi historial clínico, había creído encontrar en él
inconsistencias escandalosas. Pensaba, en suma, que había
sido yo víctima de un diagnóstico erróneo y que los directi-
vos del San Patricio intentaban disfrazar esa circunstancia
mediante la fábula de un tumor que jamás había existido.
Tal impresión obligaba a abrir un proceso investigativo, cuyos resultados sería preciso aguardar para tomar una determinación final acerca de mi cirugía. Aitana, al hilo de estas
novedades, me franqueó el conocimiento de algo que, de algún modo, había intuido yo, no sé por qué, de un tiempo
a esa parte: Nicolás Sarmiento, desde el instante en que se
adoptó la decisión de operarme, había insistido en que se trataba de un diagnóstico equivocado y en que aquella cirugía resultaba de todo punto innecesaria. Me parece que, de
algún modo, pese al estado de choque en el cual me hallaba sumergido, logré percibir con quién sabe qué ante-
nas mentales dicha actitud, y que fue tal apercibimiento
el que incubó, en mis delirios, la idea de que Sarmiento se
oponía a mi reclusión en una clínica de orates.

El paréntesis abierto por la investigación me permitió, felizmente, amartillar en mi cerebro la treta de la cual
habría de valerme para lograr que Aitana dejase el tabaco.
Con la complicidad de María Jimena, hice creer a mi esposa que habíamos tenido noticia de cierto medicamento
«alternativo» capaz de suprimir el remanente tumoral, si es
que en realidad existía. Mi nuera se hizo, en una farmacia
homeopática, con un frasco de placebos totalmente ano-

dinos, el cual hicimos creer a Aitana que encerraba la solución para mi dolencia. Sólo que —le dijimos— su ingestión imponía por mi parte el abandono inmediato del cigarrillo. Dejé, pues, de fumar (sin trampas: lo hice de un modo sincero y total), y una noche, mientras al término de la cena paladeábamos el postre, imploré a mi damita auxiliarme en aquel trance aciago de abstinencia. Si no dejaba también de fumar, le aseguré, no conseguiría yo —excitado por el aroma de sus cigarrillos— perseverar en mi cuaresma forzosa. Al rompe, vi asomarse a sus ojos un sentimiento de solidaridad profunda, unido a algo así como una compunción por no haber ella misma comprendido la necesidad de tal sacrificio. Respondió que aquél que en ese instante consumía sería su postrer pitillo. Lo prometió con la llaneza en los ojos oscuros, pero llenos de reflejos dorados, que tanto amor me habían dispensado a lo largo de cuarenta años.

En los días que siguieron, sin embargo, pude advertir en forma continua, como si se verificara dentro de mí, la batalla librada por Aitana a fin de cumplir aquella promesa agobiante. A mí, sorprendentemente, el abandono del hábito no me había acarreado sufrimiento alguno: del mismo modo como mi esposa adoptaba por mí la privación sin duda atormentadora, lo hacía yo por ella —los roles se habían intercambiado, en una especie de prestidigitación o de escamoteo tramposo—, y era en mi fuero tal vez razón suficiente para no sentirla martirizante. Mas a ella la vi cierta mañana, de vuelta ambos en la tertulia habitual, dispararse de improviso hacia la barra, pedir un cigarrillo, encenderlo en un visaje y chuparlo tres veces no más, para luego aplastarlo en un cenicero. Me dijo que precisaba ese paliativo momentáneo. ¿Qué podía hacer yo sino comprender? El tabaco era para ella algo así como un suicidio parsimonioso pero ineluctable; sin embargo, me preguntaba, ¿qué descompensación no podría estar gestando en su organismo aquel súbito abandono de algo a lo cual se había habituado una vida entera? Había conocido, en años pasados, individuos en quienes aquella terapia de renuncia al cigarrillo resultó peor que la enfermedad: los asesinó en cuestión de meses. Se me antojaba que podía constituirse en algo análogo al caso del hombre herido con una puñalada que, si le sacan el arma del cuerpo, se muere; si se la dejan, lo matan. Creo poseer alguna defensa anímica que me permite conservar la calma ante dilemas como éste, en que está en juego la vida de un ser amado. Pero me refiero únicamente a la calma en actitudes y ademanes exteriores. Por dentro, suelo arder de angustia como un hachón de esparto y alquitrán que resiste el viento sin apagarse. A guisa de consuelo me dije, pues, que si al menos moderaba su ración de humo, Aitana podría —gracias a su fortaleza íntima— superar el feble estado de su corazón y de sus pulmones.

La reincorporación a la tertulia me aportaba, entretanto, una sensación bastante enclenque de normalidad. Lo cierto es que, por ejemplo, cada vez que topaba mi vista con una edificación de ladrillo rojo, inundaba mi mente el temor abrasivo de que pudiera tratarse de la clínica de mis delirios, y me llenaba de pánico pensar, sobre todo si poseía algún tipo de claraboya o de vano redondo, que en cualquier momento avistaría el símbolo siniestro. Asimismo, ciertos colores capaces de evocar los fucsias y verdes de mi desvarío, me colmaban de una ansiedad arrolladora. Ello me sumía en depresiones harto esterilizantes que, a veces, sentía el impulso de exteriorizar por no seguirme consumiendo en silencio. Pero noté que Aitana no sólo se angustiaba, sino que por sus mejillas corrían lágrimas sigilosas cuando la ponía al corriente. Por lo menos en dos ocasiones, el solo recuerdo de mis días de expiación en el San Patricio había desatado en ella un llanto espasmódico y prolongado, que me llenaba de temor, pues no era vano pensar que pudiera dañarla. Entretanto, Nicolás Sarmiento me había pormenorizado, en ausencia de ella, los crudos accesos de llanto y temblores que la acometían durante las fechas más críticas de mi enfermedad. En uno de ellos, se quedó viendo con fijeza el cielo raso del apartamento y declaró, ante el silencio harto reverencial y pusilánime de quienes allí se hallaban, que mi muerte no podía sobrevenir, pese a los anuncios fatalistas de los médicos, pues poco antes de la hospitalización, cuando aún no habían aparecido los cólicos, yo le había prometido un nuevo libro que iría dedicado a ella. Juro no recordar el haber hecho esa promesa y pienso que la falsa memoria se manifestó en su psique como una forma de conjurar lo que parecía inexorable, es decir, mi fallecimiento. Pero no ocultaré que, por razón de aquella declaración, decidí emprender el presente libro, ya que cualquier actividad de su mente —así se tratara apenas, como en este caso, de una simple escaramuza brotada de la desesperación— inspiró siempre en mí la devoción más clara, y el solo hecho de que creyera haber recibido de labios míos esa promesa, me obliga tanto como si en verdad la hubiera hecho.

Uno de aquellos días se reintegró también a la tertulia John Aristizábal, que había pasado una semana en Buenos Aires por invitación de una revista literaria echada a volar en forma reciente por jóvenes narradores. Venía esplendente de felicidad, pues en la capital porteña había trabado relación con una estudiante gringa de literatura, en quien creía encontrar su compañera perfecta o, según dijo, la «horma de su zapato». Se llamaba Mary Jo y, al conocerla, había vuelto a su memoria lo que alguna vez le conté sobre la noche en que vi por primera vez a Aitana. Así como yo palidecí y quedé capturado para siempre por la que habría de ser mi esposa, él experimentó una sensación incontrastable de haber topado a su «alma gemela». Esto a Aitana y a mí nos colmó de alegría, pues parecía presentarse como la contrabalanza ideal de las aparentes jaquecas y de las pesadillas luctuosas que venía padeciendo en los últimos tiempos. El joven lleno de presentimientos sombríos exultaba, en cambio, al detallarnos las virtudes que había sorprendido en Mary Jo, quien se aprestaba a visitarlo en Bogotá —luego de una permanencia en Chile y el Brasil— en el próximo diciembre. Para entonces, proyectaba desde ya llevarla a la feria anual, con tauromaquia y otro cúmulo de festejos, que suele celebrarse por esas fechas en Cali. Helena Jáuregui, que había llegado con su gnomo logotético, el exiguo y menudo Simón Barraza —su sombra de unos días a esta parte—, proclamó de repente, ante la revelación, su convencimiento de que el amor era el más fecundo intercambio de fantasías existente en la Creación, y aun remató el aserto con un verso de Dante, creo que en la *Vita Nuova*: «*Amor e cor gentil sono una cosa*». Al sesgo miré a Aitana, por ver qué reacción le suscitaba efusión semejante. Sus ojos inteligentes me ratificaron lo que ya sabía: siendo el uno la antítesis de la otra, se amaban los cándidos logotetas en esa forma que Byron consideró «encantadora y temible».

Es lo cierto, sin embargo, que no las traía todas consigo aquel día la obesa becaria. Contemplada casi sin respiro por Barraza, tal como si se tratara de una imagen mística, nos reveló un pormenor que, según dijo, engendraba en ella una aguda preocupación. Se trataba del idilio emprendido por su madre con cierto orfebre empírico que, apoyado en su larga experiencia, regentaba la joyería para turistas de un hotel de cinco estrellas. A Helena, a lo que parecía, le causaban nerviosa desconfianza los comerciantes de joyas, «usualmente —según sus propias palabras— mezclados con traficantes de esmeraldas o de metales preciosos e, incluso, comprometidos en facturaciones turbias». Tratamos Aitana y yo de hacerle entender que se trataba sólo de un prejuicio suyo, bebido en quién sabe qué novelas o series de televisión, pues a lo largo de nuestra vida habíamos tenido contacto con joyeros íntegros e insobornables, que en más de una ocasión nos habían sacado de aprietos domésticos comprándonos en su justo valor algunas joyas heredadas de nuestros progenitores. El rostro de nuestra amiga no dejó traslucir alivio ninguno ante tal alegato. Claro que, lo sabía, no todos los plateros o aurífices pertenecían a la ralea que la preocupaba. Pero sí, y sin el menor vestigio de duda, este Rufino Borja que inquiría en todo momento acerca del valor de cada objeto en la casa que habitaban. Casa que, por cierto, su madre había heredado de un tío abuelo y cuya propiedad retenía para sí sola y muy bien podía, en un arrebato (porque en arrebatos se sustentaban casi siempre sus decisiones), trasladar a un galán a quien aventajaba en edad y cuyo interés en ella no podía ser sino hijo de la codicia. Resultó, pues, muy difícil argüir nada tranquilizador frente a este ecuánime o caprichoso pliego de cargos. Cuando nuestra amiga se hubo marchado, escoltada siempre por su elfo casi incorpóreo, no fuimos ni Aitana ni yo, sino los demás circunstantes quienes opinaron que, al parecer, la becaria gestaba de un tiempo a esa parte obsesiones paranoicas.

En inmediaciones como nos hallábamos de la Universidad Filotécnica, no fue raro que, al salir de la cafetería con rumbo a casa, nos tropezáramos con Eduardo Obeso, cuyo empaque ese día se antojaba más solemne y ampuloso que nunca. Se detuvo a saludarnos haciendo gala de una cortesía que deseaba ser obligante. Dijo haberse enterado de nuestros quebrantos de salud, pero no haber dispuesto de tiempo —dados sus deberes pedagógicos— para transmitirnos su viva preocupación. Aitana me miraba de soslayo como dándome a entender que me deshiciera cuanto antes de aquel pelmazo. Ello no fue posible, empero, pues el hombre afinaba hasta la exquisitez su hipocresía e insistía

en que almorzáramos los tres, sobreentendido que invitaba
él, en un restaurante de la calle diecinueve que teníamos ante las ñatas. Pasaré por muy poco avispado, pero habrá que
convenir en que, a ratos, cuando nos cogen cortos, no sabemos cómo desembarazarnos de un convidante que se esme-
ra en desplegar toda su industria y su maña para tejer en
torno nuestro una red de hilos tan finos como aquéllos del
tapiz de Aracne. Mi esposa lucía verde de la irritación, mientras Obeso extendía su mejor sonrisa y también sus brazos
en ademán de que entráramos al viejo local, donde servían
ciertos platillos típicos. Sin que pudiera yo hacer nada, nos
vimos ante una mesa cubierta por un mantel a cuadrícu-
las carmesíes, con un jarrón de flores artificiales y un ser-
villetero de plástico en su centro. El pomposo profesor,
cuando almorzaba solo, lo hacía en los mejores restaurantes; cuando invitaba, elegía siempre estos lugares autócto-
nos, baratos y mediocres. Esto lo sabíamos de tiempo atrás
y —la verdad— no era la primera vez que me dejaba yo inducir por la habilidad gestual del «poeta», el cual, antes que
el mesero pudiera alargarnos la carta, se apresuró a ordenar tres platos de fríjoles con chicharrones y arroz blanco,
sin condescender —se trataba del plato más económico—
a consultar nuestra aquiescencia. Aitana lo miró con encono reprimido y sugirió que almorzáramos nosotros; ella lo
haría una vez se aliviara de una pretextada indisposición gás-
trica. Fue así como ese mediodía debí compartir con Eduardo Obeso los fríjoles más ordinarios, insípidos e indigestos
que recuerde.

Como de costumbre, el «poeta» inició muy pronto
su habitual prédica política. Reconoció que había sido víctima de una añagaza «incalificable» del gobierno que, ha-
ciéndolos pasar por izquierdistas, había destacado espías entre sus alumnos, demostrando así una vez más la condición
represora del régimen y las «tácticas fascistas» que lo carac-

terizaban. Le demandé, sin apelar al tono polémico sino fingiendo una curiosidad pueril, si podía ser motejado de «fascista» un gobierno que garantizaba la más desaprensiva libertad de expresión, que había brotado de la voluntad popular y que convocaba de modo periódico los procesos electorales previstos en la Constitución y en los cuales no pocas veces salían triunfadores, para alcaldías, gobernaciones y cuerpos colegiados, sus enemigos políticos más acérrimos. La alcaldía de Bogotá, verbigracia, considerada la segunda posición más importante en el país, ¿no estaba ocupada por un conmilitón suyo en el ideario marxista? Repuso que tomar en cuenta tales circunstancias adolecía de ingenuidad y que era dar prioridad a las formas sobre los contenidos. Claro —dijo—, el régimen toleraba todo género de licencias a fin de simular una orientación democrática, pero bajo aquellos ropones palpitaba un fascismo quizás más pernicioso que el de Hitler o el de Mussolini. Inquirí en qué juzgaba él que estuviera manifestándose esa inclinación ultraderechista. Indagó si no era más que elocuente la infiltración de su grupo de «indómitos» y «anarcos» por los servicios secretos. Objeté que, de todos modos, las intenciones de esa célula eran abiertamente sediciosas. Me exigió reemplazar «sediciosas» por «revolucionarias» y preguntar a mi conciencia si reprimir cualquier ideología mediante maniobras de espionaje no constituía un «atentado contra la libertad de expresión». Opiné que lo reprimido en su caso no había sido precisamente una ideología, sino más bien una maquinación para estimular la insurrección armada y el terror. ¿No se proponía él alentar desórdenes callejeros totalmente inmotivados, sólo para hostilizar al Estado e instaurar la indisciplina social? Contestó que la indisciplina «era un deber de la izquierda indómita», a más de un «derecho sagrado». Me limité, pues, a inquirir si en algún régimen comunista, como el que él soñaba para nuestro país, ese derecho era objeto de respeto. Había empezado a responder que imaginar lo contrario era dar crédito a las «calumnias capitalistas», cuando lo interrumpió el mesero con el almuerzo.

Sólo se reanudó el debate (era lo que él perseguía con estas invitaciones) cuando hubimos saboreado las primeras cucharadas de aquel potaje nada apetitoso. Aitana se había limitado a pedir una taza de café negro y la consumía a sorbos pacientes, sin posibilidad de sazonarla con el anhelado condimento de un buen cigarrillo. Su silencio era, de resto, más facundo que un alarido. Obeso, dejando ir la vista por el ventanal que daba hacia la calle diecinueve, me preguntó casi a mansalva si no me parecía condenable en un poeta, como yo mismo me consideraba, «militar sin pudor en las filas de la derecha más recalcitrante».

—Nunca he sido ni de derechas ni de izquierdas, terminología brotada del siglo XIX por la ubicación de ciertas bancadas en la Asamblea Francesa —repuse—, y que para mí carece de sentido. Estuve de parte siempre de la justicia, ante todo de la «justicia social», de la tolerancia, de la libertad, pero por encima de esos conceptos lo estuve de la bondad que el ser humano pueda desarrollar en su espíritu. Me opongo a todo tipo de violencia y de coacción.

—¿Y no es eso ser de derecha? —interpeló Obeso—. ¿No lo es, a estas alturas, hablar todavía del «espíritu»? ¿No lo es oponerse arteramente, con meros jueguitos de palabras, a la necesaria «dictadura del proletariado»?

—No admito dictadura alguna —alegué—. Por lo demás, cada vez me inclino más a creer que tú no lograste jamás desembarazarte de la tutela del «padrecito» Stalin, cuya dictadura estuvo muy lejos de representar al proletariado soviético, sino estrictamente una voluntariedad individual, respaldada siempre por las balas y dagas asesinas.

—¿No lo ves? —interrogó con cinismo—. Puros argumentos fascistas, fundados en las fantasías del periodismo burgués. ¿O podrías tú probarme que Stalin haya cometido un solo asesinato?

—Jamás estuve en la extinta U.R.S.S. —argumenté—, de suerte que mal podría presentar esas «pruebas». Pero sé que durante el gobierno de Mijaíl Gorbachov fueron exhibidas las fosas comunes de las masacres estalinistas.

—Según los periodistas occidentales, que defienden los intereses capitalistas y burgueses —discrepó él.

—Según la prensa libre —afirmé—. Algo que jamás hubo bajo gobierno comunista alguno. Porque ustedes defienden aquí la «libertad de expresión», que se les da por lo demás a manos llenas, pues tienen periódicos y revistas propios y atacan al régimen con los denuestos menos comedidos. Pero al subir al poder, la suprimen de inmediato.

—No se necesita prensa libre —sentenció el catedrático— cuando se ha instaurado ya la «dictadura del proletariado». En ésta, es el pueblo quien gobierna y los periodistas deben limitarse a observar los lineamientos trazados por el Estado. Pero tú, claro, eres de ésos que hipócritamente se lamentan porque en un Estado comunista no se puede hacer literatura surrealista ni cadáveres exquisitos. Tampoco poemas pornográficos, como lo son algunos tuyos.

—Eróticos, dirás.

—Pornográficos. La exhibición de la dicha sexual es pornografía pura y jamás será tolerada por el socialismo científico.

—Ninguna expresión libre lo es —aseveré.

Un rato después, Obeso —campante hasta la saciedad por la cátedra que creía haber impartido— se despedía con melosas protestas de amistad. Aitana marchó a mi lado con la alteración y el disgusto en sus ojos a ratos conmovidos por angustias imprecisables, pero casi siempre templados. Una vez en el apartamento, activamos la grabación del contestador automático por revisar las llamadas que nos hubiesen sido hechas. En una de ellas, pudimos percibir sí, con bastante realce, la voz cascada de Armando García transmitiendo un mensaje que debía considerar turbador, pero no dilucidar sus palabras, que más semejaban un galimatías hermético. Nos sobresaltó, como puede cualquiera imaginarlo, la nueva irrupción del brujo negro en nuestro teléfono, pues desde mucho antes de mi enfermedad no había vuelto a importunarnos con sus recados amenazantes. A Aitana, a nuestros hijos y a mí nos costó, oyéndola una y otra vez, descifrar lo articulado por el enemigo en algo así como dos únicas palabras crípticas. Éstas parecían ser:

—*Olbaidleyos. Emnamet.*

A ellas sucedía una voluminosa risotada.

XX

No se crea que a la perspicacia de Aitana (siempre me asombró en ella esa cualidad, tras cuyos hallazgos me preguntaba con algo de despecho por qué no los había hecho yo primero); no se crea, digo, que a su finura mental se ocultó por mucho tiempo el sentido de las palabras crípticas del brujo. Con deslumbrante sencillez recordó cómo los demonólogos habían corrido hacía siglos el velo sobre la costumbre satánica de invertir el orden de las letras en las frases y vocablos. Supongo que tampoco al lector habrá resultado trabajoso captar que, leído al revés, el mensaje de Armando García rezaba: «Témanme. Soy el diablo». En lo superficial, pudiera pensarse que se trataba tan sólo de bravuconear comparándose con Ahrimán o con Belial o con Iblis o con Asmodeo o con cualquiera de las hipóstasis más o menos conocidas del Adversario. Pero no. Un mero alarde hubiera sido explicable en algún *amateur* de la brujería, no en alguien que, según mis referencias, ostentaba ya una genuina veteranía en las artes de colocar a su servicio los poderes inferiores. A no dudarlo, García quería hacernos entender que *él mismo era el diablo* o, lo que es igual, advertirnos que no acertaríamos si conjeturásemos hallarnos frente a un mero oficiante; debíamos tomar conciencia de vérnosla cara a cara con Luzbel: el ángel rebelde, el lucífugo. En otras palabras, que tampoco se trataba apenas de un pactante o de un poseído, sino que era él morada, habitáculo del Bajísimo, que acaso hubiera desplazado ya a su espíritu, o acaso compartiera con éste el calor de su envoltura humana y terrestre.

Lo discutimos Aitana y yo con nuestros hijos al socaire de una cena familiar en nuestro apartamento, con motivo de mi cumpleaños sexagésimo séptimo. Esta vez, Fabián vaciló un poco en sus convicciones y creo que se inclinó por lo menos a considerar la autenticidad del maleficio lanzado desde Cali. Se animó incluso a proponer una comunicación con el brujo, a fin de implorarle deshacerlo. Objeté que precisamente el mensaje prevenía sobre la inutilidad de tal gestión: Satanás no es susceptible de ser ablandado por medio humano ni divino. De todo punto de vista, era ése el punto axial de las palabras escritas a la inversa. Quien en ellas se manifestaba era no ya un brujo negro, sino el mismísimo Maestro, el Daimonion, el Daeminium. Pienso que sólo ahora el terror se apoderó en definitiva de nosotros. Ahora vi, por ejemplo, de qué modo la intención inicial de lograr de mí una campaña que desprestigiase a nuestro poeta más encumbrado procedía, no de simples celos profesionales brotados en una mente mediocre, sino de una orquestación avérnica cuyos fines se me escapaban, pero que por razones ignotas precisaba esa campaña y veía en mí la persona indicada para llevarla a término. De algún modo, mi negativa a participar en aquella maniobra alteraba los planes luzbélicos y convocaba, en consecuencia, la espantosa punición por parte de quien es la suma de la bajeza y de la malevolencia. Ello explicaba el bombardeo de telefonemas emprendido por el brujo, ansioso en aquel entonces de hacerme creer que lesionando a mi colega acrecentaría mi fama y postrándome así, de paso, ante el trono de su Amo y Señor.

Aquella noche, en la cual merodeó en torno mío el insomnio como un moscardón atontado, reflexioné de qué modo no sólo esos maniáticos del materialismo como Eduardo Obeso le hacen gratis al diablo su trabajo, sino en especial sobre la forma como no pocos espiritualistas (y aun hombres de Dios) pueden en un instante determinado devenir marionetas del Infierno. Hace tiempos un sacerdote jesuita, a quien mi arrogancia de literato pretencioso juzgó mojigato y tontaina, me advirtió que nada halaga más a Satanás como que alguien descrea de su existencia, ya que en personas así su quehacer se simplifica sobremanera. Más tarde, en presencia de individuos engreídamente descreídos que se precipitaban sin apenas darse cuenta en los abismos de la concupiscencia (dinero, poder, placer) y luego del envilecimiento, tornaron a mi memoria las palabras del clérigo y comprendí que la creencia inmemorial en el Bajísimo no conformaba meramente un tropo retórico, una personificación simbólica del Mal, sino que derivaba de una experiencia moral perdida en las brumas del pretérito. No en balde todas las naciones del mundo intuyeron esa presencia incuestionable en el universo, y acaso en la infinita sucesión de universos que implica la Creación. ¿A cuántos no ha causado asombro comprobar la forma como el demonio logra infiltrarse hasta en las mismísimas liturgias consagradas a Dios, hasta en los monasterios y lugares más devotos, hasta en la proclamada Santidad de los pontífices de las diversas religiones? Estas últimas, ¿no conllevan, con su cuota de piedad, otra de satanismo? ¿No estuvo ello clarísimo en los desmanes del Santo Oficio, y no lo está en los del actual fundamentalismo islámico? ¿No quedó tal circunstancia representada de algún modo en *Ambrosio, or the Monk*, esa novela de Matthew G. Lewis —aventajado discípulo de Ann Radcliffe— en que se rebulle la esencia del relato gótico y que, por cierto, escandalizó a los anglicanos y fue objeto de satanización?

    Uno o dos días después, en el ámbito de la Universidad Nacional, se celebró un homenaje a J. M. Rubio-Salazar, en el cual leímos textos sobre su obra varios de sus admiradores, incluidos algunos narradores y críticos del extranjero. El mío, lo había publicado unos dos años antes, pero era aún bastante desconocido y con él, dado que no había conseguido escribir una letra desde mi crisis de salud, salí del paso sin desdoro. A mí, por supuesto, no dejaba de incomodarme la idea de ser aquél un acto motivado no por la admiración hacia el singular novelista, sino más bien por cierto miramiento hacia un moribundo. Leyó él una página muy hermosa, que constituía por igual una especie de despedida no lánguida, no triste, sino más bien vitalista y llena de una especie de dinamismo que, sin embargo, hería nuestra sensibilidad justamente por saberlo a las puertas de la muerte. Glenda nos informó, con tristeza, que todos los esfuerzos médicos parecían inútiles y que su esposo seguía desarrollando el carcinoma en varios de sus órganos vitales. En cuestión de días se daría comienzo, por lo demás, a un tratamiento desesperado de radioterapia, administrado mediante un acelerador lineal para llevar radiación a las áreas enfermas, en el supuesto de que la previa quimioterapia había tornado más sensibles las células cancerosas. Rubio-Salazar no ignoraba, desde luego, los sufrimientos e incomodidades que habrían de derivarse de este bombardeo, pero según su mujer había llegado a incrementar en su mundo psíquico la paciencia y la resignación necesarias para sobrellevar los peores tormentos. Por desdicha, ahora parecía consciente de haber perdido la batalla y esperaba tan sólo que su vida pudiese ser prolongada al máximo posible. Recuerdo cómo aquella tarde aún precisaba ayuda yo para subir aceras o peldaños. Aitana había ido conmigo, como era nuestra costumbre, y me servía de apoyo. Pero recuerdo también que aquel impedimento restante iba a disiparse a la vuelta de dos o tres días. Para la noche en que atendimos la invitación de Helena Jáuregui había desaparecido por completo.

Esta invitación nos fue hecha de manos a boca, sin que para nada la hubiésemos previsto. La verdad es que no era precisamente la becaria quien en su origen la formulaba, sino su madre, pese a la inquina que la literatura parecía provocarle..., ¡por sugerencia de su amante joyero! Al parecer, conocía éste mi prestigio como autor y, ajeno como era al orbe de las letras, no por ello desestimaba la oportunidad de codearse con un poeta consagrado. Obvio se me hacía que Helena le hubiese hablado de mí, picando su curiosidad. Al principio, me sentí tentado de declinar aquel convite, sabedor como era de que podía muy bien la matrona bogotana hacerme sujeto de quién sabe qué desconsideraciones. Pero Aitana me convenció de que, en tal caso, el desaire no sería para la madre, sino para la solícita hija. Llegamos, pues, puntuales y Rufino Borja dio pruebas, desde el comienzo, de hallarse en trance de desplegar con nosotros todas las finezas de que puede ser capaz un artífice de la joyería. En lo primero que Aitana y yo reparamos fue en la acumulación un tanto charra de dijes que constelaba el continente de Leonor Jáuregui, la dueña de casa, y que sin duda constituía el homenaje mediocre que le rendía su cortejante. Se trataba de baratijas de fantasía que intentaban elevarse al rango de gargantillas, broches o colgantes laborados en metales preciosos o semipreciosos. Mucho plástico y pura bisutería. Ello nos hizo sospechar algún sórdido sesgo en el orfebre o, al menos, la ausencia en él de un amor genuino hacia la matrona. Ésta, por cierto, nos recibió con una frialdad que, por supuesto, habíamos presentido, pero también con cierto disimulado terror propio de quien jamás fue cultivada en humanidades y debe habérselas con personas con profesionalismo en esos andurriales. Salvo la hija, como es fácil suponerlo, las personas presentes se veían cohibidas en punto a los temas de conversación factibles de ser propuestos. Borja tanteó nuestra reacción al hablarnos de joyas diseñadas por Lalique o por Dalí o por Gargallo que había admirado en sus viajes. Ni Aitana ni yo éramos peritos en el asunto y nos defendimos indagando por Tiffany o por Cartier. Pero, aun así, la charla se encenagaba con frecuencia y los silencios prolongados eran como torpes charcos de lodo en un camino difícil.

Mientras «Mosquetero», el *setter* británico, nos olisqueaba por interrogar al modo perruno la categoría de extraños frente a los cuales se hallaba, y mientras Aitana le prodigaba algunas caricias que en ella no eran convencionales, ya que amaba sinceramente a los canes, traté de descifrar el carácter de Borja mediante una inspección concienzuda de su continente. Vestía un saco de rojo encendido, combinado con una camisa rosada, una corbata azul eléctrico y unos pantalones verdes. A despecho de viajes y de sabidurías en el labrado de metales, el joyero era sin duda un individuo charro y engomado, cursi en suma, cuyos modales, aunque intentase refinarlos merced a una improvisación bastante errática, resultaban muy de brocha gorda. La señora de casa, entretanto, hacía gala de esos mohines bogotanísimos que, si bien acompañados por expresiones dulzarronas, persiguen un efecto antipático, tiznado a veces de hostilidad. Sin respiro, pero con cierto disimulo, se esforzaba en rechazar al perrito, que a Aitana le había hecho fiestas lamiéndole una mano y meneando la cola con alegría; ahora, la matrona se empecinaba en propinarle empujones con sus piernas abultadas y condecoradas de várices. Me preguntaba cómo podía reprochar la obesidad de su hija una mujer en verdad harto rechoncha. Si odiaba tanto las letras humanas como Helena lo propalaba, poco debió simpatizarle el tema que ésta propuso con un poco de angustia, en un impulso artificioso, demasiado postizo por sacar la conversación del tema orfebreril y colocarla en feudos más del intelecto, más próximos a los que suponía gustos indeclinables míos y de Aitana. Trajo a colación, pues, un libro leído hacía muy poco, obra de un caballero que se autoproclamaba «neuroteólogo», en el cual se negaba la existencia del Creador del Universo mediante la alegación de experimentos en apariencia probatorios de la procedencia mórbida de las percepciones místicas. Conforme a ese autor, al vislumbrar la zarza ardiente y oír la voz de Dios, Moisés era presa tan sólo de una así llamada «epilepsia del lóbulo temporal del cerebro». Igual podía afirmarse, siempre según aquel sabelotodo, de cualquier otra experiencia de visos ultraterrenos.

A no dudarlo, Helena Jáuregui basculaba con harta frecuencia entre el deseo de refrendar sus probables propensiones espiritualistas y lo inverso, es decir, la jauría de vacilaciones que en su mente soltaba el contacto con el descreimiento de raíz cientificista. Al parecer, algo había oído Aitana acerca de esa flamante ciencia nombrada «neuroteología», cuyo fin parecía consistir en otorgar un cariz enfermizo a todo diálogo con Dios o con entidades espirituales. Los experimentos consiguientes radicaban en medir, gracias a métodos poligráficos, las reacciones del cerebro humano ante voces comunes del habla pragmática o bien de otras cargadas de contenido erótico o religioso. En la generalidad de los casos, los vocablos relacionados con el sexo motivaban las más agudas alteraciones en los instrumentos encefalográficos. No obstante, personas había en las cuales se presentaban sacudimientos más notorios al topar en la pantalla palabras como Dios, Biblia o Revelación. Tales excitaciones parecían provenir del lóbulo temporal y era dable suponer que habrían de aguzarse en individuos —entre los cuales Moisés se granjeaba todas las palmas— con perturbación epiléptica en esa saliente cerebral. En tanto la becaria exponía estas inquietudes, que en ella suscitaban palmaria ansiedad, observé con el rabillo del ojo a su madre y al orfebre para constatar que se acercaban azarosamente al abismo de los bostezos. El que Moisés hubiese o no parlamentado con Dios en el Sinaí parecía importarles una higa. Jamás ha dejado de sorprenderme el modo como personas que aseguran ser practicantes devotos de una religión se desinteresan, sin embargo, de toda lucubración sobre el particular. El que Dios con su divino dedo haya impreso o no en unas tablas de arcilla su decálogo sólo en una forma distraída y tangencial atrae su atención. Para ellas se trata quizás de un hecho baladí, bueno para rendir un examen o lección de apologética o de historia sagrada, pero sin seducción alguna en el ámbito de la discusión o del mero diálogo.

Tal como yo lo había previsto, fue Aitana —tras el silencio apático que siguió a la exposición de Helena— quien primero quiso opinar. Para ella, el que las percepciones místicas procedieran de una conmoción en un lóbulo del cerebro nada probaba o rebatía en relación con el mensaje ultraterreno. Por algún conducto tenía que llegar ese mensaje al entendimiento, y no resultaba inadmisible pensar que el mundo espiritual se valiera del órgano en cuestión para comunicarse con los seres de este mundo. Recordé yo a continuación cómo las perturbaciones del lóbulo temporal podían tornar a un individuo incapaz de recordar el nombre de ciertos objetos, o de reconocer los rostros, o de leer en ellos el disgusto o el contento. Podían, en fin, gestar incapacidades, pero acaso también aportar aptitudes. No me pareció inútil desprestigiar un poco el fervor puesto por los hombres de ciencia en apresurarse a negar a Dios tras cualquier experimento novedoso. Memoré la famosa frase de Yuri Gagarin, el primer cosmonauta en órbita terrestre, al contemplar desde su spútnik la vastedad del universo: dijo en son de guasa no columbrar a Dios por parte alguna. También en tiempos de Galileo un astrónomo engreído afirmó que la invención del telescopio demostraba que más allá de las nubes no se divisaba ni un vestigio de Dios, con lo cual suponía demostrada su inexistencia. Lo lamentable era, por cierto, que tales fanfarrones del materialismo no supiesen intuir, en el solo enfoque, en el solo presentimiento de la inmensidad cósmica, la Divina Majestad. Estos argumentos, por supuesto, sólo tedio podían infundir en Leonor Jáuregui y en Rufino Borja, para quienes, de fijo, cualquier disquisición en torno al Padre Eterno resultaba superflua: eran ellos católicos convencidos y, en sus mentes, Dios era simplemente un caballero de blanca barba que espiaba sin descanso las conductas del ser humano para premiarlas o castigarlas. A nada conducía discurrir sobre su realidad o irrealidad, ni sobre sus atributos o ausencia de ellos, ni sobre su evidencia o incertidumbre. Dios era, sí, su papito adorable, pero exento al tiempo de todo interés dialéctico.

Al hacerme consciente de la situación por demás embarazosa que la conversación incubaba, no pude evitar sentirme atrozmente ridículo. Entre los llamados «intelectuales», las alusiones a Dios suelen antojarse no ya ingenuas, sino ante todo imbéciles. Entre quienes se sitúan lo más lejos posible del intelectualismo, se juzgan aburridas por redundantes. Dios es, en el diálogo de sociedad, personaje altamente incómodo. Creo que por ello Aitana, viéndome exhibido de modo tan paupérrimo ante la matrona y el joyero, optó por desviar la charla e indagar por Simón Barraza: aquella noche su ausencia relumbraba o bien se cernía como un agujero negro a la vera de la becaria. No advirtió mi damita que la mención no era de buen recibo ante quienes detentaban el poder en la casa. Sobre todo ante la matrona que, un poco antes, se había erguido y palmoteado con energía para desterrar a «Mosquetero» de la sala. A todas luces, Barraza y el *setter* adolecían de equivalencia en el juicio de la señora. Ésta, no sin mostrar un desazonador torcido de boca, sin tardanza manifestó extrañeza por el hecho de que «gente de mundo como nosotros» inquiriésemos por semejante broza de los arrabales meníngeos, bien que no fuera ésa la forma de expresarse sino más bien: «semejante renacuajo patilargo», etcétera. A mi esposa y a mí, aquélla nos pareció una salida de tono excesiva, de seguro emisaria de un rechazo totalmente gratuito, fundado sólo en ser Barraza un estudiante de letras. Pero nos limitamos a sonreír como ante un mero gracejo cachaco. Al fin y al cabo, una fámula ataviada con un delantal de guarniciones fruncidas solicitaba ya que pasáramos a la mesa.

Hay que aceptar, sí, que fuimos agasajados con uno de los más soberbios ajiacos santafereños, típicos de la hospitalidad altiplánica. Mas no que se puliese la conversación, pues la dueña de casa insistió en vilipendiar la inclinación de la hija supérstite por la «ociosidad de las letras», no sin ponderar, en cambio, las virtudes de la asesinada Anita, cuyo instinto comercial honraba, según ella, la tradición familiar. En este punto, aunque opté por asilarme en una muda perplejidad, comprendí que Aitana no guardaría silencio frente a aquel embate que nos incluía. Y, en efecto, mi damita —en tono nada apacible— inició una apología de la pobre becaria, no sin recalcar la nobleza implícita en sus aprendizajes humanísticos. Como nombró en su alegato a la filosofía, la matrona no tardó en inquirir para qué rábanos podían servir esos conocimientos abstractos, abstrusos, puramente teóricos. Reveló haber curioseado en los libros que debía comprar a Helena, sólo para topar con parrafadas incomprensibles, repletas de afectación, de suficiencia, de pedantería, pobladas de terminachos, carentes de todo lo que sirviera para la vida práctica, meras nubes de vaporcito insulso, buenas nada más para darlas de sabio en reuniones de embaucadores que querían posar de inteligentes. Aitana ensayó una réplica fundada, quizás por desdicha, en el cuidado que debíamos mostrar a fin de no caer en aquel filisteísmo que combatió Robert Schumann y, sobre todo, de no aventurar opiniones sobre aquello que no comprendíamos. Digo por desdicha, pues Rufino Borja se creyó llamado a intervenir y lo hizo en términos agresivos, no sin aclarar que ignoraba lo que pudiera significar «filisteísmo». Si se trataba de un insulto, que lo dijéramos en cristiano y nos dejásemos de palabrejas rebuscadas. Helena, para él, abusaba de la generosidad de su madre y gastaba el tiempo en oír cátedras llenas de pompa y desprovistas de utilidad, y en asistir a tertulias sofisticadas, donde un elenco de gomosos pontificaba sobre «pingüinos peripatéticos» y otras materias exentas de sentido. Si Leonor accedía a casarse con él como se lo había propuesto, sabría él poner coto a todas esas gansadas al asumir las riendas del hogar.

Miré hacia donde la becaria se encontraba y vi lágrimas rodar por sus mejillas. Su rostro se había tornado vultuoso y apenas lograba domeñar las convulsiones que se insinuaban en su humanidad ultrajada. De pronto, oí a Aitana replicar que, en efecto, el calificativo de «filisteos» trataba de ser agraviante y se refería a la gente sin sensibilidad, por analogía con aquellos enemigos de Israel a quienes Sansón sepultó consigo mismo bajo las ruinas del templo donde se celebraba a Dagón. Nuestros anfitriones la miraban con el encono en los ojos, pero parecían comprender, al mismo tiempo, lo delicado de seguir ese camino de injurias con personas en quienes habían dicho reconocer algún lustre y a las cuales habían invitado con protestas de gratitud por la amistad que brindaban a Helena. Juro que fue una de las situaciones más embrolladas por las que he atravesado en mi vida. «Mosquetero» latía como un poseído en una habitación vecina. Aitana había hecho desafiante su mirada y, con los cubiertos asidos en posición vertical, se abstenía de proseguir con la pitanza, cual si esperase una satisfacción. Debí, pues, hablando casi en balbuceos, pedir a todos moderación e insistir en que habíamos ido demasiado lejos en una discusión con pocas esperanzas de dar buenos frutos. El joyero recapacitó al parecer y, alzando su copa de vino blanco (¿por qué no se acostumbrará servir siempre vino rojo?), desplegó su mejor sonrisa y propuso que hiciésemos un brindis «a objeto de limar las asperezas». Mi esposa accedió, sin que de su rostro desapareciera la aguda animosidad que todo aquello seguía produciéndole. Debo aclarar que, aunque el cirujano cubano me había advertido que no debería probar el alcohol por el resto de mi vida, en mí prevalecía el consejo de Ramón y Cajal y por mi cuenta había decidido desobedecer tal opresora orden. Fue aquél, de todos modos, el *toast* más desapacible que pueda recordar. Helena mantenía gacha la cabeza, clavados los ojos en el ajiaco, hipando ahora como si el diafragma se le hubiera enloquecido. Cuando entrechocábamos las copas, creo que de intento empujó la suya para que se vertiera sobre el mantel de hilo blanco. Su madre debió comprenderlo así, mas se abstuvo de decir nada y se limitó a mirarla como a una musaraña rastrera. El resto de la velada transcurrió en una atmósfera de desgana, cundida de nervios, marcada por una tirantez punto menos que inocultable. Cuando todo hubo acabado y volvimos a sentir cierto desahogo en el taxi que nos conducía a casa, mi esposa reconoció que me había acompañado toda la razón de este mundo al recelar de aquel convite. Opiné, sin embargo, que al menos por nosotros la becaria no había sido desairada y que, por lo demás, habíamos sabido ofrecerle una demostración de solidaridad.

Al día siguiente, mientras comentábamos todo aquello en la tertulia diaria, apareció de improviso Helena con síntomas de terror en su cara congestionada. Venía acompañada por su elfo, que hoy se veía triste como si por su culpa se hubiera perdido el anillo mágico en una ficción de Tolkien. Entre sollozos, nos informó que la noche anterior, no bien idos Aitana y yo, su madre había matado a «Mosquetero» de un balazo. Mi raciocinio fue automático: la más que filistea, inurbana y chapucera Leonor había descargado en el animalito la ira que Aitana, con su defensa de los menesteres humanísticos, engendró en ella. Al disparar al perro, la matrona en realidad disparaba a mi damita, a quien juzgaba cómplice de su hija. También, claro está, a esta última. En su inconsciente, la madre asesinaba por partida doble a mi esposa y al propio retoño, amargada hasta lo inextricable por la, según ella, holgazana inclinación a las letras de alguien a quien creía obligada a contribuir al sostenimiento del hogar en vez de derrochar el tiempo en bagatelas. Aitana se había puesto de pie y marchó hacia donde la becaria tomaba asiento, para estrecharla con dulzura y tratar de prodigarle algunas voces de aliento. Ello no me parecía posible. Cuando recién la conocíamos, Helena había declarado que era «Mosquetero» quien gobernaba en su casa. En ese entonces, supongo que no habían surgido aún las querellas con su madre, que luego cobraron un cariz amenazador. En suma, la becaria parecía haber trasladado al canezuelo el amor que antes volcaba sobre su hermana Anita. Asesinando a ese objeto de cariño, la matrona ejercía una especie de vindicta universal contra las artes y las letras, representadas en su hija. No era, pues, muy hacedero consolar a Helena, para quien la pérdida de «Mosquetero» significaba poco menos que una catástrofe a escala cósmica. Mis cavilaciones fueron refrendadas casi de inmediato. Ello ocurrió así al declarar nuestra amiga, sin muestras de querer dar lugar a consejos en contrario, que había resuelto abandonar los estudios de humanidades, en aras de la tranquilidad. Se apresuró a indicar, de resto, el papel que Rufino Borja, aun antes que ella lo conociera, jugaba en la actitud cismática de su madre: hacía tiempos venía envenenándola contra la hija, muy seguramente para eliminar a la rival más peligrosa en su afán de arramblar con las posesiones de la viuda.

Aquel mediodía, de común acuerdo con Sarmiento y con Aristizábal, logramos convencer a la becaria de apurar unas dos o tres copas de brandy que le restituyeran la serenidad. Aunque poco frecuentaba las bebidas espiritosas, la turbación en que se debatía la indujo a aceptar. También los demás —exceptuada Aitana— consumimos algunos tragos, preocupados como estábamos por los dramas que pudieran sobrevenir en casa de la becaria, en particular por la presencia ahora constante de Rufino Borja, cuyo arte o cuya artesanía —llámesele como se desee— no lo eximían de un natural vulgar y, por tanto, resbaladizo y temible. Ignorábamos, claro, de qué modo las cosas habrían de cobrar, en los días venideros, una aviesa fisonomía. Helena era, por sobre todo, un ser angelical desprovisto de malicia y de aquellas cautelas o precauciones que pudiesen, en verdad, protegerla. Lo cierto era que luchaba sola —ella que a duras penas conseguía movilizarse para ir a la universidad— contra una intriga tramada por un hombre probablemente ayuno de escrúpulos, que se había convertido en barragán de su madre y que, además, proyectaba erigirse, gracias al matrimonio, en cabeza de la familia. En hartas ocasiones, el ser humano parece no sospechar la existencia de bajezas que él mismo no es capaz de cometer. En Helena, por lo demás, la ingenuidad era como un perfume que de ella se exhalara en forma espontánea y continua. Existían, pues, motivos sobrados para la preocupación.

XXI

Habrían transcurrido o bien semana y media o si acaso dos semanas desde lo relatado en el capítulo anterior, cuando recibimos una llamada de Yadira, con quien, por el afecto que nos unía, confieso que debíamos haber restablecido el contacto hacía buen rato. Se trataba, claro, de uno de esos olvidos no por involuntarios menos culposos (para no exagerar motejándolos de culpables). Quería devolver la atención que le hicimos el día del sepelio de su esposo, y nos invitaba a almorzar con ella el sábado siguiente. Al llegar, vimos que sus hijos se proponían acompañarnos por igual y que, al parecer, deseaban transmitirnos ciertas perplejidades que los atenazaban en días recientes y que si, como lo comprobamos después, en los jóvenes inspiraban burlillas solapadas, en la viuda habían desatado el pánico.

Se referían a fenómenos bastante extraños percibidos por la viuda en sus horas de soledad y, especialmente, en la noche. Emprendieron su relación bajo la égida fonográfica de ese, para mí, fantasmal *Concierto para violín y orquesta número 2, en si menor*, de Niccolò Paganini, de quien llegó a decirse que tenía pacto con el diablo. Siempre he pensado que, de haber existido realmente aquel pacto, ese concierto fue su depurada quintaesencia, a tal punto su atmósfera espectral, más que todo en el primer movimiento, llega a conmovernos. Los efectos de *staccato*, por ejemplo, con violentos golpes de arco, parecen sumergirnos en un trasmundo que no nos resulta precisamente místico; más bien maligno, como si estuviésemos por presenciar una inminente catástrofe. Nunca como en ese fragmento resalta de modo tan excitante el virtuosismo demoníaco del genovés. Luego, en el adagio, los pizzicatos despliegan algo así como una inquieta exaltación de lo elegante, que nos hace sentir como si admirásemos el ordenamiento plástico en la antecámara de Satanás. Por último, el rondó (*Andantino, Allegro moderato*) semeja un estallido de fuegos artificiales que anticipara de algún modo la incandescencia de las marmitas avérnicas. Era, según Yadira, la pieza que Piero Casas solía escuchar cuando, a solas en su estudio, destapaba para su uso exclusivo una buena botella de whisky de malta, siempre de la marca escocesa Ardbeg. Por un instante, imaginé a Piero aureolado de llamas, en medio de un círculo dantesco, avivando la hoguera en la que arden los réprobos mientras bebía un whisky purísimo, añejo de diez años.

Pero no, por supuesto. No era aquélla la imagen correcta con la cual evocar al viejo periodista y amigo. Yadira parecía, entretanto, muy pulcra en seleccionar palabras que nos transmitiesen a cabalidad los sobresaltos experimentados en los últimos días. Todo había comenzado una noche en que, al recogerse en su lecho a la expectativa de un dormir más o menos plácido por obra de tranquilizantes recetados por su médico, sintió no de un modo suave, sino pesado y abrumador, cómo *alguien más* subía a aquel mueble destinado al reposo y a la tranquilidad, con la intención palmaria de tenderse a su lado. De un salto abandonó el lecho, con el pánico acelerando sus latidos cardíacos y consciente de la palidez que debía transfigurar su rostro. Se afanó en llegar al baño, donde se encaró a sí misma en el espejo del lavabo para constatar esa mudanza y hurgó en el gabinete por hallar más de aquellas píldoras apaciguadoras que, por lo visto, ningún efecto habían obrado aquella noche. Entonces experimentó algo aún más escalofriante: un aliento helado en su oreja derecha, como de alguien empeñado en secretearle algo al oído. Lanzó un grito crispado que atrajo a la empleada doméstica, la cual acostumbraba dormir muy cerca de la antaño alcoba matrimonial, hoy ocupada sólo por Yadira. Como ya lo habíamos notado la tarde de la tragedia, aquella empleada se conducía con una flema digna de un descerebrado, así que al horror delineado en el rostro de su patrona reaccionó únicamente con un bofetón en frío, como para sacarla de un rapto de histeria.

—Domínese, señora. No haga escenas —le dijo, alardeando de una impavidez como surgida de un alma boreal.

La reacción de Yadira consistió en asirla de las mechas y tirar de ellas hasta desprender hebras rabiosas. La fámula enrojeció de disgusto y la tomó de los hombros para sacudirla y hacerle ver, con palabras heladas, cómo desdecía de la sobriedad que de ella debía esperarse aquel arrebato cuya razón le era ignota. Ya más tranquila, Yadira le relató la experiencia por la que acababa de atravesar. La otra bosquejó un mohín de menosprecio y opinó que se había tratado sólo de una alucinación orquestada por la languidez de su sistema nervioso. La viuda replicó que al menos ella contaba con la función adecuada de sus células sensitivas, a diferencia de la mujer que tenía ante sí, cuya displicencia resultaba del todo afrentosa. Esto, a lo que parece, ofendió a la empleada, que retiró las manos de sus hombros y dio la espalda sin añadir palabra, para clausurarse llena de dignidad en su habitación. La viuda debió pasar la noche rodeada de una soledad poblada de asechanzas invisibles y, desde luego, sin pegar el ojo. Nada extraordinario, por fortuna, sobrevino en aquella vigilia espeluznada. A la mañana siguiente, presa todavía de cierto rencor despechado por los descaros de la fámula, la despidió y telefoneó a una agencia de empleos en procura de que le fuese recomendada otra que, al menos, demostrara contar con el uso pleno de sus facultades sensibles.

Mientras saboreábamos unos exquisitos filetes de róbalo en leche de coco, especialidad de la viuda, acompañados con un sorbete excelso de hierbabuena y limón, continuamos enterándonos de algo que, pese a la exposición sobrecogida que de ello hacía nuestra amiga, para nada nos causaba extrañeza. Ni el rarísimo comportamiento adoptado de un tiempo a esa parte por los electrodomésticos de la casa, en especial por el televisor —que llegaba al extremo de producir unos parpadeos escarlatas en nada relacionados con la transmisión—, ni los ruidos de pasos procedentes de habitaciones desiertas, ni la súbita y frecuente activación por sí sola de una cajita de música, ni otras musiquillas que inundaban de noche la alcoba sin origen aparente, ni siquiera esa sombra fugaz apenas captada por el rabillo del ojo, ninguno de esos fenómenos al parecer sobrenaturales (nada en el universo tiene por qué ser calificado así) nos produjeron a Aitana y a mí la menor impresión ni mucho menos alarma alguna. Yadira los enumeraba con el terror en la mirada y reprochaba a sus hijos, nueras y yerno las disimuladas risitas con que acogían sus relatos. Mi esposa y yo conservamos, por supuesto, la circunspección con que la viuda deseaba ser escuchada pero, una vez concluido el para ella siniestro recuento, nos apresuramos a pedirle no inquietarse por tales ocurrencias, a menos que hubiese cobrado miedo a su marido. Era él y nadie más, que deseaba comunicarse de algún modo con ella.

—Ya lo he pensado —repuso nuestra amiga—. Pero si se trata de Piero, ¿no es consciente entonces de que me asusta? ¡De que me da cada susto!

—Vuelvo y te pregunto —dije—. ¿Le cobraste miedo a tu marido por el hecho tan corriente de estar muerto?

—Pero no fue una muerte corriente. ¡Fue un suicidio!

—Lo cual no cambia nada —prediqué—. Por mi trato con libros escritos por médiums sé bien que la sola diferencia con un fallecimiento por causas naturales consiste en el horror que el suicida siente una vez abandona su cuerpo y comprueba el disparate que ha cometido. De resto, no hay castigo para él en el otro mundo. Toda consecuencia punitiva del suicidio se efectúa a través del karma, esto es, en la nueva encarnación.

—Y se trata —apostilló Aitana— de un castigo mucho más leve que el aplicado a verdaderas horripilaciones como la envidia o la calumnia.

—Eso creo —asentí—. O, mejor, eso piensan los entendidos. James van Praagh nos ha revelado, por cierto, la forma como el espíritu del suicida debe esforzarse por superar un remordimiento en extremo agudo.

—¿Pero puede haber *entendidos* en nada relativo a lo que puede sobrevenir tras la muerte? —interrogó con suave disgusto la hija; mientras hablaba, reparé en su semblante, dulce como los atardeceres del altiplano: —¿De dónde provendría la información?

—De los muertos —respondí, acaso con cierto alarde flemático frente a un tema, hay que reconocerlo, escalofriante; alarde que pudiera parecer poco apropiado, pero necesario a mi ver si deseábamos corregir la actitud de Yadira—. Los médiums hablan con los muertos.

—Me niego a creer semejante cosa —opinó el mayor de los hijos.

Al despedirnos, a eso de las tres de la tarde, insistí en aconsejar a nuestra amiga olvidar todo miedo. También el tratar de hablar mentalmente con su marido. Por regla general, la gente rehúsa dar crédito a tales conversaciones, en la creencia de que, al figurarnos hacerlo con un difunto, sólo parlamentamos con nosotros mismos o con nuestro inconsciente. Puede suceder que así sea en ciertos casos —puntualicé—, mas no en la mayoría. Los espíritus están en capacidad de leer nuestros pensamientos y de responder a través de nuestra mente. Le aconsejé finalmente, si quería información más docta o fidedigna sobre los fenómenos en cuestión, comunicarse con Maritza Ordóñez, a quien considerábamos una médium totalmente honesta. No obstante, ya a bordo del taxi, a algunas conclusiones nada confortables llegamos Aitana y yo. La primera, que Yadira —para no hablar de sus hijos— no nos había creído una palabra. La segunda, que jamás se animaría a volver con la médium. La tercera, que si bien, asistida por una convicción firme originada en su niñez católica, atribuía los fenómenos extraños, sí, a difuntos; no, en cambio, al espíritu de su esposo. En cierto modo, creía en la posibilidad en que los espíritus se encontraban de perturbar a los vivientes, de manifestarse en forma que pudiera ser captada por nuestros sentidos; pero, pese a ello, juzgaba a Piero incapaz de comunicación semejante, por el mero hecho de ser Piero. Son las paradojas del amor: una cónyuge con poca imaginación rechaza toda idea de que su marido esté a la altura de algo portentoso, y menos si entraña lo que con toda sencillez toma por un milagro. Al transmitirle esto último, debí advertir a Aitana —propensa a veces a figurarse que, para ciertos comentarios, me fundaba en ella— que, en cambio, era ella una mujer sobrada de fantasía. Lo hice a tiempo, pues se apresuró a modificar cierta mirada de iracundia en cierne que ya se había compuesto.

Aquel día nos aguardaba aún una sorpresa. Empleamos el resto de la tarde en adquirir algunos implementos hogareños y unos cuantos compactos con preludios de Debussy interpretados al piano por Zoltán Kocsis. Serían las ocho y nos aprestábamos a oírlos, cuando sonó el citófono y me dijeron que Eduardo Obeso quería verme. Esto me asombró, pues el catedrático no acostumbraba visitarnos; ni siquiera lo había hecho cuando me sabía recobrándome de una enfermedad tortuosa. Tampoco cuando Aitana fue dos veces hospitalizada. Dije, claro, que lo dejaran subir y quedé atento al timbre de la puerta. Cuando éste sonó, sin embargo, lo hizo con una insistencia medio demencial, porque hubiera bastado un ding-dong para ponernos sobre aviso. Y, en efecto, al abrir, vi a un Eduardo Obeso transfigurado, como si acabara de desafiar un huracán. Traía el pelo en desorden, el rostro desencajado y parecía evidente que se hallaba pasado de copas. Todo ello era inusitado, extravagante en individuo tan habitualmente acicalado y solemne. Seguía vistiendo su misma costosa ropa de siempre, pero saltaba a la vista que había sido objeto, incluso en su atuendo, de alguna violencia. Sin dejarme ni siquiera saludarlo, me exigió con gesto ansioso, mientras se dirigía (tampoco me dio tiempo a sugerirle que lo hiciera), a nuestra sala, donde sin ofrecer a Aitana ni siquiera un saludo sumario se dejó caer como un bulto en uno de los sillones:

—Un whisky. Dame un whisky cuanto antes.

—¿Un whisky? —indagué, sólo por fastidiarlo—. ¿No vienes predicando desde siempre que se trata de una bebida perniciosa y sólo propia de viciosos como yo?

—Dame un whisky —casi gritó—. Dámelo ya.

—Está bien —dije y me dirigí al pequeño bar para servirlo—. ¿Te ha acontecido algo malo? ¿Qué te pasa?

No contestó. Se limitó a lanzar la vista por el ventanal hacia el cielo nocturno, una vista aterrada, cual si esperase vislumbrar en ese firmamento —desprovisto de estrellas como en todas las ciudades populosas— la precipitación de un meteorito cuya vaporización en la atmósfera fuese imposible y nos aplastara sin dejar rastro de cosa. Cuando le llevé el whisky y probó el primer sorbo, pareció relajarse un poco, no mucho, y declaró en el tono de un actor dramático:

—Mi amigo ha decidido abandonarme.

De viejo conocíamos Aitana y yo la inclinación de Obeso por las personas de su mismo sexo. La conocíamos porque él mismo se había ocupado de revelárnosla. Había en él una contradicción muy curiosa: se avergonzaba de su homosexualismo, pero no era raro que se pusiese en plan de confidencias y lo confesara incluso ante desconocidos. Siempre que lo hacía, advertía a su interlocutor que se abstuviera de comentarlo con nadie. Pero él lo comentaba con el mundo entero. Persona alguna en los medios literarios, artísticos o universitarios de Bogotá ignoraba que sus preferencias no incluían menores, que se enamoraba de hombres hechos y derechos y sobre todo si eran gente ruda como choferes de camión, descargadores, obreros de construcción, oficiales de policía, meseros de restaurantes, celadores nocturnos y varios etcéteras. En más de una ocasión, sin que se diera cuenta, lo habíamos visto en compañía de un negrazo de unos treinta y cinco a cuarenta años, hombre basto, cerril, ignaro, de barba rala y torpe y cabello apretado, a quien solía llevar a cierto restaurante suizo del centro donde engullían salchichas y otros embutidos: Obeso con maneras delicadas, el otro con modales pantagruélicos que dejaban el mantel listo para la lavandería y resultaban enojosos al resto de comensales. Ignorábamos, desde luego, si era aquél el «amigo» que había resuelto chasquearlo. Tampoco nos interesaba la averiguación. Aitana y yo no abrigábamos rechazo alguno hacia los homosexuales, siempre y cuando no fuesen violadores de niños. A ella le incomodaba, sí, por decirlo de algún modo, el que en España, vamos al decir, se hubiese aprobado el casamiento entre varones: se le antojaba algo poco estético. Mas no mostró nunca animosidad hacia quienes, hombres o mujeres, practicaran esa preferencia, personas a quienes se alude con la más variopinta miscelánea de expresiones a veces divertidas y a veces patéticas, harto más numerosas que las censadas por García Lorca en su *Oda a Walt Whitman*.

—¿Ha decidido abandonarte? —sondeé, porque maldito lo que se me ocurría para sortear aquel trance nada llevadero—. ¿Se puede saber por qué?

Lo que, en cambio, me preguntaba realmente en mi interior, lleno de estupefacción, era la razón por la cual a este finchado catedrático, invadido de dogmas, de fanatismos, de musculosas ignorancias, de arrogancias sin cuento, se le hubiera ocurrido acudir a mí en busca, podía imaginarlo, de uno de esos consuelos en absoluto imposibles de prodigar por ser humano alguno, ni aun por el más compasivo sacerdote o apóstol. Las penas de amor hallan sólo reposo cuando adviene la época cenicienta del olvido, no por obra de prójimos caritativos. Por lo demás, aborrezco la ventilación conmigo de intimidades ajenas, máxime si va envuelto en ellas el fuego pasional, que las torna espinudas y crasas como un cactus del desierto.

—La culpa es mía —declaró Obeso, poniendo una cara tan desolada (ahora que he hablado de desiertos) como los herbazales de Gibson—. Mía y de nadie más. Mía. Mía. Mía. Soy el ser más torpe de este planeta. Sí, sí. El más torpe y el más maldito. Sé que estoy maldito.

No sé por qué, sospeché que encontraba placer en la congoja, ante todo en poder considerarse maldito, supongo que por aproximarse de alguna manera al envidiado concepto de «poeta maldito». En sus parajes íntimos, buen número de poetas, en especial los menos afortunados en sus garabateos «poéticos», anhelan ver pesar sobre sí esa presunta maldición que hizo tan interesantes a Baudelaire, a Poe, a Verlaine. Es un camino despejado, piensan, hacia la gloria. En algunos casos, como fue el de un coterráneo mío, no retroceden ante el suicidio con tal de verse transformados en una leyenda «maldita». Se me ocurre que en esa taifa de liridas sin lira la verdadera maldición es la vanidad.

—¿Por qué te culpas? —demandé.

—Porque no me esmeré nunca en merecerlo. Porque me conduje siempre con él en una forma arrogante y mezquina.

Esto lo creí sin asomo de duda.

—¿Y qué piensas hacer?

—Quisiera encontrarlo y pedirle perdón. Pero ignoro adónde habrá ido. Yo le costeaba un cuartito de pensión en Ciudad Bolívar. Anoche, luego de una riña vergonzosa, me cegué de rabia y me fui a casa sin complacer sus necesidades sexuales. Esta tarde, cuando volví lleno de arrepentimiento, me notificó la pensionista que se había largado con todas sus posesiones, que no son muchas.

Sentí un poco de repugnancia, no —quede claro— por el hecho de ser ambos adanes, sino por la expresión «necesidades sexuales». Además, se me antojaba, en ese burgués caracterizado de revolucionario, el colmo de la ruindad tener al ser amado viviendo en el área más indigente, azarosa y apocalíptica de la capital, entre prostitutas, raponeros, atracadores y toda laya de maleantes. Pero al tiempo reflexioné en que se trataba de un detalle que podía tenerse, en él, por característico de una personalidad simuladora, roñosa y poco satisfactoria para el mismísimo desdichado que debía sobrellevarla. De allí su actitud de superioridad, que los psicólogos describen hace tiempo como surgida de un complejo de inferioridad. En ello radicaba, tal vez, su único acercamiento a los «malditos».

—¿No piensas que eventualmente puede volver?

—No volverá. *Siento* que no volverá. No le falta dignidad, créeme. Ahora que lo he echado todo a perder, ignoro qué va a ser de mí.

—¿Por qué el desorden en tus ropas, en tu apariencia?

—Cuando salí de la pensión, estaba tan desesperado que agredí al primer transeúnte que se me cruzó. Intercambiamos trompadas. Luego me entré a una taberna y bebí unos tragos.

—Temeridad —opiné—, si piensas en la zona en que te hallabas.

Le había servido otro whisky. Bebía con ansia, como nunca antes lo vi hacerlo en el cúmulo de años transcurridos desde cuando lo conocí recién desempacado de Alemania Oriental, donde estudió crítica de teatro en el Berliner Ensemble, dirigido en ese entonces por Helene Weigel, la viuda de Bertolt Brecht. Los estudios se los pagó el Partido Comunista, por intercesión de un poeta de gran prestigio. Había que reconocerle, pues, su fidelidad a la extrema izquierda, aunque me parece que ello no justificó nunca su fanatismo obsesivo. Alguna vez me encontré con él y con otros literatos en Berlín, a poco de caer el «muro de la infamia», y fuimos a visitar la casa de Brecht, en el antiguo sector comunista. Sucedió que una novelista muy amiga mía, hallándonos allí soltó una risita por algo que le dijo al oído uno de nuestros acompañantes. Obeso alzó la cabeza como un caballo tirado del engalle y profirió, ante el estupor de todos: «Señora, debería usted abandonar este lugar si piensa que puede impunemente profanarlo con risitas disimuladas». Nos lo quedamos viendo perplejos, pero nadie dijo nada. Para él, la residencia del creador del teatro épico del distanciamiento era una especie de santuario, a tal punto el «culto a la personalidad», censurado por el «profeta» Marx, se practica con tesón asombroso, sin embargo, en los reductos del marxismo.

—Pues no te queda sino echar hacia delante.

—No lo creo posible —afirmó.

—¿Entonces…?

—Creo que voy a pegarme un tiro.

Odio oír estas expresiones que intentan ser terminantes, porque sé por acerba experiencia que quien amenaza con suicidarse, a menudo cumple la promesa. Pero, valoradas en sí mismas, no por conclusivas dejan de ser bastante ridículas, si se piensa que con ellas se busca inspirar lástima y mover al interlocutor a pronunciar frases disuasivas. No quise rebajarme a esto último. Hacía tiempos despreciaba a este fanfarrón sin sustento de su fanfarronería y no quería verme implorándole preservar su «preciosa vida», que a mi ver no era preciosa ni siquiera benéfica. Por eso dije tan sólo, esforzándome por no mostrar alteración en mi semblante:

—Bueno, causarías dolor en ciertas personas, imagino…

—Eso me tiene sin cuidado —casi vomitó, echando hacia delante su masa balanceada de carnes—. Ya sabes que odio a mi familia.

Sí, odiaba a su familia, pero seguía viviendo con su madre nonagenaria y con una hermana que cargaba con todo el peso del hogar, ya que Obeso no aportaba un maravedí para alimentos ni para medicinas ni para el cubrimiento de los servicios de agua, electricidad y teléfono. De estos últimos se beneficiaba en forma poltronamente gratuita. Su egoísmo, casi siempre traducido en egolatría, era fiero y salido de cauce. En cierta ocasión, hacía años, me había confiado —ya he dicho que se complacía en las confidencias— que anhelaba el fallecimiento de su madre para así heredar «los muchos caudales de esa vieja cuya existencia no aporta nada a la sociedad». Esa vez, me pregunté qué estaría aportando él, fuera de unos versos insinceros y pesados y una cátedra sumergida en su ignorancia oceánica. Al memorar esta circunstancia, comprendí en un relámpago que no se suicidaría jamás, ni ante el golpe más aplanador, este individuo cuyo único amor era a sí mismo. Inepto para amar a otros, ¿en verdad sufría por el abandono del «amigo» o simplemente lo simulaba para hacerse el interesante? Por un segundo, experimenté el impulso de arrojarlo de mi casa, para que fuera a representar su comedia ante alguien más crédulo o, como él debía pensar, «más mentecato». En ese instante miré en dirección a Aitana, que había permanecido de pie y sin articular palabra, con los brazos apoyados en el espaldar de un sillón, y en su rostro vi análogos sentimientos. Sabía mi damita que todo aquello era una pantomima y que este Polichinela de alma jorobada, o este Arlequín de genio anárquico y malvado era incapaz de nobleza alguna. Entonces discurrí una solución simplicísima para acabar con aquel tinglado grotesco: buscar un camino tangente y desviar la conversación hacia otros tópicos. Convenía, por supuesto, atacarlo por su flanco más sensible, sin mudar en apariencia el tema de fondo.

—Con sinceridad —le dije—, te sugiero que apeles a la oración. A veces, Dios se apiada de los amantes abandonados.

Me miró con ojos despectivos.

—Sabes que soy ateo —repuso, tal como lo había previsto—. Allá tú que crees en esas patrañas.

—Recuerdo —aventuré, tratando de aparentar algo así como indiferencia por su credo agnóstico— que alguna vez, entre los muchos argumentos que esgrimes para negar la existencia de Dios, te remitiste a la teoría del Big Bang formulada por George Gamow y apoyada y popularizada por Stephen Hawking, ese físico oxfoniano que padece esclerosis lateral amiotrófica y debe permanecer en una silla ortopédica y comunicarse mediante monosílabos abstrusos.

—Sí —convino Obeso—. Esa teoría, aceptada ampliamente por los físicos, anula para siempre la creencia en un Dios.

—No me parece —reviré entonces—. Sabrás que, por el contrario, entre los físicos más sobresalientes hubo siempre objeciones tanto a la teoría del Big Bang como a aquélla de la pérdida de información en objetos engullidos por un agujero negro.

—¿Qué objeciones? —preguntó Obeso, ya con un poco de fastidio.

—Sería complejo explicarlas. Esa pérdida de información negaría una de las leyes fundamentales de la física. Por lo demás, nunca hallé mucho sentido en un Big Bang surgido a partir de la nada, si se acepta que una cosa no puede dar lo que no tiene y que la nada, nada puede dar. Sabrás que, a la postre, Stephen Hawking rectificó sus teorías.

—No es cierto —se apresuró Obeso a contradecir—. ¿Cuándo ocurrió semejante cosa?

—Hará poco más de un año —revelé—. Para proponer una solución, Hawking debió afirmar que no es el nuestro el solo universo existente, sino que existe una serie *infinita* de universos. De allí, tanto él como otros físicos postulan ahora que el Big Bang se produjo por una colisión entre dos universos. De hecho, los Big Bangs se producen con alguna frecuencia.

—Eso es descabellado, linda con la mística —enjuició el arrogante catedrático—. Y me parece que es invención tuya.

—No lo es. Si así lo deseas, consulta con físicos. La busca de una causa al origen del universo presenta ahora un peliagudo problema: hay que interrogarse sobre la causa de un número infinito de universos. En suma, para evitar la regresión infinita, no queda más camino que volver a Dios.

—Qué tontería. La creencia en Dios es propia sólo del hombre primitivo, de cuando aún nos hallábamos próximos a los animales.

—¿Piensas, pues, que los animales creen en Dios? Recuerda que se orientan por el instinto.

—Mira. Tus fantasías sobre universos infinitos son lo más estúpido que he oído en mucho tiempo —quiso ahora sentenciar el «poeta»—. Algo que sólo puede caber en la mente afiebrada de místicos y de soñadores imbéciles.

—¿Llamas imbécil a Hawking? Así sea, pues. Insiste en tu «materialismo científico», asílate en Karl Marx. Hoy como siempre, la física sigue perpleja frente a los orígenes del universo.

—No, no. Estás equivocado —afirmó, con un gesto de terror en los ojos; luego, creo que ante el pavor por una posible derrota (él jamás admitía la derrota), se apresuró a agregar: —Por cierto, debo irme.

Reincidía en su retirada clásica, que dejaba siempre sueltos los cabos. Pero esta vez, me dije, no quedaría yo sangrando como de costumbre.

—¿Rezarás entonces? —pregunté, con toda la perversidad que pude acumular sin sentirme culpable.

Nada dijo. Se irguió del asiento, reasumiendo su habitual solemnidad, aquel ademán grave de «gran catedrático». Sin determinar a Aitana, que lo miraba con furia, avanzó hacia la puerta. Al salir, hizo memoria y articuló en voz muy baja, dejando que una sonrisa sólo a medias cortés asomara a su cara:

—Gracias por los whiskies.

Cuando calculé que había abordado el elevador, solté la carcajada que llevaba guardada hacía rato. Aitana, en cambio, persistió en su disgusto, prendido como un broche a sus ojos elocuentes. Muy entre dientes, murmuró:

—La enfermedad del ignorante, Dios mío, es ignorar su propia ignorancia.

—Amén —agregué—. No olvides que a todos los burros les gusta oírse rebuznar.

XXII

Mientras poco a poco, en la medida en que me ree-
ducaba gracias a caminatas siempre breves —y estribadas,
claro, en la asistencia incansable de Aitana—, había reco-
brado el uso cabal de mis músculos y lograba una andadu-
ra natural y ágil incluso para mis años, en descompensación
otro impedimento se manifestaba en mi físico: mi vientre,
debido a la herida que el cirujano había dejado abierta y que
aún se resistía a cicatrizar, se hinchaba a tal extremo que el
médico cubano (el cual seguía pidiéndome aguardar con
calma el resultado de la investigación en el San Patricio, para
sólo entonces resolver si se procedía a la nueva cirugía) confesó advertirla, sin duda, algo escandalosa. Dijo, sin embargo, que el problema se obviaría justamente al ser interveni-
do de nuevo, pues una vez segmentado mi intestino para
retirar el remanente tumoral, se me colocaría una malla que
habría de devolver mis órganos a sus posiciones normales.
Había en mi vientre un desorden de aquéllos, motivado por
la escasa tensión de los músculos, y la ventración era su consecuencia hasta cierto punto peligrosa, pues podía muy bien
sobrevenir una hernia. Desde mis días en la unidad de cuidados intensivos, rodeaba mi talle en forma constante una
faja, bajo la cual los vendajes cubrían las curaciones que primero la gente de la «promotora de salud» y luego Aitana, a
quien adiestraron, practicaban en la incisión. Por fortuna,
aquel aparejo elástico y bien ceñido preservaba bastante mi
figura y no lucía yo del todo como un hedonista barrigudo
e irresponsable. También por fortuna, la escara había ido de-

sapareciendo y no debía, frente a las personas, reprimir los deseos coléricos de rascar.

A finales de julio y estrictamente en familia, celebramos Aitana y yo nuestros cuarenta años de matrimonio. La reunión con nuestros hijos se efectuó alrededor de una cena, en la que mi damita nos presentó, preparado por ella misma, un pargo rojo con palmitos de cangrejo cuya receta le había sido revelada por cierta tía mía durante las temporadas vividas en Cartagena de Indias, que fueron varias. Aitana poseía una disposición ingénita para la cocina, que sólo ejercitaba en ocasiones excepcionales, dada su aversión al trajín con ollas, sartenes y avíos culinarios. Solía yo gastarle bromas por la absoluta ignorancia que en ese arte denotaba por los tiempos de nuestra boda. Lo cierto es que fue la necesidad, por la imposibilidad en que nos hallábamos de costearnos un servicio doméstico, lo que la estimuló a aquel aprendizaje que permitió, por lo referente a mí, que Lúculo prefiriera comer casi siempre en casa de Lúculo. Sin saberlo, mi mujer era de nacimiento un chef sobresaliente. Más tarde, su destreza le permitió instruir con sabiduría a nuestras empleadas en las artes gustosas de la gastronomía. En aquel postrer aniversario de bodas, nuestros encomios la llenaron como nunca de un agrado que supo reflejarse en el apresto de sus ojos. Su mayor contento radicó siempre en congregar a la familia y transmitirle esa brasa vivificante que sabía resguardar como los toneles de roble un insigne coñac.

Sólo unos breves días habían transcurrido, y una lluvia que ya los vientos de agosto volvían agresiva maltrataba los ventanales del apartamento, la tarde en que nos aprestamos a acudir a la cita con el maestro Seferino Martínez, para conocer el retrato que hacía de Helena Jáuregui. La habíamos concertado unos días antes y, la verdad, ahora nos arrepentíamos un poco, por tener que desafiar aquel aguaje inoportuno que latigueaba las calles y las despoblaba. Los transeúntes buscaban refugio donde el azar lo consintiera, en una ciudad cuyos aleros vivían ahora tan sólo en la nostalgia de otros tiempos. Vigilábamos, sin embargo, por ver el momento en que el taxista amigo llegara a recogernos. Para ser sincero, el retrato de la becaria me interesaba menos que volver a encontrarme con el viejo pintor, cuya amistad había frecuentado muchos años atrás, pero de quien me había alejado ese sino indeciso que pesa sobre quienes habitamos monstruosas urbes en donde todos parecemos perdidos entre una muchedumbre amorfa y encrespada.

Aquella mañana, una suerte de nubloso presentimiento había sobrecogido a Aitana cuando un conserje nos entregó un sobre, dejado en la portería, con una tarjeta en la cual se nos participaba, sin invitársenos a ceremonia ni fiesta alguna, la boda de Rufino Borja y Leonor Pizano (el apellido Jáuregui se había desvanecido), celebrada unos días antes en una notaría del norte de Bogotá. Me confió mi esposa ignorar por qué aquella lacónica noticia le había suscitado un escalofrío. Quizás, aventuró, porque nada bueno presagiaba para la pobre Helena, que pese a hallarse becada acababa de renunciar a sus estudios humanísticos por evitar tensiones en el hogar, tiranizado ahora por ese joyero cuyo talante arribista no podía constituir un secreto sino para quien se hubiese dejado arrullar por su labia y por sus modales postizos. Debo aceptar que mi reacción fue, en cambio, de indiferencia. Lo cierto es que pensaba que la becaria atesoraba ya un acervo notable de erudición literaria, filosófica y plurilingüe, y que era poco lo que la Filotécnica podía a esas alturas seguir aportándole. Aitana me sacó del error: Helena necesitaba obtener el diploma si deseaba incorporarse a la cátedra o a agrupaciones investigativas en instituciones filológicas o de altos estudios. No pude, pues, sino convenir en que nuestra amiga iniciaba un camino ciertamente erizado de amarguras.

El maestro Seferino Martínez, que debía frisar ya en los ochenta, nos sorprendió por su porte garboso y su humor sobreabundante. Era de esos individuos que, acaso por la dignidad y por la pureza de su vida, terminan preservando el donaire y la robustez hasta los años invernales. Dicen que la reina Cristina de Suecia solía afirmar que todo lo fuerte es joven; de ser así, habría que admitir que este ochentón expansivo, decidor, siempre regocijado, seguía erigido en algo así como en un emblema de vitalidad. Su cabello blanco realzaba la lozanía y diría que la limpidez de un rostro sanguíneo y radiante, en donde la sonrisa era un relámpago magnético. A esta imagen contribuían no poco cierta preservada esbeltez y la pulcritud de su atavío. Nos recibió en su obrador, un ámbito muy desahogado que era en realidad el vasto sotabanco de un caserón decimonónico, en el cual, ubicados cada uno en su caballete, conquistaban al rompe la atención más de diez pinturas en proceso, como si el artista, lejos de concentrarse en una sola, debiera regalarse en muchas a la vez, única forma de expulsar, en abarrotadas expresiones, los arremolinados mundos de su fantasía creadora.

Tras evocar épocas pasadas, en que matábamos el tiempo en uno de esos antiguos, innobles y negligentes cafés del centro de Bogotá, por fortuna extinguidos, especulando sobre proyecciones venturas del arte de aquellos días, que jamás llegaron a darse, me atreví a preguntar al maestro qué perseguía con ese retrato de Helena Jáuregui que podíamos columbrar, apenas en sus esbozos tentativos, en un ángulo del taller. En él, nuestra amiga, a despecho de su contundencia física, se manifestaba apenas como un fantasma logrado con base en puras manchas de color, algo así como una membrana ectoplasmática y gelatinosa que propendiera de alguna manera a configurar, un día, la imagen de la becaria. El artista sonrió con cierta vaguedad, como si su propósito lo divirtiera, al tiempo que dejaba ir la vista por el amplio adorno circular en el centro del cielo raso. Dijo que intentaba hacía ya algún tiempo completar una exposición que reflejara este mundo de comienzos de la vigésimo primera centuria. Uno de sus distintivos, según él, era por una parte la moda de la delgadez, casi de la caquexia o de la emaciación; por la otra, el predominio de la obesidad, originado en parte, sí, en la sobrealimentación y en la famosa «comida chatarra», pero ante todo en el estrés y en la angustia propios de estas sociedades apresuradas y enardecidas. A Helena la había conocido durante un diálogo sostenido con estudiantes en la Filotécnica, y apenas la vio consideró la posibilidad de retratarla para hacer de ella una alegoría conmovedora. Esto, por supuesto, lo ignoraba la así elegida, para quien constituía simplemente un honor ser pintada por un maestro. Pese a lo cual hacía varias semanas que no asomaba por el obrador.

Tanto Aitana como yo experimentamos malestar ante esta revelación: era como exponer a nuestra amiga a un escarnio cruel, como caricaturizarla con saña o tal vez como juzgarla a ella misma una caricatura indicativa de las miserias del mundo contemporáneo. No obstante, el respeto y la simpatía por Seferino Martínez nos cohibieron para exteriorizar ese disgusto. En cambio, expresamos curiosidad por otras alegorías expuestas ante nuestros ojos, en los caballetes. Sobre todo una, en la cual parecía insinuarse, mediante sombras como lamparones que se fraccionaran, la catástrofe del World Trade Center de Nueva York. Fue entonces cuando Martínez exhibió, ante nuestra curiosidad sorprendida, la miga cardinal de sus intenciones. Reveló que la exposición proyectada llevaría por título *Apocalipsis de Isaías*, como son nombrados esos fragmentos escatológicos del libro del profeta bíblico, en los cuales alude al fin del mundo. El pintor evocó: «La tierra será enteramente vaciada, y completamente saqueada; porque Iaweh ha pronunciado esta palabra. Se destruyó, cayó la tierra; enfermó, cayó el mundo; enfermaron los altos pueblos de la tierra. Y la tierra se contaminó bajo sus moradores; porque traspasaron las leyes, falsearon el derecho, quebrantaron el pacto sempiterno. Por esta causa la maldición consumió la tierra, y sus moradores fueron asolados; por esta causa fueron consumidos los habitantes de la tierra, y disminuyeron los hombres...»

—En la antigüedad —prosiguió—, tales profecías fueron asimiladas, por ejemplo, a desdichas que habrían de sobrevenir a Babilonia, a Asiria, a Moab, a Damasco, a Egipto, a Etiopía. Ante todo, se pensaba que el fragmento bautizado *Apocalipsis*, donde es anunciado ese gran cataclismo y la destrucción de una ciudad poderosa, se refería al momento en que el Imperio Babilonio desaparece de la faz del planeta, cuando Jerjes destruye el templo de Marduk. Hoy, una impulsiva corriente exegética ha querido aproximar aquellas profecías a los tiempos presentes, y suponer que esa predicción acerca del día en que «la luna se avergonzará, y el sol se confundirá», en que «temblará la tierra como un ebrio, y será removida como una choza; y se agravará sobre ella su pecado, y caerá, y nunca más se levantará», alude más bien al siglo que comienza. Y que, en particular, son los Estados Unidos, la Babilonia de nuestros tiempos, los que habrán de padecer ese castigo apocalíptico, por el desafuero y la desolación que han introducido y diseminado.

Sus ojos fulguraban como dos ascuas inquietas.

—Creo —agregó— que el atentado que dio en tierra con las Torres Gemelas señala el inicio de esa hecatombe profetizada. Isaías anticipa cómo temblarán los cimientos del planeta. Todos creímos, antes del colapso del comunismo soviético, o sea, durante la llamada guerra fría, que aquella catástrofe sobrevendría por razón de una guerra nuclear entre rusos y americanos. Ahora, más acordes con Nostradamus y con otros visionarios, sabemos que el holocausto universal se producirá por la colisión entre el orbe cristiano y el orbe islámico. Entre nosotros, la supervivencia de terroristas de orientación seudomarxista hace pensar erróneamente que vivimos aún la pugna entre capitalismo y comunismo. No hay tal: el mundo entero se encuentra inmerso en un duelo de culturas cuyos fetiches son Cristo, imagen del capitalismo a partir de la Encíclica *Rerum Novarum*, y Mahoma, imagen de un tercer mundo expoliado.

De pronto, recordé mi delirio en el Hospital San Patricio. En él recorría comarcas de mi país y no hallaba, en los tiroteos que presencié, el pleito entre gobierno y narcoguerrillas, sino un canje de fuego entre árabes y judíos, injertado misteriosamente en tierras vernáculas.

El maestro Martínez había terminado su exposición y nos observaba por conocer nuestra reacción ante puntos de vista que parecían combinar proyecciones objetivas de la historia presente con intuiciones arcanas, bastante cabalísticas. Aitana había dejado que su vista se perdiera en una especie de bruma arcaica. Yo, me erguí del asiento y anduve con lentitud hacia la ventana, cubierta con antiguos postigos de celosía, que daba hacia la calle. Tendí la mirada hacia los transeúntes amodorrados de la hora vesperal, cuando advertí de repente, instalado frente a un comercio de géneros, apoyado en el muro y con una rodilla doblada hacia éste, al zombie de nuestras pasadas y pesadillescas experiencias. Tenía bajos los párpados, como si meditara o dormitara, pero sin duda con el propósito de recatar aquellas cuencas blancas del todo alarmantes. A su alrededor, la lluvia se había dulcificado y apenas un cernidillo acariciaba el paisaje urbano como un vaho de aljófares suavísimos. Sentí una pena menuda, mezclada con indiferencia y acaso con dejadez, hundirme una lanceta minúscula, cual si el hastío reemplazara en mí el miedo que aquella aparición debería inspirarme. Fue como si el horizonte plasmado ante nosotros por Seferino Martínez me hubiese despojado de todo anhelo de lucha, de toda propulsión hacia el futuro. Por instantes, ansié sumirme para siempre en ese *dolce far niente* que, según los futuristas, hizo una vez de Italia «una inmensa Pompeya blanqueada de sepulcros». Sí; me sentí uno de esos sepulcros, pero deshabitado, vacío como un termo entre sus dos paredes de vidrio.

Por no mortificarla, cuando di media vuelta y regresé mi conciencia al ámbito del taller, me abstuve de comentar a mi esposa el avistamiento. De algún modo, los tejemanejes nigrománticos de Armando García empezaban a resultarme tediosos, por trágicos que resultaran. Se dice que el crimen puede llegar a devenir un arte, pero pienso que será por los siglos un arte sin gracia. Entretanto, Martínez había clavado en mí una mirada escrutadora. Le devolví un gesto neutro. Si el pintor esperaba que aprobásemos o controvirtiésemos su visión, lo hacía en vano. Su discurso no daba lugar a polémica, por pesimista que fuera. Si el Apocalipsis del hijo de Amós, de aquel acalorado profeta y mártir, pudiera aplicarse a los años que corrían, era cosa ajena no sólo a nuestra voluntad y a nuestro discernimiento, sino asimismo a nuestra capacidad hipotética de avalar un vaticinio. Nadie olvida que, luego de haber advertido inútilmente a sus conciudadanos de los peligros que los acechaban en la célebre contienda homérica, la princesa troyana Casandra intentó hacer lo propio con Agamenón, a quien había sido entregada como esclava, con idéntico resultado. A la postre, pues, tanto ella como el rey de Micenas fueron decapitados por Clitemnestra. Es el destino de los profetas, en su tierra o fuera de ella, y no sólo por haber desairado la lascivia de Apolo. Cicerón dijo, con harta razón, que no hay ventaja alguna en conocer el futuro; que, al contrario, sólo serviría para atormentarnos sin provecho. A ello podría haberle puesto mi firma. Para Isaías, era palmaria la idea de la ira divina, capaz de enviar cataclismos y ángeles vengadores. Mas no era ésa la imagen que Aitana y yo alimentábamos del Ser Supremo, a quien más bien creíamos un tanto desasido de los avatares de sus criaturas. Lo cierto es que aquella tarde, ya próximo el anochecer, me había envuelto de repente algo así como una bocanada de cansancio, de empalago, una desgana ecuménica. Quizás por la empatía que nos ligaba, me temo que Aitana atravesaba por un clima similar en el paisaje de su espíritu.

—Hay muchas aberraciones de la esperanza —me sorprendí diciendo de improviso—. A unas las llamamos optimismo, a otras pesimismo. Pero, en fin, uno y otro pueden encarnar alguna verdad, mientras duran.

—¿Desapruebas, pues, mi *Apocalipsis*? —indagó el maestro.

Comprendí que la polémica que creí imposible, de repente había comenzado a desenvolverse, acaso de un modo maquinal.

—No, de ninguna manera. Pero desconfío por igual del pesimismo y del optimismo. Si lo mejor para no temer nada es no esperar demasiado, ¿qué decir de quien funda su esperanza en un futuro catastrófico del que, de un modo u otro, por su propia naturaleza, siente pavor?

—Te equivocas —dijo Martínez, mientras observaba yo cómo su pierna derecha había adquirido un temblor nervioso—. No deseo males al mundo. Quiero sólo formular advertencias.

—Sí —repuse—, pero imaginar que la ira de Dios puede arrojar sobre el mundo cataclismos imborrables, equivale a suponerlo incapaz de contar hasta diez antes de desatarla, o de contar hasta un millón, o hasta el infinito.

El maestro, pese a mi aire enfurruñado, respondió con una risa franca y creo que dulce. Intentaba, claro, mostrarse diáfano, elucidante. Sin abandonar su buen humor, me reprochó una posición reñida, según él, con los propósitos del arte. Al reflexionar más tarde sobre aquel diálogo, en el que Aitana no quiso tomar parte, pienso que trataba de bloquear mi mente para desvanecer en ella la zozobra en que me había puesto el último recado de Armando García. De cualquier modo, lo que en aquel atardecer inundó mi espíritu representaba tal vez el anhelo de hallar una tabla de salvación, de distanciarme de los malos pronósticos. Había oscuridad en mí, y creo que también en Aitana, y deplorábamos de corazón no ver en lontananza una fuente de luz. Las pinturas de Seferino Martínez habían desatado en nosotros un íntimo Apocalipsis. Y aunque desconfiáramos en alta medida del optimismo, aborrecíamos al tiempo esa catarata de sombras que volcaban sobre el mundo individuos como los alemanes Schopenhauer y von Hartmann o el apátrida Cioran. Los primeros, negaban a la vida todo fin y propósito que no fueran el infortunio y el dolor. El tercero, hallaba una miseria fundamental en el ser humano. Eran los Isaías de nuestro tiempo. Aunque, al menos, ellos no fundaban sus visiones tenebrosas en una confidencia divina. Sus cataclismos se gestaban en la intimidad del ser humano e insuflados precisamente por el abandono o por la ausencia de Dios.

Al abandonar el obrador y encaminarnos por las angostas escaleras del añejo inmueble, recordé, como con una centella mental, una tarde en la terraza del Hotel New Stanley, de Nairobi, por los tiempos en que era yo cónsul general en Kenya. Bebíamos un refresco y, mirándome con sus ojos intensos pero a la vez acariciantes, Aitana me confesó que nunca como aquel día, en ese lejano país y conmigo a su lado, había comprendido con tan profunda compenetración la hermosura del mundo. En verdad, una especie de mansedumbre universal parecía derramarse sobre nosotros en ese preciso instante. Pero, mi amor, debiste comprender que aquella mansedumbre se aposentaba sólo en nuestros espíritus. En el lugar geográfico en donde nos hallábamos, nos rodeaban multitud de guerras y, en la propia Kenya, un enjambre de odios tribales. Nuestro mundo no está hecho para la paz ni para el amor: la sola presencia de la muerte, que nos envuelve bajo múltiples ropajes, descarta toda posibilidad de encontrarlos, salvo en la entraña de nuestros corazones. Pero éstos, como lo intuías en aquella tarde remota, pueden en forma eventual colmar el universo y saturarlo como si quemáramos un olíbano volátil e incensáramos los espacios infinitos. Cuando amamos, santificamos las esferas. Y mientras exista un ser humano capaz de amar, la ira de Dios que parecía obsesionar a Isaías no se verterá en castigos apocalípticos sobre el mundo.

Me sentía como embalsamado por aquellos pensamientos cuando salimos a la calle. Al chocar mi vista, no obstante, con el frontón de aquel comercio de géneros donde percibí poco tiempo antes al zombie, no lo vi ya, pero la oscuridad se acendró en mi interior. ¿Por qué otra vez ese engendro maligno? ¿Qué nos deparaba? Abordamos el taxi de costumbre y nos encaminamos por calles torcidas en pos de la vía arteria. De sopetón, al llegar a una esquina, un ruido sordo como el de algún bulto que hubiese caído de gran altura, y un evidente impacto contra la parte anterior del automóvil, nos hicieron irnos de bruces contra los asientos delanteros. El taxi había frenado bruscamente. Pero era tarde, porque sin duda habíamos arrollado a alguien que ahora yacía unos metros adelante, hecho un burujo en medio de la calzada. El taxista, nuestro amigo, hombre de enorme pericia y prudencia para conducir, había descendido como un rayo, mientras decenas de curiosos se agolpaban para averiguar lo sucedido.

—No fue mi culpa —encarecía el conductor—. Ese hombre se lanzó para ser atropellado. Es un suicida.

Aitana y yo descendimos, ambos con una premonición en el alma. Yo en particular, sin entender bien todavía lo ocurrido, experimenté un sobrecogimiento y reflexioné de inmediato de qué modo la sensación, en el taller del maestro Martínez, de que las celadas de Armando García ya sólo tedio habrían de producirme, había constituido apenas un pasajero sofisma de distracción, inducido quizás por el decaimiento a que me condujeron las —tan querelladas con su donoso talante— disquisiciones agoreras del pintor. Y, en efecto, el individuo tendido y muerto en la calzada no era otro que el zombie manipulado —para mí no cabía duda— por Armando García. Se había arrojado frente al automóvil, mientras disponíamos de luz verde para acelerar en la esquina, con la clara intención de perecer arrollado. Su cara resultaba más hórrida que nunca, desnaturalizada por una mueca detestable. Su pelo amazacotado como el residuo en el fondo de una caldera, debió haber sido negro alguna vez, pero ahora mostraba un tono de azúcar fundido y endurecido, que llamaba a náuseas. Los ojos vueltos seguían siendo los mismos y le imprimían el aire de un fetiche de cultos paleonégridos. Me dije que, si los zombies eran, como afirmaban algunos, muertos-vivos o cadáveres maniobrados por un taumaturgo embozado en las sombras, este sujeto habría muerto dos veces o en modo alguno había muerto y podría saltar del asfalto de repente como impulsado por un resorte. Pronto, el lugar estaba atestado de policías. Nuestro taxista seguía alegando que no había sido su culpa, que el hombre era un suicida. Dos mujeres muy ancianas, con mantellinas oscuras cubriendo la cabeza y defendidas del frío de la hora por pellizas de color terroso, aseguraban haber presenciado el percance y relataban cómo el suicida, emboscado, había aguardado el momento oportuno para aventarse hacia el auto. Los policías no parecían prestarles atención, pero cuando nos comunicaron que deberíamos acompañarlos a una comisaría, a fin de aclararlo todo, transportaron a las mujeres con ellos, mientras nosotros, llenos de una contrariedad exasperante, los seguíamos en el taxi.

Contra Aitana y contra mí no había, por supuesto, cargo alguno. Pero, rendida ya nuestra declaración, permanecimos en el despacho policial tódo el tiempo que tardó la autoridad en recibir los testimonios. Lo hicimos en solidaridad elemental con nuestro amigo taxista. Éste se había llenado de unos nervios que lo hacían parecer medio epiléptico. A ratos, se libraba al llanto y golpeaba con patadas el piso como protestando por la mala pata que lo había inducido a preferir aquella trayectoria en lugar de otras mil. Aitana trataba de aplacarlo, pero ello no parecía sino acongojarlo más. Por último, el enojoso funcionario que conocía del caso nos informó que podíamos irnos, siempre y cuando no abandonara ninguno de nosotros la ciudad mientras se cerraba la pesquisa y estuviésemos disponibles cada vez que se nos requiriese. Nerviosos como nos sentíamos, Aitana y yo no lográbamos apartar de la mente la idea de ser medio responsables de lo acaecido, pues se trataba de otra de las marrullerías de un brujo que contra nosotros y sólo contra nosotros apuntaba sus sevicias. Ya más calmado, el taxista amigo intentaba ahora disipar en nuestra imaginación tal inferencia. El hombre había cometido suicidio y nadie sino él, decía, era el causante de la maldita ocurrencia. Esa noche, ni Aitana ni yo conseguimos conciliar un sueño tranquilo. Si éste trataba de cubrirnos, pronto volvíamos a la realidad con una sacudida de espanto. El alba nos sorprendió dialogando casi en susurros y preguntándonos qué podríamos hacer para conjurar aquella maldición o aquel maleficio negro que ya nos sorbía el seso. Temíamos, dése por descontado, no tanto por nosotros como por nuestros hijos. ¿En qué momento Armando García, ahíto otra vez de escaramuzas menores, volvería a golpearnos en nuestras zarandeadas humanidades? Decidimos, por último, pedir consejo a Maritza Ordóñez. Era ella sólo una médium y no la creíamos en capacidad de inhibir al brujo de Cali. Pero confiábamos en que tuviera noticia de quién pudiera hacerlo.

Tras solicitarle una entrevista, que fijó para las horas de la tarde, quisimos parar un rato en la tertulia. Llegamos a eso del mediodía. Allí encontramos ya, sumidos en una plática queda, a John Aristizábal y a Nicolás Sarmiento, amén de un grupo bastante nutrido de estudiantes de letras. Comprendimos que algo fuera de orden había sobrevenido. Los semblantes de nuestros amigos y cierta sombra en sus ojos no indicaban otra cosa. Indagamos ya con genuino pánico, pues sabíamos que iba a tratarse de un acontecimiento horripilante. Los jóvenes letrados titubearon un poco antes de resolverse a declarar la verdad. Estábamos, nos dijeron, ante algo tan delicado que no permitía una consideración lo bastante reposada. No negaban el estado de desconcierto que los embargaba. Apresurados por Aitana, que temblaba como una laminilla, nos transmitieron por último la tétrica nueva: aquella mañana, Leonor Pizano había sido envenenada con alguna sustancia introducida en su café con leche. Al comienzo, se quiso responsabilizar a su flamante marido, Rufino Borja. Pero, durante la pesquisa, en el velador de Helena Jáuregui había sido hallado un frasco de cianuro de hidrógeno. Nuestra amiga se hallaba encarcelada y todos los esfuerzos de Sarmiento y de Aristizábal por comunicarse con ella habían resultado estériles.

Aitana, que como ya he relatado poco frecuentaba la bebida, llamó a la mesera y ordenó con angustia un vodka doble. Yo había persistido en mi café, pero en lo hondo me sentía desmazalado como un pelele pendiente de una baranda. Por ver si me traían a mi turno un whisky también doble, volví la vista hacia la barra. Tras ésta solía observarnos un amplio espejo, tan amplio como el mueble de madera y fórmica. A veces, me gustaba pasear por él la mirada, por percibir el establecimiento como en equilibrio portentoso sobre un plano inclinado. Esta vez, al no distinguir en dónde se encontraba la mesera, maquinalmente busqué la luna. Allí podría ubicarla. De pronto, sentí un escalofrío. Exploré en la imagen real que me rodeaba y allí no hallé algo que, en cambio, parecía atisbarme desde el espejo. Giré de nuevo hacia éste y no me cupo duda: desde esa luna, sentado en una mesa del fondo, con una sonrisa desafiante me contemplaba Armando García o bien su proyección fantasmal que, ahora, me dirigía con la mano, sin abandonar la repugnante sonrisa, un saludo que era a la vez un reto y un malparido sarcasmo.

XXIII

Si en vez de pergeñar un testimonio de los que juzgo mis días crepusculares en el orbe terreno, estuviese escribiendo una novela, vive Dios, para decirlo a la arcaica, que habría suprimido algunos hechos atroces, a fin de restar truculencia al relato. Sé bien que hay en esta relación más cadáveres que en una película de Tarantino. Pero debo mantenerme fiel a los que han sido los más oscuros días de mi vida (y más aún de la vida de Aitana), distanciados ahora en extremo de aquella nuestra modesta felicidad, misma que arruinó la maldición proferida por un brujo encarnizado. Con este ítem prosigo, pues, y que Dios me ayude a concluir la narración antes que Hades me atraiga al Érebo y termine precipitándome en el Tártaro.

En efecto, nos reunimos aquella misma tarde con Maritza Ordóñez en su frugal residencia del barrio de La Candelaria. Muchísimo más que el día en que la conocimos, hallamos a una mujer serena, muy dueña de sí, cimentada en su habilidad incontestable como sobre una firme capa rocosa. Sin que se lo manifestáramos, dijo saber que acudíamos a ella por razón de un maleficio cernido sobre nosotros. No se abstuvo, por lo demás, de recordar que ya había intentado colocarnos sobre aviso a través de nuestra nuera, el día en que acudió a su consulta.

—Sólo que ahora —se apresuró a añadir—, teniéndolos ante mí, veo que no bastaría, para liberarlos, una mera rociada de agua bendita. La maldición que pesa sobre ustedes sólo puede ser neutralizada, créanlo, por un brujo más poderoso. Ello debido, según puedo intuirlo por el malestar que engendra en mí, a que la persona que desató el maleficio se encuentra lejos de ser un nigromante ordinario. Se trata, no duden de ello, de un alma en la cual se aposenta toda la fuerza satánica.

—¿Qué debemos hacer? —inquirió Aitana, en cuyo rostro la angustia cobraba el viso de un achaque extenuante. Ahora, al convencerse finalmente de la condición irrecusable del maleficio que nos oprimía, daba la impresión de que todo el edificio de sus certidumbres, de su fe en la nobleza del cosmos, se desmigajara como un mueble de madera atacado por térmites.

—Les daré una dirección y un teléfono —anunció la médium—. Así, podrán hablar con un brujo a quien no conozco en persona, pero de quien poseo referencias concluyentes. Se llama Isidro Patarroyo. Debo prevenirlos, sin embargo. Ignoro si los poderes que detenta son de brujería blanca o de brujería negra. Ignoro si sirve a Dios o al Mal. Quienes lo han tratado y, sobre todo, quienes han solicitado sus mediaciones, lo describen como un sujeto sesgado, transversal, lleno de disimulos, de dobleces, de intenciones oscuras. Su poder parece ser enorme.

Nos miramos Aitana y yo con manifiesto temor. ¿Acudir a alguien descrito de este modo, a un taumaturgo tan sumido en la tiniebla como el propio Armando García? Maritza desprendió una pequeña hoja de un talonario y en ella trazó el nombre y las señas prometidas. Me la alargó mirándome de un modo que enunciaba: «Nada más puedo hacer». Lo recibí y creí que me quemaba la mano, a tal punto temía vérmelas con otro quídam ligado a Satanás por un pacto de sangre. Indagué entonces:

—Y, como cura, ¿no puede este hombre ser peor que la enfermedad?

—Estoy lejos de saberlo —respondió ella, dando a sus ojos una expresión de franqueza—. Pero una cosa sé, y es que donde otros han fracasado por la potencia de la ligadura que encaran, él ha salido airoso.

De pronto, se dirigió a Aitana para manifestarle:

—Detrás de usted, señora, percibo a una mujer anciana. Creo que es una figura materna. ¿Ha fallecido su madre?

—Sí —casi balbuceó mi esposa.

—Es su madre, en efecto —corroboró la médium—. Trae con ella algunos de esos envueltos o bollos ligeramente dulces que se cuecen en Boyacá. Me parece que les trae tal obsequio como una especie de identificación, para que sepan que se trata de ella.

—Solía traérnoslos cada vez que volvía de su tierra —ratifiqué. Ya sentía, valga la verdad, un leve nudo en la garganta.

Maritza continuó, con los ojos entornados. Se dirigía siempre a Aitana.

—Le quiere decir que no olvide sus certezas habituales. Dice que Dios está fragmentado en nosotros, que vive nuestros dolores y que a través de nosotros realiza una oblación de sí mismo. Que recuerde que aquello que en nosotros está expuesto al mal es el alma, no el espíritu. Que este último es el fragmento divino que nos alienta y que es inmune al mal. Que el karma está grabado en el alma y no en el espíritu. Y que no es ni una fatalidad ni un castigo; sólo un reflejo en la vida futura de lo hecho en la presente. Que su cumplimiento no representa una punición, sino un proceso: la búsqueda de un equilibrio.

Se detuvo unos instantes y cerró los ojos. Comentó:

—No sé por qué dice estas cosas. ¿Era estudiosa de los elementos de la fe?

—Era profundamente católica —respondió Aitana.

Volví la vista hacia ella y comprobé que la estremecía un asombro que era a la vez terror. Aunque habituada a

ciertas experiencias —verbigracia, con los sueños—, la idea
de que su progenitora estuviese hablándole desde la muerte parecía resultarle en exceso turbadora. Aclararé que mi
suegra, aunque de inclinaciones místicas, no fue jamás persona muy entendida en conceptos que lindaran, como los
formulados a través de la médium, con la especulación teo-
lógica. Ello, a despecho del hielo que iba invadiéndome, me
abría un espacio de desconfianza respecto a la autenticidad
de la comunicación, aunque pienso que mi damita no dudó
ni por un instante de ella, ante todo por el gesto de los envueltos. Por lo demás, viejas lecturas me permitían saber
que esa separación entre alma y espíritu constituía un dogma en ciertas corrientes, para las cuales *alma*, en sentido
teologal, equivalía al concepto científico de *mente*. En el
zoroastrismo, por ejemplo, se juzgaba al alma exiliada del reino espiritual en un universo material corrompido, no así al
espíritu. Memórese la forma como los egipcios distinguían
el *ba* del *ka*.

Maritza reasumió la palabra:

—Le transmite su amor —declaró—. Y le pide ir re-
trayéndose, en la medida de lo posible, de la podredumbre
de la materia.

Esta declaración me hizo experimentar en el espina-
zo un ascendente escalofrío. De algún modo, era una peti-
ción que auguraba un abandono del ámbito terreno. La médium se dirigió entonces a mí:

—También a usted —indicó— le envía su amor.

Un tanto irreflexivamente, apostillé:

—Eso sí me sorprende. Pensé que más bien me re-
pudiaba un poco.

Fue, claro, una *boutade* que me surgió de modo maquinal. Aitana me observó al sesgo, con un relámpago de reproche en la mirada.

—Pregúntele si debemos acudir a ese tal Pata...
¿qué? —sugirió entonces, con palmaria impaciencia.

La médium volvió a bajar los párpados.

—No responde —dijo al abrirlos—. Nos ha dejado.

La aparición, no me avergüenza confesarlo, parecía habernos transformado en dos efigies de hielo, en rígidos témpanos transidos de perplejidad y pavor. Pese a mi escepticismo pretendidamente circunspecto, tanto los míos como los ojos de Aitana miraban horripilados a la médium, como reclamándole no sabíamos qué. Fui yo quien primero se sacudió aquel estupor, ya que no el miedo que había llegado a helarme. Adoptando un ademán de despedida, demasiado intempestivo sin duda, aseguré a Maritza que, si por acaso nos decidíamos a consultar a Isidro Patarroyo, ya le haríamos conocer los resultados. Respondió que por favor lo hiciéramos, no sin advertirnos lo poco que, vista la potencia del maleficio que sobre nosotros gravitaba, podíamos perder obteniendo su ayuda.

En el trayecto a casa, que hicimos a pie, no oculté a Aitana la aprensión que ciertas palabras de su madre despertaban en mí. ¿Por qué le pedía desasirse de la «podredumbre material»? ¿No era un augurio nefasto? ¿Como si debiera prepararse para otra vida? Mi damita, no sé si de corazón o sólo por tranquilizarme, restó importancia a la cuestión. Aitana fue siempre un tanto contradictoria en ciertas materias: muy suspicaz a veces, otras se revelaba desahogadamente desaprensiva. Aunque no era por cierto desahogo lo que la irrupción de su madre parecía originarle. Se advertía, por el contrario, ceñuda, pensativa. Mientras bebíamos un café en cualquier establecimiento hallado al azar, quise andar a vueltas con mi preocupación. Pero no. Dejó errar la mirada por el rectángulo que daba hacia la calle, por donde gente apresurada daba la sensación de ir al encuentro de desenlaces categóricos, y sin conceder el relieve más insignificante a mis cuidados, condujo el tema hacia trivialidades del todo incompatibles con lo que, en casa de Maritza, acabábamos de vivir. Así era ella, qué le íbamos a hacer, y en tales casos lo más sabio era aflojarse uno mismo las riendas y dejarla derivar por los mares de su capricho. De todos modos, aquella noche debatimos el asunto de acudir o no donde Isidro Patarroyo. Aitana se mostró enfática en su punto de vista: temía que fuera como tentar al diablo e incorporar a un nuevo brujo negro, de cuyas ligaduras todo podía esperarse, en el perímetro de nuestras desdichas. Convinimos, pues, dar tiempo al tiempo y reflexionar con calma la conveniencia de valernos, por desesperada que fuera nuestra situación, de un sujeto cuya oblicua idiosincrasia parecía haber escamado aun a las personas a quienes en apariencia había conseguido redimir.

A la mañana siguiente, en consonancia con la zozobra en que su prendimiento y su estado *sub iudice* nos mantenía, logramos visitar a Helena Jáuregui en un alojamiento de la Fiscalía. Lloró todo el tiempo que demoramos con ella. Era un llanto blando y hasta sumiso, que sin poderlo evitar engendraba en nosotros un impulso doloroso de ternura. Sin reticencias nos expresó, no obstante, su convicción de haber caído en un lazo tendido por Rufino Borja, único interesado, según ella, en ver morir a su madre. En forma muy sumaria nos describió la situación. Al saber que habían resuelto contraer matrimonio por la vía civil, había ella invocado ante Leonor Pizano la conveniencia e incluso la necesidad de establecer eso que llamaban «capitulaciones prematrimoniales», relacionadas con las posesiones materiales de cada una de las partes y sus respectivos aportes a la sociedad conyugal. Mediante tal procedimiento, era posible excluir de tal sociedad ciertos dineros y bienes que en caso de divorcio, por ejemplo, no tendrían que ser divididos entre los cónyuges y que, al fallecer eventualmente uno de ellos, tampoco harían parte de la herencia del otro. Tales capitulaciones no era ya posible legalizarlas una vez consumado el casamiento. Con ellas se habría puesto ciento y raya a las indudables ambiciones de Borja en relación con los bienes de la viuda. Aitana, más o menos entendida en estos ajetreos que, sin embargo, dada nuestra voluntad de compartir cada cosa, jamás pasó por nuestra mente tramitar, objetó que, de todas maneras, las posesiones anteriores al matrimonio se preservaban de cualquier apetito del cónyuge sobreviviente. Aquí, la becaria extremó sus muestras de aflicción para enterarnos de la lindeza cometida por su madre al incluir en su testamento, poco antes de la boda, a quien iba a ser su nuevo marido. Así, pues, al introducir en su velador el frasco de cianuro de hidrógeno una vez hubo eliminado a la flamante esposa, Borja deseó matar dos pájaros de un tiro. Si se la condenaba por el asesinato, la becaria no podría heredar y él arramblaría con todo el patrimonio.

Aitana y yo inquirimos si era que la Fiscalía barruntaba el más menguado móvil que hubiese podido conducirla a eliminar a su madre. Si no lograba dilucidarlo, el *habeas corpus* tendría que operar a lo sumo en dos días y, ya en libertad, podría ella planear un poco más a sus anchas las estrategias de su defensa. Llena ahora de cólera, pero sin deponer las lágrimas, nuestra amiga nos comunicó que su ahora padrastro alegaba cual móvil irrebatible la muerte infligida por Leonor a «Mosquetero», habida cuenta de que para ella el *setter* inglés era su máximo amor y culto. Apuntamos mi esposa y yo que se trataba de una presunción ridícula hasta las heces. Nadie, salvo psicópatas desaforados, asesina, por amor a un perrito y por intenso que aquél haya sido, a la autora de sus días. Según Helena la Fiscalía parecía, empero, acogerla como base bastante factible del crimen y, en consecuencia, no resultaba improbable que se apresurara a formular cargos. Al parecer, conforme nos confió, Borja poseía en ese despacho amistades turbias, vinculadas con aquellos fraudulentos negocios de que ella nos había dado cuenta alguna vez. Opiné que, a mi parecer, por mucho que tales cargos fuesen presentados, nunca habrían de pesar lo suficiente como para impedir que el juez ordenase su libertad en observancia del *in dubio pro reo* o, en otras palabras, de la presunción de inocencia consagrada en la ley. De resto, valdría la pena averiguar la procedencia de aquel frasco de cianuro de hidrógeno, sola prueba, y poco determinante, en su contra, ya que cualquiera pudo haberlo introducido en su velador. Su adquisición estaba prácticamente vedada a quienes no fuesen químicos o empresarios industriales que lo utilizaran. Fue aquí donde Aitana gestó la gran ocurrencia, que me maravilló. Siempre ignoré de qué misterioso cubilete extraía a menudo conocimientos ajenos a sus actividades y que para mí constituían rompecabezas herméticos. El hecho es que señaló, del modo más natural, una circunstancia que en forma muy lapidaria podría pesar en la investigación: pues en efecto, el expendio de cianuro de hidrógeno no se hallaba autorizado para personas corrientes, *pero sí para joyeros*, ya que con él eran galvanizados metales como la plata, el oro, el cobre y el platino.

En medio de su llanto, vimos una luz rafaguear en los ojos de Helena. Preguntó, claro, qué rayos quería decir *galvanizar*. Vagamente, Aitana explicó que era el procedimiento gracias al cual una capa de metal era aplicada sobre otro. Aun añadió que el cobre, por ejemplo, se podía galvanizar con facilidad, a fin de emplearlo como base para otros metales. En tales operaciones, el cianuro resultaba imprescindible y, por tanto, todo joyero tenía acceso a su compra. Aconsejamos, pues, a la becaria informar de tal circunstancia a su defensor, ya que en menos de un periquete, por mucho que dispusiese de aliados en la Fiscalía, desviaría las sospechas hacia Borja. No iban los funcionarios cómplices a arriesgar sus enchufes ni su libertad por defender a quien por fuerza habría de convertirse en el sospechoso principal, como debiera haberlo sido desde el comienzo.

Una vez en la calle, Aitana y yo debatimos hasta qué punto podía la justicia no ser corrupta en un país que desde la Colonia practicó ésa que llaman de Peralvillo, en la que antes se condena que se investiga, o «de enero», propia de esos magistrados que con el tiempo (o, lo que es lo mismo, en cuanto avanza el calendario) van experimentando un proceso de descomposición como el que hongos y bacterias promueven en la materia orgánica. Tal proceso hacía de los jueces personajes mucho más temibles, a ratos, que los criminales. Y a la postre, la peligrosidad de la justicia ¿no podía provenir lo mismo de la ley que de los jueces? Para Platón, en su *República*, por justicia no debía entenderse otra cosa que la conveniencia del más fuerte. Digamos, para hablar en términos aristotélicos, que aquello que acomodara a ese espécimen, sólo concebible en la mente de un filósofo nacido en una Grecia a la cual el concepto de *polis* tornó acomodaticia y hasta caprichosa en punto a valores éticos, denominado *agathós* por el poco sensible estagirita. En fin, no faltaría quien postulara, ante lo aciago que suele presentarse el camino de los tribunales, lo relativamente fácil de sobrellevar que es la injusticia, al lado de lo insoportable que la justicia puede llegar a ser. En cualquier caso, nos alegraba haber hallado un recosido a la situación de la becaria. Ello, por desdicha, nada iba a importarle ya en cuestión de pocas horas. Ignorábamos que, al salir del recinto dispuesto para nuestra visita por la Fiscalía, la puerta que se había cerrado tras nosotros era también la losa de una tumba.

Tampoco aquella noche mi sueño fue tranquilo. Con vaguedad recuerdo ensoñaciones en las cuales membrudos gigantes de piedra avanzaban hacia mí con intenciones nada pacíficas. Pero una en especial, por ser la que desembocó en el despertar, se ha preservado indemne en mi

retentiva. En ella, me veía en un aeropuerto donde menu-
deaban viajeros de todas las razas y lenguas del orbe, atavia-
dos ya al estilo de Occidente, ya con ajuares, indumentarias
y aderezos de países lejanos y exóticos. Túnicas sueltas o ajus-
tadas del África; orlas, flecos y bordados orientales; cafta-
nes de turcos y moros; gorros eslavos de piel de nutria; bo-
netes de eclesiásticos y seminaristas; hábitos y tocas monjiles
y, en fin, una gama harto heterogénea de vestimentas se afa-
naban ante los despachos de las aerolíneas o en dirección a
las puertas de abordaje, evidenciando el cosmopolitismo
de aquella encrucijada de las rutas del mundo. Que podía
ser, sí, Francfort, Tokio o Los Ángeles. De repente, irrumpió en mi memoria el propósito que allí me convocaba. Debía dar a Aitana el beso de despedida: había resuelto abandonarme y se largaba para tierras remotas con uno de esos
magnates que en nuestra patria llaman «cacaos». Al rompe,
los vi frente a mí, atareados con sus valijas. Mi damita vestía un traje sastre color castaño claro y, en la cabeza, un gorro de piel de venado. No revelaba, por cierto, más de treinta o, si mucho, treinta y cinco años. Su rostro terso acusaba
a menudo, con la vista colocada en su galán, la blancura de
esa sonrisa con que alguna vez, en la vida real, interrumpió
la lectura que, en voz alta, le hacía de una novela de Valle-
Inclán, para decirme que se proponía permanecer conmigo hasta la eternidad. En la ensoñación, sentía yo en el
espíritu una opresión incalculable, pero en mi mente libraba refriegas ciclópeas por forzar una resignación que, a la
postre, sabía inconquistable. Con timidez me acerqué a ellos.
El galán, sobre cuyo labio superior se agitaba con gracia,
mientras hablaba, un bigote rubio tan atusado como el cabello de idéntico color, hacía recordar —al menos en el desorden onírico— a una especie de Carlos V, en el romance
histórico del duque de Rivas, vistiendo brocado de oro y
blanco, tabardo tudesco y con un justillo de raso jalde que

cubrían primorosos bordados. Me tendió la mano lleno de una cortesía que parecía denunciar un sentimiento de culpa. Sabía que me arrebataba lo más preciado de mi vida y, por tanto, se esforzaba por aparecer atildado, impoluto y magnánimo.

Le devolví el saludo con toda la naturalidad que podía extraer de mi congoja. No deseaba dar muestras de incivilidad y, la verdad, odio ni resquemor alguno me movían en contra suya. Aitana había transferido su amor a él y eso bastaba para otorgarle todo mi crédito y admiración. Vi en su mirada, sin embargo, una brasa azul que en un soplo me puso sobre alerta. ¿Y si todo aquel empaque de caballero no hacía sino disfrazar a uno de esos bellacos que exprimen a las mujeres como si fueran naranjas mandarinas, para arrojar la cáscara una vez chupado todo el jugo? Esos llamados «expertos» que sostienen la imposibilidad de acudir en el sueño a las facultades del juicio y del raciocinio, ignoran tal vez que en los suyos se hallan ausentes quizás por la monda razón de no disponer de ellas tampoco en la vigilia. No dude el lector, pues, de la forma como, en medio de la visión, entendí la dificultad de sembrar en Aitana aquella duda, por saber sobradamente que un ser enamorado ni teniéndolo ante la vista aceptará el lunar más ínfimo en el objeto de su amor. Esa odiosa frase: «Te lo dije», en situación ninguna abunda tanto como cuando ha sobrevenido ya la decepción amorosa. Así, para que no existiera ni la más hipotética viabilidad de que me viera tentado a usarla algún día frente a Aitana, estreché entre las mías con calidez las manos del galán y le imploré, por lo más santo de su vida, no hacer sufrir jamás a mi damita. El hombre lo prometió en forma que, por la sencillez con que volvió tenue y cercana su mirada, juzgué sincera y, entonces, vi en él no ya a un gentilhombre de la corte palatina, sino a un caballero medieval, con una camisa de malla hasta los muslos y un escudo cónico con un guardanariz. Ahora, en una de esas bruscas mutaciones tan corrientes en los sueños, los vi ya dirigiéndose hacia el enorme Boeing que se llevaría para siempre a quien había sido el fundamento, la razón, la alegría de mi existencia. En ese punto abrí los ojos y, traspasado por la angustia, los volví hacia el lugar que ocupaba Aitana a mi lado en el lecho, para hallarla allí dormida y respirando con sosiego, y sentirme penetrado por una onda de alivio infinita y gozosa.

Mientras desayunábamos narré a mi esposa el sueño alevoso, sólo para oír de sus labios cómo también ella lo había soñado muchas veces pero a la inversa. Aquello lo sabía de tiempo atrás. Lo que no podía intuir, a pesar de las insistentes vilezas del brujo negro, era que mi visión se constituía, ahora sí, en preámbulo de su despedida definitiva. Desde siempre, como lo consigné al comienzo de estas páginas, supe que aquellos sueños en los cuales Aitana desaparecía sin remedio o la percibía en el trance de fugarse con otro, tanto aquel otro como el sucedáneo de perderse en una incógnita insoluble no eran otra cosa que imágenes de la muerte, que puede tardar pero, ay, no soslayarse. Pese a lo cual no supe esta vez discernir que no se trataba ahora del mero anticipo de algo que fatalmente iba a ocurrir en una fecha futura, sino de algo descarnadamente inminente. A nadie se oculta que existen más viudas que viudos, y es natural que se obnubile el varón creyendo que, por necesidad, precederá a su amada en el inevitable submundo plutónico. Por encima, pues, del augurio onírico, aquella mañana vi a mi damita aproximarse al lavaplatos para enjuagar la loza del desayuno, pues no contábamos ese día con Julia, y una oleada de amor me acarició como si fuera yo el Oberón de una Titania hacendosa, justa y hermosa como la luna llena de San Juan.

Me aproximaba a ella para prestarle alguna ayuda (detestaba quedarme cruzado de brazos cuando la veía ata-

reada en este género de actividades domésticas), cuando oí
el timbre del teléfono. Quien llamaba era Nicolás Sarmiento. Se apresuró a advertir que lo hacía para transmitirme una
noticia funesta. No era hombre de exteriorizar con dema-
siada vivacidad sus emociones, pero de todos modos y desde el comienzo noté debilitada y enronquecida su voz. Hasta
llegué a preguntarme si no habría libado hasta el amanecer, cosa que hacía de tiempo en tiempo en cierta taberna
no muy alejada de nuestra vivienda, y especializada en tangos. Pero no. Titubeaba en comunicarme la mala nueva,
quizás porque se resistía a creerla en lo íntimo o quizás por
el embarazo que suscita el tener que ser correo de esta clase
de mensajes. Debí urgirlo a sacar a luz lo que se empeñaba
en guardar en la molleja. Al fin y al cabo, le dije, hacía ya
más de un año los sobresaltos nos asediaban a Aitana y a
mí, al extremo de habernos casi familiarizado con ellos.

Por lo que antes sugerí, el lector habrá sospechado
ya de qué se trataba. Sí; Helena Jáuregui había fallecido la
noche anterior en la reclusión de la Fiscalía. Al rompe imaginé su corazón sucumbiendo bajo la carga emocional que
los últimos días le habían deparado. Para una persona de
tan delicada sensibilidad como ella, el que de buenas a primeras se viera encarando una acusación de parricidio podía
alterar todas sus respuestas orgánicas e inducir disfuncio-
nes impredecibles. Ahora, me dije, sobre el maldito joyero,
el hombre del saco bermejo y los calzones verdes, pesaban
dos muertes y hasta afirmaría que dos asesinatos, sin que
fuera fácil esperanzarnos, por desdicha, dados sus cenago-
sos contubernios con empleados de la Fiscalía, en la posibilidad de un justo castigo. Tal como él lo planeaba, la castigada había sido Helena, quien de haber vivido hubiera
visto abrirse la perspectiva de una buena defensa, gracias
al dato preciosísimo proporcionado por Aitana. Consu-
mada su muerte, ¿quién pudiera dirimir si fue la Providen-

cia quien así no lo quiso? De todas formas, por las revelaciones aportadas en la autopsia y por la posterior interpretación de los forenses, supimos que su deceso provino de un ataque cerebral vascular, no extraño en las personas obesas. Conforme a los médicos, en éstas suele presentarse un estrechamiento de las arterias, con la consiguiente reducción del flujo sanguíneo que, sumados al aumento de la presión arterial, pueden causar que la sangre se coagule dentro de los vasos y sobrevenga el ataque al cerebro. Tal fue el dictamen del Instituto de Medicina Legal, que conocimos al cabo de dos o tres días. Desde luego, nadie se sujetó a éste al extremo de abandonar la idea de haber sido el fallecimiento directa consecuencia de un estado emocional que podíamos imaginar en todo su drama y su desolación. La becaria, que tanto prometía, murió víctima de una maquinación demoníaca, urdida por un ambicioso lleno de egoísmo que a su vez —no seré yo el que lo ponga en duda— se convirtió en un instrumento del brujo de Cali, que así seguía dando curso a una venganza improcedente, extremada y profundamente inicua.

XXIV

Con J. M. Rubio-Salazar me comuniqué unos diez o quince días más tarde, a fin de averiguar por los progresos de su tratamiento. Sentí su acento quebrado y débil cuando me habló del tormento que implicaba aquel bombardeo de radiación ionizante a que estaba sometido su organismo, ya de suyo depauperado por la quimioterapia previa. Lo más temible del procedimiento radicaba, según me explicó, en que la lesión producida, por razón de la interacción con el ácido desoxirribonucleico, afectaba no sólo las células enfermas sino también las sanas. Además, el estado de debilidad y de indefensión en que precipitaba al paciente le impedía ahora moverse con libertad: debía ir apoyándose en las paredes para movilizarse en su propia casa y —esto me lo comunicó con vergüenza y ahogo— si aquel mismo día le colocaran delante a Miss Universo en brevísima tanga, en vano se pesquisaría en él respuesta fisiológica alguna. Trataba yo, por supuesto, de transmitirle algún mensaje alentador, pero sabía que era una quimera en las circunstancias físicas y psíquicas en que se debatía. Me asombró, y movió incluso mi admiración, el que derrotado como lo intuía se interesara, sin embargo, en menudas anécdotas del mundillo literario, en especial por aquellas agresiones contra su prestigio que, como ocurre en todos los casos de grandeza, abundaban en tertulias, ágapes y mesas redondas en los cuales se ventilara la actualidad letrada. Un escritor de pinta gorilesca, oriundo de mi misma tierra nativa, parecía ser el que contra él despotricaba de modo más canalla y persistente.

Una de aquellas tardes recibí una llamada de Yadira, con quien no parlamentaba desde el almuerzo que nos ofreció a Aitana y a mí en su residencia, y en el cual traté de encarecerle la conveniencia de visitar a Maritza Ordóñez. Para mi sorpresa, me dijo que en efecto se había entrevistado con la médium. Propició ésta una comunicación con su madre y con Piero, que al parecer no sólo trajo consuelo a nuestra amiga, sino que difumó en ella el miedo a los fenómenos, mal llamados «paranormales», suscitados en el ámbito hogareño. Ahora, la viuda —indiferente a las burlillas socarronas que ello inspirase en sus hijos— había llegado a convencerse finalmente de las aptitudes extraordinarias de Maritza. Le confesé que yo mismo entraba en ciertos trances de escepticismo cuando la veía establecer aquellos contactos en mi presencia. Tal reacción no parecía soslayable desde el momento aquél —con raíz en la Ilustración dieciochesca y en el positivismo decimonónico— en que la ciencia empezó a cañonearnos con prédicas implacables en pro de la suspicacia o, peor, del descreimiento frente a todo lo relacionado con la órbita espiritual. Desde d'Holbach y Diderot hasta Engels y Marx, pasando por Comte, Mach y, desde luego, por los evolucionistas del siglo XX, la recancanilla en contra del espíritu había saturado, con efectos múltiples, las conciencias aun de quienes se decían religiosos creyentes. Hasta los sobrios monistas, herederos del hilozoísmo de la antigüedad, al postular la identidad entre mente y materia —que el espiritualismo no siempre negaba, ya que en algunas de sus tendencias solía aceptar en el universo una esencia única— golpearon las inteligencias, durante los últimos trescientos años, con severas instancias al ateísmo. «En nada creo, en nada», dijo algún poeta criollo, ya al borde del nihilismo tan bien representado en ese personaje de Turguéniev bautizado Bazarov.

En tales breñas andaba extraviada mi parla cuando comprendí de un golpe, oyendo los reiterados «anjás» con que Yadira la acogía, que de todo aquello a mi amiga se le daba un ardite. En cambio, su final adhesión a los expedientes de Maritza Ordóñez lejos se hallaba de originarse en teosofías como aquélla de madame Blavatsky, sino estrictamente en las nociones de que en su niñez había sido receptáculo, brotadas de labios de su madre devota o del cura de su parroquia. Lo importante era, al fin y al cabo, que hubiese abierto su alma al consuelo y aprestase su ánimo para un conveniente apaciguamiento. Frené, pues, mis presunciones oraculares y, cambiando en un visaje de tema, le hablé de generalidades pero, en particular, de nuestras relaciones comunes. Indagó, claro, por J. M. Rubio-Salazar, con quien yo los había presentado a Piero y a ella hacía ya algún tiempo, y debí hacerla partícipe de mi desesperanza, como asimismo la de Glenda, en punto a una superación de su espantosa dolencia. Cuando paseábamos ya la atención por otras amistades que aquí no vienen a cuento, Yadira debió sentir algo así como un corrientazo en la memoria, que la apresuró a transmitirme una extraña circunstancia acerca de la cual no habíamos recibido Aitana ni yo noticia alguna: según dijo, en días recientes el apartamento de Carmenza Beltrán en el barrio Paulo VI había sido allanado y requisado por el Departamento Administrativo de Seguridad —esto es, por la policía secreta— y, al parecer, mi amiga y paisana había sufrido largos interrogatorios, sin excluir tal vez una prisión preventiva. Me inundó el asombro, pues no pensaba que Carmenza tuviese nada que ocultar ni mucho menos que pudiese incurrir en algo ni remotamente delictuoso. Pero Yadira —como se recordará, ella y Piero se hallaban presentes cuando Aitana, nuestros hijos y yo la visitamos meses antes de mi hospitalización—, aunque no en forma directa, había conocido la novedad por boca de viejos amigos, periodistas todavía en ejercicio.

No bien colgamos, comenté con Aitana aquella rareza. Mi damita juzgó pertinente comunicarse en seguida con mi paisana, por elucidar de una vez por todas el confuso jeroglífico. Entre sollozos, Carmenza empezó por reconocer cómo, en los últimos meses, sostenía una relación, un tanto embrollada como no es raro que se dé entre sajones y damas criollas, con Richard Nessler. Como sabíamos, el alemán representaba en Colombia a una «organización no gubernamental» con sede principal en Suiza. Para ésta, acostumbraba redactar informes en los cuales nuestro gobierno salía muy mal librado. Al parecer, trataba siempre de presentarlo como una dictadura que violaba sin conmiseración los derechos humanos de nuestra ciudadanía pero, en particular, de los llamados «guerrilleros heroicos». Jamás informaba sobre incursiones guerrilleras en las cuales perecieran no sólo miembros de las Fuerzas Armadas, sino ante todo campesinos inocentes y propietarios que rehusaban cubrir millonarias extorsiones; ni sobre atentados terroristas contra oleoductos y redes eléctricas, ni sobre la destrucción con bombas de poblados enteros, reducidos de la noche a la mañana a un hacinamiento de escombros. En cambio, por cada guerrillero muerto por obra del Ejército redactaba una acusación contra el Estado. Tampoco daba trazas de haberse enterado de la forma como nuestras guerrillas conformaban el mayor cártel de la droga en los cinco continentes. Había intentado ella, según dijo, quitarlo de esas prácticas prejuiciosas y parcializadas, sin fortuna. Nessler se acorazaba en una testarudez que ella tomaba por inherente a estos europeos educados en una visión distorsionada del resto del mundo. Entretanto, la asombraba el prurito del alemán por mostrarse racista y ultraderechista, al tiempo que favorecía a sedicentes militantes del estalinismo supérstite.

Hasta allí, me parece que en Carmenza anidaban idénticas perplejidades que en Aitana o en mí. Nessler era, sin duda, un individuo opulento en contradicciones. El bombazo estalló para ella, no obstante, el día en que el servicio secreto allanó su apartamento, al cual el alemán había trasladado desde hacía semanas sus bártulos. Al comienzo, se limitaron a practicar una requisa que volcó cajones y gavetas y que les permitió incautar algunos documentos comprometedores de entre las pertenencias del teutón. Luego, procedieron a arrestarlo bajo el cargo de haber colaborado durante años con la narcoguerrilla. En un principio, como caía de su peso, procuró ella persuadir a los agentes secretos de la filiación derechista de su amante, que en forma terminante lo alejaba, según ponderó, de cualquier respaldo a guerrilleros izquierdistas. El que parecía comandarlos lanzó una risotada henchida de sarcasmo y le preguntó si no se percataba de la farsa que el alemán había venido representando por largo tiempo. Doquier se hacía pasar por eurocentrista, nazi, racista, con el fin de ocultar sus verdaderas actividades, que consistían en prestar diversas clases de apoyo a la narcoguerrilla. En años pasados, Nessler había sido militante del guevarismo inspirado en las obras iniciales de Regis Debray, aquéllas escritas mucho antes que el apasionado y popular pensador adoptara posiciones más moderadas e incluso actuara como asesor de François Miterrand. A medida que el ovillo se fue desenvolviendo, Carmenza pudo enterarse de cómo su cohabitante había fundado células coadjutoras del comunismo extraoficial (vale decir, el que operaba en la clandestinidad), cuyo propósito consistía en infiltrar tanto a las grandes empresas como al Estado. En tales células eran reclutados, para apoyar la subversión armada, individuos con títulos académicos muy sofisticados, de buena posición económica y que poseyeran amistades influyentes. Algunos reconocidos *clubmen* y aparentes esnobistas formaban en sus huestes citadinas. El empalme con la narcoguerrilla se realizaba sólo en el más alto de los niveles, o sea, a través únicamente de los jerarcas supremos. Su misión esencial radicaba en penetrar todo aquello que la extrema izquierda reputaba «bastiones de la burguesía y de la plutocracia». Para consternación suya, Carmenza había sido puesta por las autoridades en autos de que el servicio secreto venía siguiendo a Nessler la pista hacía mucho tiempo. Sólo ahora, por supuesto, había llegado a disponer de pruebas tan irrebatibles como para proceder a su arresto. Y esas pruebas llegaban hasta lo pasmoso. A más de lo anterior, nuestro hombre había fungido como intermediario para el contrabando de armas y, dada su intimidad con oficinas del Estado —ya que este tipo de «observadores extranjeros» suele hallarlas más francas que un miserable contribuyente—, como espía para el suministro de información acerca de los lugares apropiados para cometer atentados terroristas.

Aitana y yo quedamos de una pieza. Desde nuestra juventud habíamos comprendido que, en altísimo porcentaje, las personas y cosas que nos rodean envuelven fraudes y engaños. Tampoco ignorábamos que los mayores engaños son los que uno se hace a sí mismo. No por ello, sin embargo, resultaba menos mortificante descubrir que ante nosotros un pelafustán tudesco había representado una pantomima, llena también de instantes patéticos, durante buen tiempo. Que habíamos mostrado irritación ante meras apariencias tan prontas a evaporarse como agua que hierve. Me sorprendí pensando, además (y debí reprochármelo), que este aliado del terrorismo de extrema izquierda me resultaba más tolerable que el nazi feroz que creía conocer. Las personas de mi generación hemos llevado en la sangre una repulsión extrema hacia el nazifascismo, en tanto nos hallamos muy lejos de haber desarrollado similares defensas biológicas contra el fanatismo comunista. No pensamos en Stalin con el mismo horror con que lo hacemos en Hitler, no importa que los crímenes del primero igualaran (y quizás excedieran) los del segundo. Cuando comentamos en la tertulia la sorpresa que Nessler nos había asestado, varios de los presentes se negaron a creer que sólo ahora nos hubiésemos puesto al tanto, pues el alemán, al parecer, había aparecido en la televisión, en el momento de su prendimiento, lanzando vivas desaforados a la narcoguerrilla. La «organización no gubernamental» de la cual hacía parte dirigió una protesta energúmena, casi histérica, por lo que se creyó autorizada a discernir como «atropello incalificable perpetrado contra un crítico objetivo por el régimen criptofascista de una república bananera».

Nos reíamos de esto último cuando uno de los presentes preguntó:

—¿Tengo entendido que eran ustedes amigos muy cercanos del jurista Absalón Bermeo?

Aitana y yo asentimos.

—¿Se han enterado —prosiguió el contertulio— del último rumor relacionado con su fallecimiento?

—Nos encontrábamos presentes cuando ocurrió —dije—. De hecho, fuimos los únicos en presenciar el deceso.

—Hay indicios —agregó el otro con cierta parsimonia dirigida, al parecer, a crear una importante expectativa— de que no hubo tal deceso.

—¿Qué quiere decir? —indagó Aitana.

—El rumor nació en el cementerio mismo. Cierta noche, un vigilante que es también sepulturero creyó oír ruidos en la tumba. Transmitió su inquietud a las directivas de ese Huerto del Señor y éstas la trasladaron a la viuda. Ella, presa de angustia, logró autorización para exhumar el cuerpo.

En este punto, el informante calló y paseó la vista por todos nosotros como relamiéndose de gusto por la expectativa creada.

—¿Y qué hallaron? —exigió Aitana con ademán nervioso.

—El cuerpo se encontraba en posición harto diferente de como fue colocado en el ataúd —reveló por fin el súbito cronista—. La crispación de las manos indicaba que Bermeo luchó con desesperación, golpeando y rasguñando la madera, para tratar de liberarse.

—Qué horrible —dijo John Aristizábal.

—Todo señala que el jurista había sufrido un ataque de catalepsia —coronó el otro. Para agregar con mucha lentitud, después de una pausa: —Y le pasó lo que a un porcentaje no determinado de sepultos. Edgar Allan Poe lo reputaba el mayor de los suplicios y la peor de las muertes.

Aitana y yo nos sabíamos el uno al otro en el paroxismo del asombro. Esto superaba de improviso hasta a la inconsecuencia del suicidio de Piero Casas. Y, de ser verdad, no negaría al menos yo que provenía de un artero y macabro montaje tramado por Armando García.

Mi esposa había adoptado un gesto reflexivo y rompió de pronto el silencio prevaleciente para apuntar:

—He leído que la catalepsia puede ser síntoma de varias cosas, entre ellas la epilepsia y hasta la esquizofrenia. Pero asimismo que una prueba rutinaria puede cerciorar al médico de la muerte real y de la inexistencia de ese rarísimo estado nervioso.

—Eso me recuerda a la santa de Cabora —glosó Aristizábal. Todos lo miramos con curiosidad—. Fue una santita mexicana, nacida en la aldea de ese nombre, en el estado de Sonora, hija de campesinos humildes. De niña, superó al parecer varios estados catalépticos, motivo por el cual la llamaban «la resucitada». Su historia es casi increíble. Con el tiempo, dejó ver capacidad para sanar enfermos mediante la sugestión. Ello la condujo poco a poco a encabezar un movimiento mesiánico que adquirió numerosos adeptos entre los indios de la sierra. Y aquí viene lo insólito. En las postrimerías del siglo XIX un sujeto llamado Cruz Chávez, que era defensor de Tomochic, en Chihuahua, se alzó en armas contra el gobierno por impedirle visitar a la santa y derrotó al Ejército federal. Poco después, los indios mayos atacaron Navojoa al grito de «¡viva la santa de Cabora!». Y se produjo algo que linda con lo ridículo: el general Porfirio Díaz, que ocupaba la Presidencia, ordenó la deportación de la muchacha, que conducida por feroces soldados armados hasta los dientes debió refugiarse en los Estados Unidos. Allá, maravilló tanto con sus curaciones que motivó enormes despliegues periodísticos. Cuando murió en Arizona, la rodeaban la admiración y la devoción.

—Toda una novela —me permití opinar—. Pero me sorprende que en un país con tan estupendos escritores como México nadie la haya escrito.

—Quién sabe si se ha escrito —dudó Aitana. Y se apresuró a agregar: —Pero, volviendo a Absalón Bermeo, entre las cosas que acabé escarbando con Carmenza Beltrán, cuando agotamos el tema de Nessler, una se me había olvidado. Y es que supo ella, no sé por quién, que la viuda ferió literalmente la biblioteca del difunto; la vendió al precio de periódicos viejos.

—Era una biblioteca espléndida —comenté—. Hubiera podido hacer donación de ella a alguna institución.

—Ni se le pasó por la mente, según Carmenza. Pensaba que todo aquello era basura y nada más.

—Típico —enjuicié.

Más tarde, con personas cercanas a la viuda, logramos averiguar, para tranquilidad nuestra, que el rumor transmitido por el contertulio era no más una de esas leyendas macabras que brotan, sin fundamento, en el trastorno de las grandes ciudades. Aitana me confesó haberla creído al pie de la letra y haberse sentido por ello enormemente perturbada.

—También yo lo estuve —agregué—. Sobre todo al maliciar que el médico que se ofreció para expedir el certificado fúnebre no hubiera realizado un examen adecuado del cuerpo. Todo fue tan confuso. Créeme que hasta llegué a sentirme un poco culpable.

—Habrá que agradecer —dijo Aitana— que Armando García no nos haya deparado en realidad este otro golpe espantoso.

—Nada hay que agradecer a ese maldito —declaré—. A propósito, ¿has resuelto algo sobre ver a Isidro Patarroyo?

—Creo que sí. Y estaba por comunicártelo. Anoche la pasé pensando que, si ese hombre puede parar las ruindades de Armando García, sería irresponsable de nuestra parte no acudir a él.

—Hagámoslo, pues —asentí.

Lo hicimos al otro día. Habitaba el individuo una casita despintada y ruinosa en uno de los barrios más desdichados y sórdidos de la ciudad. Se trataba de un suburbio astroso, infestado de seres que parecían deambular sin orientación por esas callejuelas llenas de cráteres y de desperdicios arrojados al azar, de niños que nos miraban como preguntándonos qué divinidad maléfica habría parido la idea malsana de inventar el mundo. Eran despojos del hambre y del maltrato. De los botes de basura nos llegaban fetideces inextricables. Una vieja desdentada, de rostro agrietado y reseco, nos maldijo al reparar en nuestros indumentos. A su vista, comenté a mi esposa, podíamos parecer magnates. Me preguntaba si era concebible que un hombre con poderes en apariencia taumatúrgicos como aquél a quien buscábamos no habría hecho uso de ellos, si en verdad los poseía, para agenciarse un lugar más decente. Ello, claro, incubó en lo profundo de mí una nueva desconfianza, que me abstuve de transmitir. Entramos en un zaguán donde, al rompe, experimentamos una ráfaga abominable llegada de no sé dónde, que me hizo memorar ésa que lanza el Etna en el momento en que se incorpora Plutón a la asamblea infernal de la *Gerusalemme liberata*. Ello me hizo pensar en el brujo que nos aguardaba como en una especie de príncipe harapiento en un submundo de tristeza y negrura. Una niña delgaducha y cubierta, eso sí, con un decentito vestido de rombos grises, vino a nuestro encuentro y nos informó que su padre nos vería tan pronto terminase con una consulta en proceso. Reflexioné que, si el brujo era padre, entonces merecía el respeto que infundió a Porfirio Barba-Jacob, por esa sola razón, aquel «hombre triste, huraño, sórdido» que cruzó alguna vez por su heredad. Consulté el reloj pulsera y vi en el cuadrante, largas, las tres de la tarde. Iban a ser las cuatro cuando al fin encaramos al brujo.

Su apariencia no era terrífica como habíamos llegado a imaginarla. Daba la impresión de un cajero de banco o de un contabilista mediocre, idea que trajo a mi cabeza al difunto esposo de Maritza Ordóñez, sólo que él había sido, sin duda, un contador afortunado. No revelaba Isidro Patarroyo más de cincuenta años y su tez se mostraba rúbea y lozana como la superficie de una fruta fresca. Algo en él, sin embargo, nos resultó tanto a Aitana como a mí en extremo inquietante. Tal vez su mirada repleta de una burla o de una malicia insondables. Recibía en una salita de muebles vulgares, cuyo tapizado desteñía un usufructo más que añoso. Por aquí y por allá, en el recinto, había velas prendidas, campanillas como ésas que se utilizan en los comedores y muchas cruces, algunas hechas con simples ramitas de arbustos. Colgaban de las paredes varias láminas enmarcadas —me parece que páginas arrancadas de libros— en las cuales, mientras el hombre nos atendía, terminé descifrando una serie de representaciones del infierno. Aquí podía verse, morosamente impreso, uno de los grabados de Doré para la *Commedia*. Se trataba, pues, del Infierno cristiano. Allá, un dibujo a todo color intentaba reproducir los veintiún infiernos del hinduismo, donde oscuramente reencarnan los pecadores. En otro, logré entrever las esferas con que la cosmología ortodoxa budista corrigió esa concepción. Otro más mostraba el puente que, según el Islam, deben atravesar las almas de los difuntos, en el entendimiento de que aquélla que pierda el equilibrio y se precipite en la fosa de fuego que acecha debajo, es porque debe purgar sus acciones malvadas. En una repisa junto a la ventana ceñudamente clausurada, pude distinguir una hilera de libros, ignoro si algunos con fórmulas mágicas o tan sólo tratados de mediumnidad. Sé que llamaban allí la atención un tranquilizador ejemplar de la Biblia, un volumen obeso que intuí como recopilación de doctrinas del *Corpus Hermeticum*, algún tratado de astrología de apariencia muy reciente, el Libro de los muertos según la recensión de Tebas, una *Historia de los cultos gnósticos*, otra del misticismo helenístico astral, una más sobre la orden secreta del Golden Dawn, el *Zohar* del cabalista Moisés de León y un tomo forrado en negro sobre la cábala luriánica. Créame el lector que sentí una suerte de sosiego, pues al menos lograba sospechar en el dueño de casa una inclinación hacia orientaciones de cierta respetabilidad.

—Sé que se preguntan —fue lo primero que Patarroyo dijo— por qué un individuo versado en fuerzas ocultas, como es mi caso, vive en este sector destartalado y mal habitado. La respuesta es simple: lo hago como una forma de penitencia.

—¿Tantos son sus pecados? —se me ocurrió preguntarle.

—No, en verdad —repuso, con sorna tranquila—. Más bien es una defensa contra ellos, quiero decir, contra los pecados de incontinencia.

Empezaba a asombrarme este individuo. Aitana lo observaba con la desconfianza perfilada en el rostro.

—El ansia de lujos —agregó— es uno de los epígrafes que constan en el *Infierno* de Dante. Pero ustedes han venido a otra cosa. Han venido porque los agobia un maleficio invocado por un brujo negro. Déjenme explorar —nos observaba con ojos magnéticos y horadantes—. Un maleficio lanzado por alguien que vive en el occidente del país, ah sí, tal vez por Armando García.

—¿Lo conoce? —preguntamos a dúo mi esposa y yo.

—No en persona —respondió—. Pero he destruido algunas ligaduras suyas. Sólo que... —Se quedó pensativo un punto—. Sólo que, por lo visto, ésta posee una fuerza casi inconmovible. Es asombroso.

—¿Qué quiere decir? —interrogó Aitana.

—Ese hombre no es sólo ya un brujo negro. Es morada de Satán. Su poder ha crecido inmensamente, al parecer, desde cuando lo combatí la última vez, hará cinco o seis años.

Mi esposa se veía demudada. ¡Pobre damita mía! ¿Por qué, aquella tarde, no bastaron las palabras del taumaturgo para que me decidiera, de una vez y para siempre, a liquidar al brujo de Cali? Pues es lo cierto que Patarroyo, cuando pensábamos que iba a suministrarnos talismanes o algo similar para defendernos de García, clavándome en cambio, fijos como dos punzones de acero, unos ojos obsesionantes, dictaminó con voz reposada y frígida:

—Para librarlos de este maleficio, debo matar a quien lo invocó.

—¿Cómo? —inquirí con una trabazón en mi tono.

—Haría un maleficio a mi turno —reveló—. Pero debería apelar al máximo de ellos. Piensen que se trata de Satanás y no de esa persona que usted conoció en su juventud.

El hombre, sin duda, leía la mente. ¿Cómo podía saber cuándo diablos conocí al «poeta» logrero, simulador y, en aquel entonces, pródigo en reverencias?

—¿Matarlo? —balbuceé—. Ésas son palabras mayores.

—Dios mío —fue lo único que dijo Aitana.

—Él no ha vacilado en quitar la vida a varias personas próximas a ustedes —arguyó Patarroyo—. ¿Por qué alentar escrúpulos?

—Esa muerte caería sobre nosotros, sobre nuestra conciencia —objeté con susto.

—No creo que se encuentren ustedes en posición de dejarse acobardar por la conciencia —replicó el brujo—. García actúa con ustedes peor que un asesino maniático. Matarlo es hacer justicia.

—¿No hay forma de deshacer su maleficio sin hacerle daño? —demandé—. ¿De maniatarlo, de aprisionarlo?

—No sé si saben ustedes —contestó Patarroyo— que Armando García aprendió brujería negra en Brasil, en una escuela de macumba. Es éste un culto originado en África, entre los bantúes. Allí estudió los encantamientos llamados *quimbanda*, en los que se invoca a los *orichás nagós*. Como conozco la *umbanda*, que es el procedimiento contrario, mediante el cual se realizan curaciones, pude en otras oportunidades neutralizar sus maleficios. Ello no es ahora posible, ya que el maleficio arrojado sobre ustedes procede del mismo Demonio. Quien practica la *quimbanda* va involucionando paulatinamente, hasta lograr la incorporación a las legiones infernales. De hecho, Armando García no existe ya como ser humano. Es uno más entre los lucíferos.

—¿Cómo puede estar seguro? —requerí.

Me miró como si se sintiera irrespetado, acaso menospreciado.

—¿Por su linda conciencia —dijo— va a proteger a quien los envió al hospital a su esposa y a usted, a quien inficionó con células cancerosas a un amigo y asesinó a varios más? ¿Lo va a hacer?

—No puedo ordenar una muerte —balbucí.

—Pues bien. Si usted no la autoriza, tampoco tengo yo por qué invocarla. Puede estar seguro de que no me agrada matar a nadie. Prefiero arreglar matrimonios, distribuir pócimas de amor. Así, pues, les ruego irse de mi casa. Si deciden mañana o pasado acabar con ese espíritu rudimental que infecta el mundo, pueden regresar.

Me puse de pie. Aitana, al hacerlo también, me auscultaba con ojos angustiados. Comprendo ahora que estaba del lado de la absoluta abolición de Armando García, pero que mis escrúpulos sembraban una respetuosa indecisión en su natural compasivo. Por respeto a mis reparos de conciencia, se abstenía de hablar y se resignaba, diría que trágicamente, a aquello que de fijo presentía: las nuevas acometidas del brujo de Cali.

Ya en el taxi, opinó que Isidro Patarroyo no le había parecido en modo alguno sesgado ni torcido, como nos lo habían pintado. Al contrario, parecía hacer gala de una franqueza muy espontánea.

—Me huelo que la ocasión lo imponía —discurrí—. O acaso ha sido justamente esa franqueza la que fue mal interpretada por seres no habituados a ella. ¿Quién sabe?

No quisimos, en presencia del taxista amigo, discutir mi decisión de no dañar ni siquiera a un monstruo de maldad como García. Tampoco Aitana era partidaria de la venganza; razonaba quizás con Rojas Zorrilla que «ya queda vengado / quien no se venga pudiendo». En ello era una excepción como en tantas otras cosas, si se piensa en la inclinación femenina a la revancha. Pero lo cierto es que, al imaginar que borrar del mundo a García constituía no más un acto vengativo, había descuidado yo el aspecto principal del asunto: el peligro que corríamos y que corrían quienes nos rodeaban. Esto a ella no se le escapaba, claro. De modo que, si se resignó a no actuar, lo hizo sólo por no contrariarme. Y así puedo afirmar ahora ser tan responsable como el mismísimo y maldito Armando García de las desgracias que sobrevinieron.

XXV

En su juventud, su intuición poética dictó a León de Greiff estos versos melancólicos:

Octubre,
mes agorero;
Octubre:
bajo tu cielo un aciago capuz
fatal y tétrico me cubre,
Octubre!
¡Un aciago capuz
como una cruz!
Octubre,
mes agorero,
bajo tu cielo crucifica la pena
mi alegría.
Bajo tu cielo resuena
una dolida voz que canta,
una dolida voz que trena...

Ese poema, del cual no reproduzco sino el comienzo, ha agobiado mi memoria a lo largo de los últimos meses y, desde luego, durante todo el tiempo que llevo trazando estas débiles páginas. Cuando lo leí por primera vez, en mi remota adolescencia, causó en mí una impresión presagiosa, pero jamás imaginé que llegaría a constituirse, como ahora lo hace, en el treno por excelencia, en el sollozo interior de un alma, como la mía, poco propensa a exteriorizar quejumbres, sino a guardarlas corazón adentro. Lo cierto es que ese décimo mes del calendario gregoriano ha pasado a convertirse para mí en un emblema funesto, en una cifra de dolor. En lo sucesivo, sus treinta y un días devendrán para mí sombríos, luctuosos. Representarán sólo un aniversario ominoso.

Al principio, no parecía un «mes agorero». La lluvia y sus neblinas habían quedado atrás y el cielo bogotano exultaba como en una apoteosis radiante del deseo de vivir. Aitana y yo nos personamos ante el médico cubano en procura del resultado de la investigación ordenada en punto a la, quizás, atolondrada cirugía que se me practicó en el Hospital San Patricio. El hombre ensayó un mohín deliberadamente ambiguo y nos dijo que, en efecto, aquella investigación había culminado y que, sin duda, el estado de choque y la postración en que me hallaba al llegar a esa institución, no daban margen a mayores reflexiones. Los médicos del hospital habían debido apresurarse, ante el peligro de inminente colapso y acaso de muerte en que me habían encontrado. Por experiencia he conocido desde joven la costumbre galénica de respaldarse profesionalmente, así que, lejos de desechar las interrogantes que albergaba alrededor de aquella decisión, seguí reservándomelas en mis entretelas. No obstante, el cirujano habanero hacía énfasis en la urgencia de extraer el remanente tumoral del cual informaba mi hoja clínica en el San Patricio, de modo que —también con la anuencia de Aitana— le pedí agilizar las tramitaciones que debieran adelantarse, a ver si salíamos pronto de aquella pejiguera. Fue así como el joven cirujano —de quien, por cierto, poseía excelentes referencias— me proveyó con varias órdenes para exámenes inmediatos, los cuales procedí a realizarme en los días subsecuentes, digamos que sin pérdida de tiempo. A las consiguientes citas en varios puntos de la ciudad me acompañaron, sin falta, María Jimena y, por supuesto, mi esposa. A veces Gustavo, cuando sus ocupaciones lo permitían, me transportaba en su automóvil.

Una de aquellas noches, Nicolás Sarmiento y John Aristizábal vinieron a mi apartamento a compartir unas copas. Se había agotado unos días antes mi provisión de whisky y, como sabía que la bebida se conseguía en la panadería cercana (en Bogotá hasta en las farmacias es posible comprar licor), me comuniqué por teléfono para que la subieran hasta mi puerta. Lo hicieron así, por cierto, y casi me vino un acceso de risa cuando vi que quien la traía era ni más ni menos que aquel panadero de sonrisa taimada a quien, en mis delirios, había supuesto sumergido en una aventura erótica con mi cónyuge. Era tal la miseria de su estampa —gordo, cortito de estatura, con una facha descuidada aun para andar por casa, ridículo con su bigote profuso y ganoso de aparentar ferocidad—, que resultaba risible que en mi alucinación, en la cual lo había evocado tal cual era, hubiese yo descendido al sufrimiento del cual di cuenta ya y que, sin duda, me infligió desde el mundo de las entelequias. Tal vez por afirmar mi superioridad, lo obsequié con una bonita propina con la cual, creo, trataba en forma inconsciente de ponerlo en su lugar. El hombre agradeció con gesto abyecto y no cesó de repetir que su negocio estaba a mis órdenes y que me traerían a casa cuanto se me ocurriera.

Hubo esa noche ocasión de hilar con mis jóvenes amigos algunos criterios en torno a la obra de Alfonso Reyes, dado que una importante editorial había aceptado publicar la tesis de grado escrita por Sarmiento sobre la obra del gran polígrafo. Refirió él, por ejemplo, de qué modo, cuando puso a consideración de la camarilla de mujeres la posibilidad de teorizar sobre don Alfonso, las pretenciosas catedráticas no tardaron en inquirir quién diablos era aquel autor de quien jamás habían oído hablar. Una de ellas dijo: «No, no, búsquese otro más *representativo*». Debió el joven acudir a quien luego sería su director de tesis para que explicara a las obtusas señoras el significado de Reyes entre los grandes humanistas del continente. «Pero hay autores más llamativos», opinó en principio aquella profesora que alguna vez me había tratado de desacreditar por mi presunta «literatura jurásica». El catedrático en cuestión, asombrado, preguntó quiénes podían ser aquellos titanes que superaban al mexicano. Con la mayor desfachatez (o procacidad o hasta cinismo), la mujer insinuó que la obra «poética» de ella mismísima (ese sartal de banalidades sensibleras) podía resultar «más actual y de interés más inmediato». Dios y ayuda necesitó el catedrático para disuadirla. La mujer, claro, interpuso cuantos obstáculos pudo para sabotear aquella tesis. Por fortuna, Sarmiento logró imponerla y salió airoso con ella. Ahora, la editorial en cuestión se apoyaba en conceptos bastante doctos —entre ellos el de una nieta de Reyes— para resolverse a publicarla. El amigo, sobra decirlo, no cabía en sí del regocijo.

Aristizábal hizo evocación aquella noche de la inmensa amistad y de la admiración por Borges profesada al mexicano, con quien se conoció en circunstancias en que era éste embajador en Buenos Aires. Tal entusiasmo había sido palmario en el poema en que, con motivo de su fallecimiento, le tributó su homenaje. Anotó Sarmiento cómo una de las coincidencias entre ambos paladines de la palabra se cifraba en el amor hacia la novela policial. En una conferencia escrita por Reyes a propósito de ésta, elegía tal denominación (*policial* y no «de misterio, de crimen, detectivesca o policíaca»). Memoró Aitana los reproches dirigidos a cierto autor colombiano cuando, al publicar una novela de este género, acató el parecer de Reyes y aludió siempre a ella así: *novela policial.* Yo me limité a recordar lo que Reyes confió a cierto psiquiatra amigo, y era que amaba este tipo novedoso de narraciones porque, en la novela tradicional (él la llamaba *oficial*), una muerte podía hacer llorar, como lloraban el deceso del personaje Amadís la dama y su servidumbre, en el famoso lance. En la novela policial, en cambio, una muerte era bienvenida, pues daba mayor relieve al problema. Recalcó asimismo Sarmiento la gracia con que el regiomontano operaba el caudal de la antigüedad clásica, en libros como *Última Thule* o *El deslinde*, y la forma como, trabajando esa materia, hallaba perspectivas llameantes con qué abordar la realidad de su patria. No tardó la conversación en derivar hacia cofrades de aquel sabio y creador incuestionable (que ensayó, por ejemplo, una poesía lúdica en el libro *Homero en Cuernavaca*), tales como Pedro Henríquez Ureña, José Vasconcelos o Antonio Caso, este último el gran defensor de la intuición —representada, por ejemplo, en Bergson— frente a los excesos del imperante positivismo.

Fue una velada fragante, paliativa. Aitana la disfrutó como meses atrás no lo hacía. Ella, cuyo constante interés por las civilizaciones precolombinas muchos no ignoraban, se regodeó en una memoranza tanto de las ingentes obras de Caso en torno a la cultura mixteca como de sus aportes a la interpretación jeroglífica de diversos códices. Me parece que fue un regreso a Alfonso Reyes lo que nos condujo a hablar de sor Juana y de la evidente pugna que sostuvo con la autoridad eclesiástica. Al fin y al cabo, Reyes fue también uno de los primeros en estudiar, con vislumbres reveladoras, la obra de la carmelitana de San Miguel Nepantla, que había sido hija «ilegítima». No nos abstuvimos de apelar, desde luego, a los hallazgos, bastante recientes por cierto, de Elías Trabulse, quien presentó ese documento autógrafo y largamente oculto que hoy se conoce como *La Carta de Serafina de Cristo*, y denunció cómo sor Juana fue objeto de un juicio secreto por los desvíos que siempre se le imputaron. A no dudarlo, fue Nicolás Sarmiento quien nos sumió aquella noche en atmósferas y aromas mexicanos. Su reciente amistad con escritores de ese país iba a permitirle, por lo demás, viajar allá en cosa de tres días. El amor que había incubado en los últimos tiempos hacia el Anáhuac parecía salírsele por los poros y gritar: «¡Como México no hay dos!» Esto a John Aristizábal parecía causarle mucha gracia, ya que Sarmiento a ratos conservaba cierto candor infantil que lo conducía a entusiasmos incontinentes. Él, en cambio, resultaba bastante calmado en los suyos, salvo cuando salía a cuento la gringa Mary Jo, de quien se había enamorado en Buenos Aires y cuya visita a Bogotá aguardaba con una ansiedad culminante.

Al hacer irrupción el tema del amor, pregunté a los amigos qué había sido de Simón Barraza, aquel fantasmita que jamás, en los últimos tiempos, se despegaba de Helena Jáuregui. Respondieron con algo que, por no haber antes rozado nuestra imaginación, nos hirió con fuerza la fantasía: en la autopsia, a más de la causa del deceso, se había evidenciado en la becaria un embarazo de dos a tres meses. No cabía duda acerca de la paternidad. El feto era lucro de sus solaces clandestinos, en algún hotelucho, con el gnomo logotético. Éste, a lo que parecía, se había marchado de Bogotá, una vez consumado el sepelio de su idolatrada, con la abatida mente puesta en algún monasterio campestre, acaso de monjes benedictinos, donde —hundido en la pena y quizás en el rencor— se proponía tomar los hábitos y consagrarse a labores agrícolas. Para mi coleto, me dije que tal vez el empaque macilento de Barraza se avenía más con la imagen de un penitente de la regla de san Benito que con la de un amador ardiente perdido entre las carnes exuberantes de una muchacha tan pródiga en ellas como en erudición. Aristizábal y Sarmiento me informaron que, de todos modos, Barraza estaba lejos de ser un estudiante brillante. Acaso hubiera llegado a convertirse, de persistir en la Filotécnica, en un preceptor mediocre al estilo de Eduardo Obeso pero sin sus humos ni su actitud de *magister dixit*. Ya bajo las frazadas imaginé aquella noche a la pobre Helena Jáuregui, que aseguraba cuando la conocimos haber suprimido de su vida cualquier ilusión amorosa, aferrándose con desesperación a la recién nacida esperanza en ella inducida por aquel joven harto tímido y hasta remilgado. Pensaba en la becaria y ello me instaba a comprender que, cuando tendemos la vista hacia lo que fue la vida de alguien que acaba de fallecer, no podemos evitar contemplarla como un destino. Quizá hallemos en ese pensamiento una dosis de consuelo. ¿O es tan sólo una forma de excusar nuestra irresponsabilidad o la de otros al término del tránsito vital?

En consonancia con estas reflexiones, a la mañana siguiente, mientras departíamos en la tertulia y en momentos en que Aitana había ido al reservado de mujeres, una de las simpáticas meseras me llamó aparte y me preguntó si sabía por qué mi esposa se retiraba tan a menudo a ese coto vedado a los varones. Antes de responderle me hice la composición de lugar y concluí que, efectivamente, ella abandonaba con frecuencia inusitada nuestra mesa para refugiarse en ese reducto higiénico. Denegué, no obstante, dije que lo ignoraba, a contrapelo de la sospecha que había irrumpido ya en mí. Con una risita picarona, la mesera me reveló que, al salir, dejaba siempre flotando en el reservado un aroma de tabaco. Aunque había prohibición de fumar allí, nadie le había dicho nada por el respeto que nos profesaban. Agradecí la información y nada comenté a Aitana. Ya en casa, compartí con mi hijo Gustavo la preocupación que el asunto me inspiraba, ya que era terminante para ella la proscripción del tabaco. Bosquejó una sonrisa contrariada y me reveló que, hacía rato, tanto María Jimena como él sabían que Aitana fumaba a escondidas, pues por la ventana que daba del baño del apartamento al exterior, habían visto surgir volutas de humo que iban a perderse en las alturas. De algo estaban seguros, sin embargo, y era de que ella no franqueaba el límite de dos o tres inhalaciones, en la esperanza tal vez de que, en tal dosis, el hábito no aumentara el daño hecho ya a su sistema pulmonar. Mi opinión fue, y de ello no me arrepiento, que la dejáramos hacer. Creo que, si a mí no me había resultado ardua la renuncia absoluta al cigarrillo, ello derivaba de la desintoxicación ya operada en el San Patricio. En cambio, sabía lo traumático que, desde varios puntos de vista, debía resultar para mi esposa esa abstención repentina. Y me preguntaba si imponérsela no entrañaba un martirio como los aplicados en la antigüedad al crimen de *laesa maiestas*.

En forma muy vívida recuerdo la mañana siguiente, pues no bien se hubo despertado, Aitana me comunicó haber soñado algo que, de inmediato, avivó en mí un pánico silencioso. En el sueño se había visto ascender por un túnel de luz, al cabo del cual, con el rostro iluminado por una amorosa sonrisa, la esperaban —la visión era beatífica— Jesús y su madre María. Aun me dijo algo más azorador, al menos para mí que de viejo conocía las aptitudes, por así nombrarlas, psicoquinésicas de mi damita: que albergaba la certidumbre de haberse hallado pasajeramente muerta durante aquella experiencia onírica. Ello no me gustó nada y le hice saber que, sin quererlo, había sembrado en mi interior una inquietud casi paralizante. Mas no era sólo una inquietud sino, como ya dije, pánico, pánico que me cuidé de silenciar pero que en mí se revolvía como una fiera dentro de la jaula dolorosa de la conciencia. Esa tarde, debimos atravesar media ciudad para efectos de que me fuese tomado el solo examen faltante: una tomografía axial computarizada, ésa a la cual aluden siempre los médicos con la sigla T.A.C. Al hombre que iba a dirigirla, dadas mis sospechas sobre los diagnósticos del San Patricio, pedí escudriñar a mucha conciencia en pos de un posible tumor del estroma gastrointestinal. Al concluirla, aquel facultativo dijo ha-

llarse cierto de que tal excrecencia no existía en modo alguno, aunque me sugirió aguardar a un análisis más detenido
de la prueba. Habíamos ido con María Jimena, que permaneció en el recibidor mientras Aitana me socorría en el laboratorio. Al oír aquel concepto que casi eliminaba la diagno-
sis —siempre a mi ver equívoca— ofrecida por el hospital,
mi damita corrió donde su nuera exclamando:

—¡Hurra, María Jimena, parece que no hay tal
tumor!

La cosa era aún incierta, claro. Habría que aguardar
una semana antes de tener en nuestras manos el resultado
definitivo. Al salir del laboratorio, recuerdo que Aitana compró unas empanadas para la cena en un puesto callejero.
Luego, ya en el vehículo del taxista amigo, ignoro por qué
inició un discurso, más que objetivo para hacer honor a la
verdad, contra los engolados críticos de arte, erigidos en pontífices por los periódicos. Lo hizo con vehemencia, eso sí,
y ello me desazonó tontamente, pues imaginé que tanto María Jimena como el conductor iban a formarse una idea de
mi esposa bastante alejada de la verdad, maliciando en ella
algún reconcomio que jamás hubiera hallado cabida en su
espíritu. Por eso le pedí con modales un tanto bruscos dejarse de aquellas consideraciones. Aitana, que no acostumbraba
recibir órdenes de nadie, asombrosamente guardó silencio.
Ojalá pueda el lector formarse una idea del horrible remordimiento que aquella actitud mía habría de propinarme
más tarde. No bien llegamos a casa, ella me comunicó que
sentía crecer en su organismo una sensación de gripa inminente. Un escalofrío la recorría y sentía pesados brazos y
piernas. Al avanzar la noche, empeoraron los síntomas y,
pasadas las doce, decidí llamar al doctor Asencio. Enhora-
mala ordenó éste suministrarle, para empezar, dos comprimidos de paracodina, no sin advertir que, en adelante, debía
consumir sólo uno cada veinticuatro horas. Por ser ya me-

dianoche no había farmacias que despacharan en las inmediaciones, así que llamé a Gustavo, que disponía de automóvil, y le rogué conseguir el medicamento en ciertos expendios que nunca cierran. Al cabo de hora u hora y media arribó a casa con lo solicitado y dijo que, en la droguería, habían sido cuidadosos en advertir cuán peligrosa podía resultar aquella medicina si no se administraba conforme a la dosis estricta recomendada por el médico. Aitana tomó los dos comprimidos y nos fuimos a dormir. Esa noche —Dios de los cielos— soñé estarme paseando desesperado, pues en la visión había ella fallecido. Aunque fue un sueño brevísimo, casi instantáneo, fue tal mi impresión que la sacudí de un hombro y la desperté para comunicarle qué horrenda vislumbre había engendrado mi reposo. Consecuente con su natural, desaprensivo siempre en lo referente a ella misma, me dijo en tono adormilado:

—Tranquilízate, que no me pienso morir. Ya tú viste tu infierno. No quieras inventarte otros.

Y se dio vuelta para reemprender su descanso.

Mi impresión al día siguiente, un domingo lleno de luz, fue sin embargo la de una mejoría en su estado, al punto de proponer ella misma que saliéramos a asolearnos. En las horas matutinas deambulamos, un poco al ritmo del capricho, por calles del centro. En la tarde, Gustavo y María Jimena vinieron por nosotros y nos llevaron a probar unos helados y un aromático café en alguno de los muchos establecimientos ubicados en el Centro Comercial Andino, en el norte de la ciudad. Por esos días, mi hijo menor cultivaba la afición por la navegación submarina y de allí derivamos hacia el sistema Trident y la capacidad de los actuales submarinos nucleares para recorrer casi setecientos mil kilómetros sin repostar. Nos habló, por ejemplo, del misil «Poseidón», capaz de transportar hasta diez cabezas nucleares. Ya de salida, paramos en una floristería, donde Aitana adquirió dos ramilletes de rosas blancas y frescas. Cuando nos aprestábamos a volver al centro, recuerdo que unos agentes de policía sorprendieron a Gustavo con una multa harto dispendiosa por haber aparcado en lugar incorrecto. Mi esposa trató de alegar con ellos (lo cual es siempre un error, pues la multa puede aumentar), con lo cual trastornó los nervios siempre reparones de nuestro vástago. Ya en casa, se nos unió Fabián y demoramos casi hasta la medianoche en la sala bromeando sobre miles de cosas y de quisicosas, de donde surgieron no pocos chisporroteos de humor negro. A las doce, nos fuimos a la cama. Previamente, Aitana —que había colocado los ramilletes de rosas en sendos jarrones de la sala— visitó el cuarto de baño para tomar la paracodina, sin que me molestara yo en indagar —descuido fatídico— en qué dosis, ella que siempre se propasaba con los medicamentos, se la había administrado.

Muy temprano, advertí que mi esposa respiraba con dificultad. Llamé alarmado al doctor Asencio, que accedió a examinarla y se personó al cabo de una media hora. La auscultó con minucia y le preguntó en qué dosis había consumido la noche anterior la paracodina. Supimos entonces que había vuelto a administrársela doble. Opinó el médico que a ello se debía la ansiedad respiratoria y nos pidió no preocuparnos mucho, pues en asunto de horas pasaría el mal rato. A eso de las once, salí en compañía de Fabián con el objeto de sacar algún dinero del cajero electrónico. Aitana quedó bajo el cuidado de Julia, nuestra empleada. Bebimos un café en el lugar de la tertulia (aquel día no había comparecido ninguno de los habituales) y pronto estuvimos de regreso. Aquí cometí el desastroso error, pues Fabián —que debía salir ya hacia su trabajo— insinuó la conveniencia de conducir a su madre hasta el Centro Clínico, dada la respiración pedregosa que la atormentaba. Fundado en el concepto de Asencio, no le hice caso. Julia nos sirvió el almuerzo y, en él, por recomendación del médico, Aitana consumió tan sólo un caldo de pollo. Luego, me puse el pijama y me tendí a su lado en el lecho matrimonial, vigilando, ahora sí con preocupación, aquella respiración tan similar a la por ella acusada durante la neumonía de hacía algunos meses. De pronto, Aitana se alzó del lecho y empezó a gritar que la lleváramos a un hospital, pues no lograba respirar y estaba cierta de que iba a morir. Ordené a Julia conseguir un taxi, me vestí a toda prisa y traté de ayudar a mi esposa para tomar el ascensor y dirigirnos al vehículo. La conducía asida de un brazo por el pasillo, cuando ella de repente se desembarazó de mí y corrió, con bastante agilidad aunque con la cabeza abatida, hacia el sillón situado junto al teléfono. Allí se derrumbó y, aunque traté de suplicarle a voces hacer un esfuerzo para llegar a la planta baja, vi que sus ojos naufragaban y quedaban casi en blanco. Quise buscar en su pecho un atisbo de respiración y no hallé movimiento alguno. Cuando Julia llegó a anunciarnos que el taxi aguardaba abajo, la miré con desolación y balbuceé, en el paroxismo del dolor:

—Es inútil, Julia. Ha muerto.

La mujer sacudió el cuerpo inerte mientras gritaba:

—¡Señora Aitana! ¡Señora Aitana!

Insistí:

—No hay caso. Murió.

Guardo, con relación a esas dos y diez de la tarde, remordimientos inevitables. La confusión no me sugirió en momento alguno darle a oler alcohol o aplicarle respiración artificial, como ella quiso hacerlo con Absalón Bermeo. De todos modos, el médico dijo más tarde que aquello nada habría remediado. Julia había dejado abierta la puerta exterior y una vecina que salía hacia el trabajo comprendió lo acontecido. A la vuelta de segundos, el apartamento estaba atestado de vecinas que habían traído tensiómetros y otros implementos capaces de verificar o desmentir el fallecimiento. Una de ellas aseguraba advertir respuestas vitales. Asencio indicó después que se trataba de ciertas reacciones motrices que suelen presentarse luego del deceso. Llamé a nuestros hijos y ellos habrían de revelarme después no haber creído una palabra de lo que yo afirmaba. Pensaron que exageraba para apresurarlos. Cuando fueron llegando, yo medía a grandes zancadas el apartamento, idiotizado por la desesperación. Me había comunicado ya, por cierto, con Rubio-Salazar quien, sobrecogido al punto de hablar entre sollozos, declaró:

—Sé que Aitana me profesaba sincera amistad. Ahora no me queda duda: hemos sido ella, tú y yo víctimas de una maldición.

Sólo en ese momento traje a mientes el maleficio lanzado por Armando García. Dios mío, me pregunté, ¿por qué impedí que el brujo Patarroyo cortara de una vez por todas la vida de ese engendro maldito? ¿Por qué este condenado humanitarismo, para nada compatible con la maldad del mundo, cuya presencia (que siempre creí inseparable del creador literario) ha costado la vida a un ser que para mí representaba la —y, sobre todo, *mi*— vida misma?

Observando el cuerpo de mi damita (¡de mi pobre damita, Dios mío!), reparaba con obsesión —una obsesión que, en los siguientes días, habría de establecerse en mí como una servidumbre maniática— en ese dedo meñique apartado unos cuantos centímetros de los demás. Ese dedo que reposaba en una postura tan natural en apariencia, tan presta ilusoriamente a modificarse en cualquier momento. Tropezaban mis ojos con las rosas erectas en los jarrones y me preguntaba, lleno de tormento, cómo podía haber sucedido que la sobrevivieran. Disparaba la vista hacia el firmamento por el ventanal de la sala para tratar de abarcar ese tono gris que posee siempre en el altiplano y hallar en él una señal que, por supuesto, no se daba. El gris se me antojaba imperturbable, despiadado, quizás sarcástico y mordaz. Semejaba una vestidura funérea, mas no por luto a quien fue el ser más esplendoroso, sino más bien por amenazarme e intimidarme. Columbraba el ir y venir de transeúntes allá abajo y no entendía cómo podía el mundo seguir agitándose con un ritmo tan cotidiano, cuando acababa de abatirse sobre él la más atroz de las catástrofes. ¡Incoherencia, laberinto del alma oprimida! Memoré, como en todos y cada uno de los espantosos días que siguieron: «Octubre, / mes agorero. / Bajo tu cielo un aciago capuz…». Lo que experimentaba en mi interior no era en modo alguno tasable en el vocabulario baldío de ese existir bajo una misma norma que repugnaba a Montaigne. No era evaluable en términos de esa «*vie pour être pratiquée*» que unos conciben como un baile en el que debemos marcar el sinuoso y dulce compás, y otros, como una palestra en donde vencerán el brío y la bizarría. No. En un vertiginoso instante, mi vida se había trocado en un naufragio bajo ráfagas rabiosas, lanzadas por la inquina de poderes indomables. Era también cual si me hubiesen mutilado la mitad del cuerpo físico y, acaso, la totalidad, la inmensurable totalidad de mi psique.

XXVI

Aitana, como en mi sueño, se había marchado tras un lóbrego cortejante, había desertado de mí en pos de un galán y acaso de un espejismo de trasmundo y ahora, dándome la impresión de que las anonadara, se llevaba el viento mis palabras, en aquella tarde mil veces maldita de octubre de 2005, tal como las arrebató también aquel seis de abril de 1348 en que falleció madonna Laura. Aquel seis de abril en que un poeta oriundo de Arezzo creyó que «*il vento ne portava le parole*». Sí, mis palabras se deshacían como cenizas que huyen a la estratosfera, pero algo había equívoco en ello: o bien el viento las anonadaba en efecto, o bien era yo quien, aventándolas como arrojadas hacia la nada, las percibía huecas y volanderas cual si procedieran de alguien extraño a mí, de alguien sólo apto para proferir vacuidades disparatadas e incapaces de denotar lo que realmente se debatía en su interior. Hablaba y hablaba en voz muy alta, mientras recorría de un lado a otro el apartamento, y oía mis frases no sólo como si surgieran de labios de ese extraño ciertamente mentecato y aborrecible, convertido de pronto en un declamador transido de facundia y de ridiculez, sino asimismo como si estuviese baldeando aire y materias delez nables desde una sima de torpeza y de nesciencia hacia un claro cielo de sabiduría en el cual fulgurase el destino al modo de algo nítido y providente, ajeno a mí y, por lo mismo, colmado de juicio y de mesura.

Sí, era yo una caña pascaliana mostrando el puño a las alturas inconmovibles, una bestezuela sublevada contra lo que no tiene remedio. Allí, a unos pocos pasos, Aitana (esa mujer en quien se compendiaba todo lo bueno y todo lo noble y todo lo santo del universo) seguía yacente sobre el sillón inmediato a la mesa del teléfono, lejana para siempre, con ese dedo meñique en posición tan aparentemente familiar, pero con las venas de los pies, que apenas cubrían breves pantuflas, resaltadas ahora por un livor creciente. Lívida coloración que rendía testimonio de su éxodo repentino y definitivo, de su exilio tan absoluto como el cero o punto de congelación de Celsius. En ese instante, el reloj de pared, revestido de displicencia, flemático a pesar de hallarse a menos de un metro de ella, dio las campanadas de las tres. Maquinalmente miré hacia el artilugio suizo, heredado de mis padres, y percibiendo su tictac inalterable pensé ahora en el sentimiento de compañía que nos inspiran esos mecanismos fríamente puntuales, cuya presencia puede tornarse, sin embargo, cruel e incompasiva cuando comprendemos que son muchísimo más duraderos que nosotros. Y más que nunca ahora, cuando sabía que el tiempo que señalaba no era ya el tiempo de Aitana, que el tiempo de mi damita, por obra de un golpe arisco, acababa de trocarse en eternidad, es decir, en ese instante infinito que nada tiene ya que ver con este tiempo en que intentamos sobreaguar y que es nuestro más fiel compañero hasta el día mismo en que lo detiene la muerte.

Me resulta inexplicable al recordarlo, pero el momento llegó en que no quería verla ya. Pensé haberla contemplado más tiempo del prudente, en ese malestar desesperado por discernir si en su rostro la muerte se hacía hermosa al igual que en el de madonna Laura. Ahora comprendía lo artificiosa que esa bella expresión de Petrarca podía antojarse en circunstancias como la que atravesaba. Ahora sólo cabía deplorar la fugada belleza de mi vida y la forma como, en esa tarde, había perdido lo que en la juventud floreció como el baile de las Gracias: «*occhi miei, oscurato è 'l nostro sole...*» Meses más tarde habría de reprocharme con hartísima amargura el no haberla despedido con un beso. No, le di la espalda por cobardía, por miedo de saber enfriándose ese cuerpo que me prodigó tanto calor. No, por Dios, no nos mintamos adrede: ni la muerte nos embellece ni embellecemos a la muerte. Todas no son sino yertas figuras literarias, ineptas para representar el vacío que entra como una maldita masa de antimateria en nuestra mente, al contacto de ese hecho irreversible al cual supimos acechante a lo largo de nuestros días, pero creímos al tiempo negligente o inclinado a prórrogas pías antes de configurarse en la realidad, de dañarnos con su zarpazo irrecusable. Habría después de meditar en lo curiosas que son las frases que la muerte nos arranca: o acuden llenas de un patetismo que no logramos difundir más allá de nosotros mismos y del incompartible dolor que nos devasta, y que en nuestros amigos, pese a sus rostros compungidos, sólo producen una indiferencia mezclada de torpe conmiseración; o, grávidas de eufemismos, intentan generar una resignación muy reñida con los verdaderos sentimientos, como cuando Hamlet aventura que morir es dormir o tal vez soñar o como cuando alguien me dijo, hace años, adornándose con una sonrisa, que la muerte no era más que una puerta vieja colocada en la tapia de un jardín; o, por último, salen tiznadas de humor negro como cuando se nos dice que nacemos de mujer y morimos de mujer o cuando asegura Gracián que los tontos no morimos, sino que reventamos.

Piadosamente, mis hijos resolvieron, una vez el doctor Luis Ernesto Asencio se hubo personado y ratificó ante las incrédulas vecinas el deceso, trasladar a nuestra alcoba matrimonial, al lecho que habíamos Aitana y yo compartido durante ocho lustros, el cuerpo desmazalado, con los brazos colgantes como dos jirones de trapo. Ante mí, creo recordar que se intentó establecer un muro humano, a fin de que reparara lo menos posible en aquella escena que, para mis ojos increíblemente pasmados, obtusos para el llanto, se constituyó en la mirada postrera a quien doró mis años y justificó mi existencia. Sí, esa última vez logré verla aunque, a partir de tal momento, me librara ya al imperio de amigos que llegaban y llegaban, sin que supiera yo cómo se iban enterando del drama que vivíamos, y que realizaban esfuerzos dignos de encomio por distraerme y, lo que es peor, por consolarme. Asencio trató de convencerme de apurar unos calmantes, que rechacé sin titubear. Sabía que ningún efecto iban a obrar en mí. Exigí, en cambio, no sólo que un whisky me fuera servido, sino también que se me procurasen cigarrillos. No tenía caso ya persistir en la abstención, sólo adoptada en beneficio de mi esposa. Cuando la gente de la funeraria arribó por fin y se llevó a Aitana, la pared humana no dejó que me percatara de nada. Todos me rodeaban y me hablaban sin que pudiera yo discernir por completo lo que decían, mas sé que por encima de sus palabras hacía prevalecer mi discurso tal vez deshilvanado, un discurso en el que no me cansaba de insistir en ser aquél el día cuyo arribo había temido más desde el instante en que vi a Aitana la primera vez. Y así había sido, sin duda. Cómo no recordar las muy variadas ocasiones en que, entre gallos y medianoche, me incorporé en el lecho en busca de su respiración, ante el temor irracional de que hubiese fallecido en el sueño. Cómo no recordar la inquietud casi sin respiro en la cual sobrenadé durante cuarenta años, ante la idea recurrente de que algo pudiese ocurrirle. ¡Cómo no recordarla ahora en infinidad de gestos y actitudes, en torrentes de adorables sonrisas en esos sus labios amados, en multitud de ademanes reflexivos que activaban el frunce encantador de su ceño! ¡Cómo convencerme de que se iba para siempre alguien que encarnó el ansia y la fortaleza de vida!

Rodeado de personas que —salvo mis hijos y mi nuera— nada profundo me inspiraban, amigos de ocasión sin mayor arraigo en mí, pensé necesariamente en Nicolás Sarmiento y en John Aristizábal. Conocían ellos tanto como mis hijos el amor innumerable que Aitana y yo nos profesábamos, esa condición de «almas gemelas» que nos movía a andar siempre juntos. Recordé entonces que el primero de ellos no se hallaba disponible: había viajado a la ciudad de México hacía algunos días. Me apresuré, pues, a llamar al segundo —su conmoción con la noticia fue casi la de otro hijo— y rogarle que viniera a hacerme compañía. Llegó en cosa de minutos. Frente a mí, en un sofá, el doctor Asencio, cuya esposa se había unido también a nosotros, fijaba en el piso la mirada y se dejaba oscurecer el rostro con un ceño de réprobo. A no dudarlo, cavilaba en el posible efecto de la doble dosis de paracodina consumida por la difunta la noche anterior. Debía preguntarse en qué momento supuso que aquella medicina azarosa podía hacerle bien. En suma, pienso que se culpaba un poco, aunque ya había explicado a algunos de los presentes cómo el paro cardiorrespiratorio había sido a todas luces consecuencia de una neumonía doble que sobrevino en la mañana, luego de su partida. En tales casos, según dijo, los anticuerpos atacan las células afectadas por el neumococo. Al hacerlo, tales células desaparecen para dar paso a un agujero a través del cual comienza a entrar líquido a los pulmones. Al verse éstos colmados, la respiración llega a hacerse imposible. Opinaba, por lo demás, que de haber logrado yo introducir a Aitana en un taxi para llevarla al Centro Clínico, mi esposa habría fallecido en el trayecto, lo cual lo hubiera complicado todo en grado no imaginable, ya que muy probablemente la policía habría tomado cartas en el asunto. De todas estas consideraciones tuve noticia días después, pues no paraba ni en mi discurso ni en mi pasearme de aquí para allá, mien-

tras botaba humo como una paila del infierno y bebía whisky como un deshidratado. A este último sacramento del
desconsuelo se había sumado el joven Aristizábal.

Mi inepcia palmaria para solemnizar con el llanto
el fallecimiento de la mujer amada me reclamaba una explicación: tratando de ofrecérmela yo mismo, me decía que hacía más de veinte años las lágrimas no acudían a mis ojos,
ni siquiera al conocer, con sólo meses de diferencia, la muerte de mis padres. Acaso la edad resecaba la fuente de esas
perlas o más bien de esos cristales diamantinos sacralizados
por los poetas. Olvidaba, sin duda, el llanto que derramé,
clausurado en el cuarto de baño, por los días en que me des-
tartalaban los retortijones. Desde luego, la de Aitana era para
mí una ausencia muchísimo más dilacerante. Era una abla-
ción, la evaporación casi absoluta de mi aliento vital, ahora
reducido tal vez a la nada; era la supresión de gran parte de
mí mismo, de mi razón para vivir. Y tal vez ese súbito exter-
minio hubiera sustraído toda capacidad de volcar mi dolor
por los cauces habituales, limitándolo a esa verborrea repe-
titiva, a esa monotonía que debía fastidiar ya a quienes la
sufrían, pero en la cual me empeñaba como en una cantine-
la. Insistía en que era ella la vida entera para mí, mi soplo
vital, mi musa, mi damita irreemplazable, en que no podría vivir sin su presencia. Y todo ello era verdad, una verdad tan inmensa como la bóveda celeste, como el cielo que
ahora cubría una negrura sin estrellas. Como dije verdad
también cuando afirmé que, ida ella, no me sometería a cirugía alguna, así el remanente tumoral creciera como una
planta carnívora. Esto alarmó al doctor Asencio, quien, aunque me miró con ojos nerviosos, guardó silencio sin embargo. La noche había caído y me trajo de un golpe la impresión de que no podríamos en adelante ni mis hijos ni yo,
ni todos los que la queríamos, pensar en Aitana sino como
una imagen del pasado, como un fantasma que poblaría,

sí, nuestra memoria, pero no con la fuerza que nos transmitió siempre, no con aquel *élan vital* del cual dispuso a toda hora como si le brotase de una íntima fontana, sino con la incertidumbre y la ambigüedad de una reminiscencia, con el desdibujo y la opacidad de un paisaje envuelto en neblina.

Poco a poco, no sólo las amistades que me traían su pésame, sino hasta mis hijos decidieron retirarse a dormir. Era ya cerca de la medianoche y la fatiga cundía en todos ellos. Para mí, a despecho de los muchos alcoholes consumidos y como cualquiera podría comprenderlo, el reposo no parecía hacedero. Fabián, Gustavo y María Jimena aceptaron, pues, el ofrecimiento de Aristizábal de permanecer a mi lado como una especie de centinela de vista, aunque asimismo secundándome en la libación. Sin este último requisito no habría existido verdadera compañía. Meses después habría de enterarme de cómo, al día siguiente, el joven letrado consignó en su diario todas y cada una de las palabras desordenadas que pronuncié, en indudable estado de choque y alzando acaso la voz al modo del mismísimo Sténtor de la *Ilíada*, cuyo pregón equivalía al de cincuenta hombres juntos, a lo largo de esa madrugada nefaria en que el universo se me aparecía poblado de esas huestes sombrías que empujan a los condenados en el extremo derecho de *La pintura del madroño*. No obstante, por mucho que les he rogado a amigos comunes, incluido Nicolás Sarmiento, obtenerme una copia de ese testimonio, al redactar esta página sigo tan ayuno de él como en vida de Aristizábal. Quienes lo han leído me aseguran que fue escrito con genuina reverencia hacia mi persona, pero es la verdad que me resisto a imaginar nada coherente ni apreciable saliendo de mis labios en esa noche desbocada, en que la partida de Aitana me hacía sentir como si hubiese recibido de Dios una puñalada a mansalva.

No bien despuntó el día mis hijos estuvieron de nuevo conmigo. En la creencia de que pudiera de algún modo dañarme permanecer en aquel apartamento en el cual largamente viví junto a Aitana, Gustavo y María Jimena me trasladaron al suyo, en Quinta Paredes. Me cedieron su lecho matrimonial y se acomidieron a dormir las noches próximas en un sofá cama. La velación se iniciaría sólo a las tres de la tarde, de forma que logré dormir algunas horas antes de sumirme en la ducha en procura de agua helada que disipara la resaca. El despertar fue doblemente sobresaltado. Primero, porque lo indujo una gata que el matrimonio, por no haber tenido hijos, consentía como a un rorro. Creyendo que eran sus amos quienes reposaban en el lecho, trepó a éste de un salto y buscó mi rostro para hacerme carantoñas. Mi sacudida la hizo dispararse en retirada. Luego, me confundí sobre mi ubicación en el universo. ¿Dónde diablos me hallaba? Comencé entonces a rehilar recuerdos y la muerte de mi damita me sobrecogió como a Dante la loba hambrienta que precede a Virgilio. Sí, esa muerte me gruñía y comprendí que quien en realidad lo hacía desde la sombra era la imagen del brujo de Cali, emboscada ahora en cada arista de la alcoba, gritándome que había obtenido su victoria máxima. Fue tal mi espanto y la congoja me colmó con tal ímpetu, que desaté las lágrimas retenidas desde el día anterior y lloré profusamente antes de, con un respingo, recomponerme para no alarmar a mis hijos y correr a meterme en la ducha. No pienso, sin embargo, que fuera el agua fría lo que me devolvió las fuerzas; fueron éstas sin duda de origen morboso, procedían de un sistema nervioso encalabrinado hasta el paroxismo. En el almuerzo, que fue tardío y en extremo frugal, no conseguí pasar un bocado. La inapetencia suele ser la primera secuela de la pena moral. Cuando llegamos a la funeraria, eran ya las cuatro y media de la tarde y nos enteramos de que J. M. Rubio-Salazar y Glenda habían pasado por allí un rato antes. De haberlos encontrado, hubiera sido mi última oportunidad de saludar y abrazar al amigo y colega. Debió él realizar, según Glenda me lo precisó más tarde, un esfuerzo ingente para movilizarse aquella tarde, cuando ya su organismo casi no producía respuestas y el tratamiento a que se hallaba sometido lo devastaba aún más que la propia enfermedad.

Mis hijos se habían ocupado de escoger el féretro. Era sobrio, rectilíneo, de un caoba uniforme, y carecía —en ello estuve de acuerdo— de un ventano, como suelen traerlo los ataúdes, por donde contemplar al difunto, práctica que me resultó siempre antipática, como si se tratara de una profanación. Me confortó, por el resto de la tarde y durante toda la prima noche, el largo desfile de amigos y aun de simples admiradores que discurrió por aquel recinto ennoblecido por más de diez hermosas coronas fúnebres. Acompañaban el túmulo cuatro altos candelabros con velas amarillas, que hacían una escolta de honor en torno a quien, en vida, eludió con tesón los honores. Incluso a Julia, nuestra empleada doméstica, la vi allí, con sus vestiduras humildes haciendo contraste con el lujo desenfadado (nadie se viste ya de luto, como ocurría en mi niñez, para asistir a las ceremonias fúnebres) con que se ataviaba el resto de la concurrencia. El sepelio, a la mañana siguiente, fue también sobrio aunque harto concurrido. Sabedores de la fe católica que, pese a su indiferencia hacia el culto, alentó siempre en Aitana, dispusimos que la ceremonia se consumara bajo el imperio de la liturgia romana. Dos pormenores me desagradaron. Uno, el sermón del cura que ofició la misa, en el cual lanzó amenazas improcedentes con el fuego del infierno; otro, la impertinencia de una cuñada, que militaba en uno de esos cultos carismáticos importados de la América del Norte y que, una vez bajado el féretro a la fosa, solicitó mi permiso «para leer un versículo bíblico» y lo que hizo fue conminarnos a todos, so pena infernal, a «recibir a Cristo en nuestro corazón». Por mi parte, aunque no pertenezco a los mílites que dicen ser cristianos pero traicionan la doctrina evangélica, a Jesús lo he llevado siempre en mi corazón, e ítem más, estoy cierto de que, el día en que el nazareno cumpliera su promesa de retornar al mundo de los mortales, los primeros en difamarlo y escarnecerlo como se hizo ya en el Gólgota serían aquéllos que se cobijan bajo el manto regalón de las iglesias cristianas.

Al abandonar los Jardines de Paz, sentí como si esa sola circunstancia constituyese una desgarradura que trozaba el fondo de mi alma. Allí dejaba el cuerpo que con delicadeza, como para no causarle ni el más leve malestar, agasajé durante tantos años, veneré como a un altar. Al subir al automóvil de Gustavo, de todos modos (por esas paradojas inseparables de la muerte) experimenté asimismo cierto alivio, pues atrás dejaba también el cúmulo de lugares comunes que, de muy buena fe, me habían disparado propios y ajenos: «todos tenemos que morir», «nadie se muere la víspera», «así es la vida» y una muchedumbre de etcéteras. Fabián, que toda la vida había habitado junto con sus padres y que, pese a haberle Gustavo y María Jimena encarecido trasladarse también a la vivienda de Quinta Paredes, prefirió continuar en su dormitorio de siempre, en el cual —según dijo— descansaría acompañado por el ser más bello del mundo —Aitana, desde luego—, almorzó ese día con nosotros y nos reveló haber sufrido, la noche anterior, una pesadilla horripilante. En ésta yo, por obra y gracia de quién sabe qué potestad demiúrgica, había logrado revivir a mi damita, que ahora ocupaba su lugar en nuestro lecho. Hasta allí, el íncubo no se había desatado, pero de pronto advirtió mi hijo un gesto terrible en el rostro de su madre. Incorporándose, Aitana comenzó a lanzarme denuestos iracundos. Decía saber que había sido yo quien, por artes malignas, la había resucitado y devuelto a este mundo en donde sólo encontraría miseria y sufrimientos. «¡A sufrir, a perpetuar-

me en mi cadena de calvarios, a eso me has condenado!».
Y me dirigía maldiciones escalofriantes mientras yo, gacha
la cabeza, la escuchaba en silencio. «¡Muy bien me sentía
allá, donde todo era hermoso y no existía el dolor físico!
¡Y tú, maldito, me has traído de nuevo a esta mugre de mundo, a esta inmundicia, a esta bazofia de vida!». En el sueño, Fabián se había sentido inmovilizado como por una
garra sobrenatural; miraba obsesivamente a su madre y experimentaba por mí una lástima desgarrada. Allí concluyó
todo, pues despertó con un sobresalto y con un fuego en
su pecho cual si un volcán hubiera hecho erupción en él.

Nos sentimos todos, valga la verdad, consternados.
A no dudarlo, no se trataba de una pesadilla cualquiera, de
ésas en las cuales nos vemos perseguidos por criaturas desa-
pacibles o surge de la nada un cargo de conciencia que nos
tortura y parece querer aniquilarnos. No. Parecía ésta una
visión colmada de sentidos tal vez inescrutables. En forma
extraña, me vi impelido a ocultar el rostro con las manos
y, apoyando los codos en la mesa en la que nadie se decidía
a probar un almuerzo improvisado y pobre, sumirme por
secreto imperativo, como si hubiese recibido una orden dic-
tada por labios sibilinos, en una especie de meditación ha-
bitada por la turbiedad y la angustia. Cuando volví en mí,
dirigí a todos un ademán de tranquilidad. No; no se trataba, dije, de que Aitana, pese a haber experimentado a lo
largo de su vida malestares o enfermedades de raíz incomprensible (esto ya lo consigné unas páginas atrás), estuviese
tratando de comunicarse con nosotros para hacernos saber
que había abandonado este mundo por no tolerar ya cierto exceso de padecimientos. Quizás, en cambio, lo que intentaba decirnos era que aceptáramos su fallecimiento, en
la certeza de que la muerte la había conducido a un lugar
más amable. En suma, que se encontraba bien y que no debíamos sufrir imaginando lo contrario. Alguna vez leí en

alguna parte que los difuntos disponen de tres maneras de comunicarse con los vivientes: a través de los aparatos eléctricos, a través de los animales o a través de los sueños. No debíamos dudar, pues, de que su madre había penetrado en el sueño de Fabián. Ahora bien, sin duda el sueño había superado con creces todos los límites de lo tranquilizador, mas no por ello nos era lícito inferir que intentara Aitana, desde el trasmundo, robarnos una tranquilidad que, por lo demás, estábamos muy lejos de abrigar. Un ser todo bondad, como ella lo fue siempre, mal podía prestarse ahora para consumar aviesos cometidos. Al revés. Deseaba ofertarnos el alivio de saberla bien y en un ámbito más dulce y nada adverso. Eso era todo.

Gustavo y María Jimena se miraron como intercambiando un sentimiento de duda. Fabián me observaba con fijeza, sin dejar traslucir lo que pensaba. En ese instante sonó el teléfono celular que mi nuera llevaba siempre consigo. Su padre solía llamarla a esa hora, desde Medellín, e ignoro por qué prefería hacerlo por la vía del artefacto portátil. Supimos, pues, que de él se trataba. Cuando su hija lo hubo enterado de los pormenores del sepelio, se apresuró a revelarle un sueño que, a su turno, lo había visitado la noche anterior. En él, me hallaba yo de paso en Medellín y, esa noche, dormiría en su casa, donde me alojaba. Mi consuegro, pues, me había preparado un lecho confortable, no así a Aitana, pues sabía bien que ella *estaba ausente*. No obstante, al abandonar la habitación y dirigirse a la sala, sintió desconcierto y vergüenza al comprobar que, por el contrario, Aitana se encontraba allí. Se acercó, pues, a ella y se disculpó por no haber aderezado el lecho para *dos personas*. «Pensé que no estabas con tu esposo», le dijo. En el sueño, mi damita lo miró con esos ojos que sabía hacer persuasivos y, en tono de extrañeza, declaró: «Pero ¿cómo? ¡Si sabes de sobra que yo *siempre* estaré con él!». Cuando María

Jimena nos transmitió aquella novedad, todos estuvimos
de acuerdo en que se trataba de una visión en grado sumo
elocuente. Su mensaje no era cifrado ni confuso. En él, la
claridad parecía casi desafiante. Los médiums enseñan que
los difuntos jamás nos abandonan por completo. A menudo, discurren en torno de sus seres queridos e, incluso, se injieren en sus problemas eventuales a fin de contribuir a su
buen desenlace. Fue como si una ligera brisa de contento me
acariciara en medio de la pena. De algún modo, Aitana seguía conmigo, lo suyo no era una deserción, no era la fuga
con un galán macabro. Por obra de la cavilación, esta idea
que ahora establecía una suerte de equilibrio en mi espíritu, pronto habría de abandonarme como una bandada de
pájaros fugaces. De momento, actuaba en mí como un rescoldo calorífero, como un sedativo que podía llegar a ser
vivificante.

Un detalle más: mi consuegro había reparado, no
sabía por qué, en el estampado de sábanas y fundas del lecho que había preparado en el sueño. Lo describió prolijamente a mi nuera, pues deseaba saber —tal solicitud se
me antojó muy rara— si correspondía con exactitud al estampado real de sábanas y de fundas de nuestro lecho matrimonial. Y, en efecto, la correspondencia era asombrosa:
las flores y los arabescos de su descripción eran ni más ni
menos los de mi ropa de cama: los de la ropa de cama que
usábamos en la tarde fatídica, esto es, la que aún permanecía en el lecho, pues habíamos dado licencia por unos días
a Julia y nadie se había preocupado por removerla. ¿Cómo
intuyó el padre de María Jimena la posibilidad de aquella
coincidencia más que significativa? De resto, el que tratase
de cotejar esa minucia con la realidad, transparentaba en
él cierta fe apacible en los sueños con difuntos. Por distraer
mi congoja —empeño vano, por supuesto, a despecho de
la revelación contenida en la visión de mi consuegro—,

aquella noche escarbé en la biblioteca de Gustavo, casi tan rica como la mía, por hallar algún libro que consiguiera absorberme. De improviso, me asaltó una curiosidad: ¿qué pasaría si cerraba los ojos y dejaba que mi mano, al azar, alzara cualquiera de esos tomos?, ¿no propiciaría Aitana, desde su lejanía, el dar con uno que lograra aportarme algún consuelo, por mínimo que fuera? Así lo hice y mucho me sorprendí al abrir la vista y hallar en mi mano un tratado sobre el orfismo. Aquella doctrina, atribuida al legendario poeta Orfeo, predica que las sucesivas encarnaciones del ser humano (cuyo cuerpo terrestre está fabricado con los despojos de los Titanes, despedazados por Zeus, pero cuya alma es hecha de los restos del primer Dionysos, a quien los Titanes a su vez despedazaron) persiguen una preparación para la vida eterna. Al obtener en uno de tales avatares la santidad, producto de innúmeras experiencias en el orbe de la materia, el ser humano se libra por completo de los elementos titánicos y es incorporado a la divinidad. La lectura me hundió en la meditación: ¿no afirmaban exactamente lo mismo los espiritistas del siglo XIX y los médiums de nuestros días?; el orfismo ¿no sería el credo verdadero hacia el cual Aitana, de fijo, me impulsaba?

Pensé, claro, en Maritza Ordóñez y al punto la relacioné con Isidro Patarroyo y, desde luego, con Armando García. La cuestión de la ingestión excesiva de paracodina y del líquido introducido en los pulmones seguía siendo, a mis ojos, una mera apariencia, una tramoya. A estas alturas no me era posible poner en duda que el brujo de Cali hubiese asesinado a Aitana. ¿No era hora de que mandara a un cuerno todos los cabrones humanitarismos y ordenara a Patarroyo matar a quien había ordenado la atrocidad mayor entre las atrocidades? La idea no me permitió dormir. No bien vi en mi reloj pulsera una hora decente, me levanté y anduve hasta el teléfono. Conservaba en la memoria el número de Patarroyo. Pulsé las siete cifras y una voz encantadora me habló al otro extremo de la línea. Me dije que, sin duda, se trataba de la niña delgaducha pero hermosa que nos recibió el día en que, al no decidirme a autorizar aquel contramaleficio que hubiera supuesto la muerte de García, abrí paso a la de Aitana como quien franquea un portalón hacia el horror. Aquel día, nadie lo dude, cavé la tumba del ser que más amaba. Pregunté a la niña si su padre estaba en casa. Me dijo que no, que había ido a una consulta privada con gente venida de provincia. Indagué si podía ella concertarme una cita con «el brujo»; tal fue mi expresión, ignoro por qué. A veces las palabras nos rebasan, se disparan como propulsadas por un espíritu burlón. Respondió que sí y me pidió indicarle qué fecha me era conveniente. Para mí, resultaba clarísimo que cuanto más pronto actuara Patarroyo, más pronto desaparecería la amenaza que ahora veía cernida sobre toda mi familia.

—Me gustaría verlo hoy mismo —propuse.

—Está bien. ¿Le convendrían las tres de la tarde?

—¿No podría ser en la mañana?

—No creo que regrese sino a la hora del almuerzo.

—Está bien. Entonces, allá estaré a las tres.

—Correcto —dijo la niña, para agregar de inmediato: —Pero no estaría mal que le prestara atención a un detallito.

—¿Cuál? —pregunté un poco extrañado.

La respuesta me llegó en un tono de límpido reproche.

—Papá no es un brujo —declaró, dando gravedad a su voz, pero sin abandonar cierta calidez adorable—. Es un chamán.

XXVII

Aquella tercera mañana sin Aitana la ocupé, haciendo oídos sordos a las instancias de Gustavo y de María Jimena, en trasladarme de nuevo a mi apartamento. La verdad, ningún daño mental podía hacerme, como ellos lo suponían, verme rodeado otra vez por la miríada de recuerdos de mi damita que esas paredes encerraban. Su memoria, aunque al agigantar cada vez más la privación de su presencia me oprimiera como si elevara peligrosamente mi presión intracraneal, parecía fortalecerme al mismo tiempo. Me hacía pensar, por ejemplo, en el privilegio que para mí había constituido el tenerla a mi lado durante cuarenta años. Además, ¿qué lugar podría haber en el mundo en donde su desaparición no me atormentara? Un vecino que tropezamos cuando íbamos a entrar al elevador, luego de repetir los mismos lugares comunes que me habían aturrullado en el cementerio («todos tenemos que morir», «la muerte es la ley de la vida», «hacia allá vamos todos» y otras lindezas), sugirió —tal como si se sintiera Mahoma escuchando la campana cuyo sonido era la revelación— que no debía preocuparme, que a la vuelta de seis meses todos olvidábamos al difunto querido. Provocando, claro está, la censura de Gustavo y de mi nuera, que me miraron con ojos flamígeros, respondí que si alguna vez, así hubieran pasado cien años, olvidara yo a quien fue mi luz, no me opondría a ser considerado un bellaquísimo hijo de puta. El hombre puso ojos de susto y se retiró a toda prisa.

Hallé el apartamento casi como lo había dejado. La permanencia de Fabián en él no exhibía trazos muy perceptibles. Pedimos tres almuerzos a un restaurante vecino y, mientras aguardábamos su llegada, sonó el teléfono y hete en la bocina la voz ampulosa, y siempre aliñada con cierto dejo sarcástico, de Eduardo Obeso. Me dijo que acababa de enterarse del fallecimiento de mi esposa y que quien le transmitió la noticia le comentó «la perpetua situación de riña existente entre ustedes, de modo que quizás haya sido lo mejor». Le dije que se dejara de inventar estupideces, que aquello salía de su mente y sólo de su mente envidiosa y depravada. Que Aitana y yo habíamos formado una pareja feliz y que lo único que en mí se agitaba ahora era un dolor sin límites. Así que no me viniera con impertinencias y más bien se fuera al diablo. Colgué, pero al instante volvió a timbrar el aparato. Ahora se disculpaba y me pedía atender «unas cuantas observaciones que podían serme útiles para mitigar la pena». Comenzó diciendo que esa forma mía de ver la relación de pareja como una especie de «fenómeno místico» era puro gaje de un espiritualismo desaforado, trasnochado y malsano. Ningún bien psicológico me hacía. Él, como hombre «moderno y, por tanto, materialista», tenía muy claro aquello en lo cual consistía eso que llamábamos *amor*. Esta última palabra la pronunció con remarcado desprecio. Lo que Aitana y yo decíamos sentir el uno por el otro, postuló, no era otra cosa que una adicción tan indicadora de una voluntad débil y de una ausencia de formación filosófica como la que también sufríamos, ella por el tabaco y yo por el alcohol. Decidí enmudecer por ver en qué iría a parar aquella homilía agnóstica.

—La ciencia ha demostrado —prosiguió, con prosopopeya tal que era como si las palabras no le cupieran en la boca— que en nuestro organismo se gestan químicos que interactúan con el cerebro y suscitan ciertas emociones, como la hilaridad o la melancolía. La pena que produce, por ejemplo, la muerte de un familiar, obedece a un mero desequilibrio químico. En el caso de *eso* que llamamos *amor*, lo que ocurre en nosotros es, por una parte, un incremento de la presión arterial y, por otra, un aumento en los glóbulos rojos tendiente a mejorar la oxigenación, así como una liberación de grasas y azúcares con miras a fortalecer la actividad muscular. ¡Si los amantes supieran lo que les ocurre desde la perspectiva fisiológica, no se librarían a quimeras poéticas! Su sistema nervioso autónomo se halla sobreestimulado, y de allí esas patéticas sensaciones en el abdomen, la facilidad de llorar y la sudoración típica de los novios exaltados, producto sólo de la excitación de las glándulas sudoríparas y de los folículos pilosos. El cerebro de la persona *enamorada* —otra palabra que se oyó como caricaturizada en su voz— se halla perturbado por descargas de feniletilamina, que obra de modo similar a las anfetaminas. El deseo sexual no es, a su turno, más que el efecto de descargas de norepinefrina y de oxiticina. Esa ansia de hallarse siempre junto a *eso* que llamamos *ser amado* no viene a ser otra cosa que la necesidad de estimulación característica de todo adicto, ávido de llevar tales sustancias al cerebro, lo cual obtiene gracias a esa cercanía. Es lo mismo que sucede con la dosis de cocaína o con tu cigarrillo cada veinte minutos. Al juntarnos con el o con la amante, es la dosis de endorfina que bombardea el cerebro lo que nos proporciona una sensación de placidez, no como cree la gente la comunión de dos espíritus. En otras palabras, nos hace sentirnos ni más ni menos como si nos hubieran suministrado anestesia: quedamos a merced de un dopaje. En síntesis, el amor es un proceso químico prosaico y no algo a lo que debamos otorgar una condición celestial y etérea. Los espiritualistas como tú, que idealizaste a Aitana, no son más que tontos embrujados por un complejo proceso químico.

Había concluido y, por supuesto, se sentía hombre civilizado y hasta posmoderno, por la efusión de erudición cientificista que acababa de arrojarme. Efusión que, a punto fijo, debía reputar quintaesencia de su intelecto bien informado y suficientemente estructurado, pero que en mí había caído tan sólo como un vulgar escupitajo.

—¿Acabaste? —pregunté.

—¿Es que te parece poco? —pareció asombrarse.

—No, no, en modo alguno. Ha sido un despliegue impresionante de información, aunque me parece que asumida sin análisis crítico. Pero me pregunto por qué demonios llegaste hace un tiempo a mi casa a asegurarme que ibas a suicidarte por el abandono en que te dejó tu «amigo». ¿No veías que era sólo un proceso químico complicado y no verdadera pena moral?

—Pero… ¡cómo vas a comparar! —exclamó, cual si hubiera situado yo en el mismo nivel a Romeo Montesco con un pedestre gigoló del suburbio.

—¿Qué me ves comparando? —indagué.

—Bueno… El sexo entre varones… —titubeó.

—¿No obedece al mismo proceso químico?

—Sí, seguramente… Pero ¡es mucho más noble! Los griegos y los romanos…

Dejó sin terminar la frase.

—¿Ah sí? ¿Los griegos y los romanos? ¿Y cuando Dafnis rescata a Cloe de los piratas, en la novela de Longo, no son griegos y de sexos contrarios quienes protagonizan el lance amoroso, que a mí por cierto se me antoja encantador? Allí, según tú, operaría sólo la química, imagino, pero no así en los amores de Aristóteles y Hermias o de Platón y Alexis.

—No lleves las cosas a ese extremo —exigió ahora, pronto como siempre a abandonar la lid o a salirse por la tangente.

—Mira —le dije—. Hará unos años, en conversación que sostuve con un hombre de ciencia, me aseguró que quienes, sin sufrir perturbaciones psíquicas, dicen haber visto un aparecido, son víctimas tan sólo de la irrupción de ondas de alta o baja frecuencia que producen esas ilusiones. Que algunas industrias arrojan esas ondas y crean campos magnéticos en determinados lugares. Con ello creía explicar la profusa existencia de casas encantadas. En días recientes una amiga mía, cuyo marido se suicidó, ha sido asediada por ese género de visitas, que yo atribuyo al deseo del difunto de comunicarse con ella. ¿O será que, coincidente con el suicidio, fue establecida en los alrededores alguna industria que lanza ondas de alta y baja frecuencia?

—No entiendo eso qué tiene que ver —repuso—. Ya sabes que no creo en fantasmas.

—Yo sí. Y no es que rechace la idea del influjo que los campos magnéticos puedan ejercer sobre las apariciones. Simplemente, me parece que las facilitan. A un difunto puede resultarle más expedita la comunicación con los vivos si un campo magnético está presente. Lo espiritual, en nuestro mundo, tiene por necesidad que expresarse a través de la materia. Por decirme que la pasión amorosa se vincula con procesos químicos estás muy lejos de explicarme qué activa esos procesos.

—¿Cómo que no? Olores, emanaciones de la otra persona, que son también sustancias químicas.

—¿Y explicarían esas emanaciones el afecto que nos mueve hacia ciertas personas en particular y no hacia otras? ¿Explicarían la existencia de seres que se saben «almas gemelas»?

—Eres incurable —opinó Obeso—. Por fortuna, la gente como tú está condenada a desaparecer. Y una vez extinguidos los llamados espiritualistas, el futuro cumplirá su promesa de ser mejor. Tú, desde luego, creerás que fue mejor el pasado, cuando los curas campeaban en todas partes e imponían sus normas.

—Jamás he sido acólito de ninguna religión, y eso lo sabes de sobra —repliqué—. Por lo demás, me parece que ni el pasado fue mejor, ni el presente es mejor, ni el futuro será mejor. La confianza en un porvenir paradisíaco es un sentimiento tan mágico, así provenga del sesudo Marx, como la pretensión griega de situar en Delfos el centro del universo o la cristiana de situarlo en Jerusalén.

—¡Haces cada comparación…! —reprochó. Y no tardó en colgar.

Irritado todavía, como casi siempre que dialogaba con Obeso, consumí el almuerzo respondiendo sólo con monosílabos a cuanto, por hablar de algo, dijeran Gustavo, María Jimena y Fabián, que ya se nos había unido. Al menos una hora se tomó el condenado disgusto para abandonarme. Me apronté luego a acudir a la cita con Isidro Patarroyo. Decliné la oferta de Gustavo de llevarme en su automóvil, pues no quería mezclar a mis hijos en una maniobra cuyo cometido final habría de constituir, aunque fuese la víctima un execrable brujo negro y se tratase para mí de una acción defensiva, ni más ni menos que un homicidio.

Patarroyo me recibió con algo de reticencia, pero suavizó su trato una vez le hube dado cuenta del fallecimiento de mi esposa. Tuvo, por lo demás, la galantería de no restregarme en las narices mi culpabilidad, por no haber atendido su propuesta de eliminar hacía un tiempo a Armando García. La entrevista fue breve. Me dijo que se aplicaría de inmediato a orquestar el contramaleficio, pero advirtió que, seguramente, no arrojaría efectos rápidos. En ciertos casos tardaba meses en operar. Esto me produjo desazón, pues no ignoraba que en ese lapso podían sobrevenir quién sabe qué horripilaciones. A mis preguntas, el brujo, perdón, el chamán me pidió confiar: a lo mejor, su conjuro obraba con prontitud, era cosa de tener paciencia. Cuando salí, luego de entregarle una razonable suma de dinero a modo de donación y no de pago por sus servicios, rebusqué en mi mente las tradicionales connotaciones de la voz *chamán*. Recordé que era, en nuestro idioma, quizás la sola palabra de origen siberiano: provenía de la lengua tungus. Tal vez no existiera mucha diferencia entre uno de estos jerarcas religiosos y un médium, como portavoces que ambos eran de los difuntos, pero creía memorar que, por ejemplo, a los chamanes se les suponía capaces de obrar resurrecciones milagrosas transportándose al reino de los muertos para traerlos de regreso al orbe material. Aunque tal potestad parecía respaldada por autoridades antropológicas de rueda suelta, no era cosa de otorgarle mucho crédito, pues de ser verdadera no habría nadie en este mundo que no hubiese recurrido a un chamán a fin de regresar a sus seres amados. No quería dudar, claro está, del poder de Patarroyo para aniquilar al brujo de Cali, pero matar era fácil, no así resucitar. Acerca de la resurrección, dogma para los cristianos, recordaba cómo, en el judaísmo tardío, los fariseos llegaron a sostener su posibilidad, en tanto los saduceos la rechazaban con énfasis. Por lo que a la ley mosaica concernía, no había gloria para los muertos; iban éstos al Seol, un agujero siniestro y desolado, y allí permanecían eternamente por buenos o malos que hubieran sido.

Aquella noche, cenamos todos en mi apartamento con unas pizzas traídas por Fabián. Por airear un poco la mente, nos dimos a comentar ciertas declaraciones concedidas hacía poco a periodistas por el escritor israelí Amos Oz, fundador del movimiento pacifista Shalom Ajshav. En ellas, confesaba creer que, en la pugna entre árabes y judíos, ambos pueblos llevaban la razón. Aseveraba, en consecuencia, que la sola salida radicaba en hacer concesiones. Ello me traía a la memoria mi delirio en el San Patricio, en el cual, sin salir de mi país, me había visto envuelto en aquella pugna. ¿Se trataba quizás de una premonición, relativa a la dimensión mundial que, tarde o temprano, cobraría la crisis crónica en el Oriente Medio? Mis hijos no eran dados a creer en premoniciones; en cambio, Gustavo nos reveló algunas aserciones lanzadas en días recientes por quienes habían consultado documentos atinentes a la Guerra de los Seis Días, librada en junio de 1967, e interrogado asimismo a testigos árabes. Sin duda, en esa contienda las tropas egipcias protagonizaron retiradas inexplicables y vergonzosas, en una de las cuales dejaron abandonados, sin destruirlos, armamentos por valor de mil millones de dólares. Ello se oponía a toda costumbre militar. Pero —y era éste el meollo— los testigos, ex combatientes egipcios, afirmaban que tales estampidas se habían suscitado ante la evidencia de poseer Israel «un arma terrible». ¿Cuál?, era la pregunta inevitable. En este punto, los investigadores reconocían su perplejidad. Según el Antiguo Testamento, evocó mi hijo, en circunstancias de confrontación con naciones vecinas, los israelitas sacaban del templo de Jerusalén el Arca de la Alianza, y era ésta el arma invencible gracias a la cual obtenían sus victorias. También cuando se produjo, en la citada Guerra de los Seis Días, la batalla por Jerusalén, al cabo de varias jornadas de combate, en cierto amanecer, las tropas israelíes descubrieron estupefactas cómo los contingentes jordanos habían abandonado la zona árabe, dejándola a merced del enemigo. Con base en tal incidente, memoraban los exégetas bíblicos cómo los profetas habían contemplado la determinación por Iaweh de tres recobros, a lo largo de los siglos, de la ciudad de David. Los dos primeros habían tenido ya lugar en años remotos. El último, pues, era el cumplido en 1967. Esos mismos intérpretes abrigaban el temor (o la esperanza) de que, consumados los vaticinios proféticos, lo único en perspectiva vendría siendo la famosa batalla de Armagedón, frente al monte Meguido, predicha en Apocalipsis 16, 16 y preámbulo ineluctable del Fin de los Tiempos.

.Cansado como me sentía, consigné, más bien con indiferencia, mi negativa a creer que tal batalla apocalíptica llegara a celebrarse jamás. Reiteré la posición esbozada ante el maestro Seferino Martínez; mi convicción de que, en tanto existiera en el mundo un solo ser capaz de amar, Dios contaría hasta diez antes de resolverse a anonadarnos. Con ésas distraíamos nuestra congoja, cuando advertí que María Jimena miraba fijamente por encima de mi cabeza. Cuando le pregunté qué atraía su atención, me aseguró haber visto sobre mí un pequeño haz de lucecillas que parecían danzar alegremente. Dijo estar segura de que se trataba de Aitana, que así procuraba manifestarse e indicarnos que no nos había abandonado. Experimenté un calor íntimo ante tal posibilidad. De resto, tanto aquella noche como las siguientes, al tenderme en el lecho en que ella me acompañó durante cuarenta años, no podía evitar sentirla a mi lado, era como si presintiera que mi damita seguía compartiendo conmigo las horas de reposo. Más aún, creía sentir también que se inclinaba hacia mí y me daba las buenas noches con un beso en la frente. El despertar me resultaba, en cambio, siempre doloroso. Al volver en mí, no acudía de inmediato memoria de la desaparición de mi amada, y al no verla a mi lado imaginaba que se hallaría en la sala o tal vez atareada en la cocina. Cuando por último la memoria irrumpía, el dolor me inundaba como una avenida de aguas embravecidas. Un dolor que parecía querer colmar el universo, alargarse hasta el infinito. Una de esas noches, con los ojos cerrados pero sin que el sueño me arropara todavía, creo que fue alguna de las nombradas por los expertos «ilusiones hipnagógicas» lo que me trajo el rostro de «mi niñita», muy próximo al mío. Lo percibí con una intensidad instantánea. Deposité en su frente un beso antes que se esfumara.

Sólo a unas tres semanas de su partida, me animé a colocar en el fonógrafo aquella *Gnossienne* de Erik Satie que nos impulsaba a estrecharnos en mudo éxtasis. Las lágrimas desbordaron en mí toda entereza; quise en un arrebato estrechar el cuerpo de mi damita, extendí los brazos para ceñirla y el «abrazo hueco», para decirlo con palabras de Jorge Drexler, extendió mi pena hasta hacer de ella un océano hecho de vacío puro. Aquella noche, me supe más desesperado que nunca. Rogué a Dios que todo fuera un sueño, que mañana al despertar hallara a mi lado a quien fue siempre mi devoción, mi hada madrina. En efecto, cuando desperté (había dormido mirando hacia una pintura suya que colgaba de la pared) creí poseer la certeza de que, al girar mi cuerpo, hallaría a Aitana sumida en un sueño tranquilo. No fue así, por supuesto, y confieso que maldije el que no hubiera sido así. No, no maldije de Dios ni del destino, sino de mí mismo, por ser incapaz de recuperarla. Una de esas mañanas, no me recobraba aún del impacto de hacerme consciente de su eclipse no al instante mismo de volver en mí, sino sólo al sacudir del todo la soñolencia, cuando sonó el teléfono y John Aristizábal me dijo que J. M. Rubio-Salazar había sido hospitalizado de urgencia la noche anterior. Traté de comunicarme con Glenda pero, naturalmente, ella acompañaba a su esposo en la Clínica Reina Sofía. La empleada que contestó me indicó que el novelista sufría una embolia pulmonar, consecuencia de los tratamientos a que se encontraba sometido. Unas dos horas más tarde, la propia Glenda telefoneó y, entre sollozos, me informó que su esposo acababa de fallecer.

Asistí a la misa de cuerpo presente, en una lujosa iglesia del norte de Bogotá de la cual jamás había tenido noticia, en compañía de John Aristizábal y de Nicolás Sarmiento. La concurrencia era gigantesca, de ésas que se dan sólo para el sepelio de un archimillonario o de un político. Una coral que no supe identificar entonó la *Misa de réquiem* de Gabriel Fauré, que nunca quizás sonó tan conmovedora. Todo el mundillo de la literatura nacional, incluidos varios de los peores enemigos de Rubio-Salazar, y un número considerable de aquellos escritores a quienes desdeñaba, se había reunido allí. También reconocí a figuras prestantes de la pintura y de la música. Por el ventano en el féretro llegué a distinguir, muy a mi pesar, el rostro de mi amigo, sereno en el esplendor sombrío de la muerte. Glenda leyó a través de un altoparlante una bellísima epístola dirigida por el difunto, para sólo ser conocida tras su fallecimiento, a su hijo Alfonso Ramiro, en quien advertí durante la lectura una palidez asombrosa y un temblor en todo su cuerpo. Ya expliqué de qué modo su padre era para él como el icono por excelencia. Aquel mediodía llovía con fuerza y el gris de la atmósfera parecía a tono con el duelo. Fue tal la razón por la que preferí no acompañar el féretro hasta el cementerio e invité a mis jóvenes amigos a compartir conmigo unos whiskies que, en cierto modo, beberíamos en homenaje al novelista. Creo que ese día abusamos del alcohol hasta embrutecernos. En el fonógrafo, alternábamos a Erik Satie (Dios mío, escuchamos como cinco veces la *Gnossienne*) con otros impresionistas como el propio Fauré, Ravel y, por supuesto, Debussy, para rematar ya de noche con la opereta *Les aventures du roi Pausole*, de Arthur Honegger. John Aristizábal, ya en el extremo de la embriaguez, reveló de qué modo no paraba de albergar en su sueño, noche tras noche, visiones de agüero funesto. Era a finales de noviembre y la idea de ver pronto a su amada Mary Jo parecía, sin embargo, compensarlo. La joven gringa no tardaría en aterrizar en Bogotá y él proyectaba llevarla a la Feria de Cali. Nos dijo también que sus dolores de cabeza, al ducharse con agua fría o al realizar esfuerzos pesados, tampoco daban tregua. No había querido ver a un médico. Los aborrecía tanto como yo. No sé por qué, creí advertir entonces en Sarmiento aquel mismo visaje perverso que antes, cuando guardaba yo cama, le había pillado. Podría casi asegurar que, acaso por creerlas tonterías, disfrutaba con las inquietudes de su amigo.

A propósito, por esos días envié a Fabián y a María Jimena al Centro Clínico, en busca del médico cubano que se suponía debía operarme. Iban con la misión de comunicarle que había yo desistido de la cirugía. Hacía rato ya que tenía en mi poder el resultado de la tomografía y en el informe adjunto para nada se hablaba de un remanente tumoral. Al analizarla, el cirujano —todavía atónito ante la noticia del fallecimiento de Aitana— olisqueó en ella un tufo a tabaco. Preguntó si había yo vuelto a fumar. María Jimena, contrita como si tuviera la culpa, respondió que sí.

—Está bien. ¡Déjenlo que fume! —opinó el médico con una sonrisa. Luego, pensativo, agregó: —¿Y está bebiendo también? —Ante el nuevo asentimiento, tornó a reír y dijo: —¡Déjenlo que beba! Pobre hombre, puedo imaginar el estado de ánimo en que se encuentra.

María Jimena preguntó entonces si era atinado inferir de la tomografía que el tumor, probablemente, se hubiera resecado al ser retirada la porción situada fuera del intestino. Tal posibilidad, por cierto, la había planteado como hipótesis el facultativo que hizo el examen.

—No creo que eso haya ocurrido —dictaminó el cubano—. Pero, si a él lo tranquiliza, ¡déjenlo que lo crea! Al fin y al cabo, los tumores del estroma gastrointestinal no son agresivos. Hay alta probabilidad de que jamás aumente de tamaño.

Cuando fui enterado, imaginé lo feliz que Aitana se hubiera sentido al saber que no habría cirugía. De todos modos, pensé, no había por qué imaginar que no lo supiera ya en la distancia en donde habitase. O en la cercanía, a juzgar por ciertos indicios. No sé si fue en aquélla o en otra noche de esos días cuando, ya recogido en la alcoba, creí percibir cierta musiquilla, leve y en verdad deliciosa, que me llegaba de muy cerca. Poseía un colorismo y una ausencia de tonalidad estricta que le comunicaban ese aire vago y propicio a ensoñar característico de los impresionistas, mis favoritos. Parecía una música compuesta sólo para mis oídos. ¿Compuesta por Aitana? La verdad es que procedía, sin lugar a dudas, del que había sido su ropero, ahora vacío por obra de María Jimena, que había llevado a su casa todo el ajuar de mi esposa, para que no me perturbara de algún modo. De allí emanaba como ejecutada por un duendecillo de vestiduras verdes y gorro puntiagudo brotado del *nonsense*. Al despertar la mañana siguiente, medio se disipaba y medio se fijaba en mi memoria una ensoñación cuyo tema podía, hasta cierto punto, resultarme familiar. En ella, Aitana protagonizaba una de sus misteriosas desapariciones y me debatía en la desesperación tratando de encontrarla. El escenario era uno de esos pueblitos andinos, ateridos y en cuyas calles deambulan campesinos vestidos con ruanas oscuras. De improviso, al pasar frente a una casa humilde y medio ruinosa, vi salir de ella a mi damita, cubierta con aquella sudadera con que la soñé en los días del San Patricio. Sin decir nada, la miré con angustia, interrogándola en silencio. Dijo ella entonces:

—Deja de preocuparte. Me fui porque tenía obligaciones *en otra parte*. Ten la certeza de que volveremos a encontrarnos.

Cuando les narré lo soñado, mis hijos —acaso sólo por no causarme desilusión— estuvieron de acuerdo en que, fuera de toda duda, se trataba de un mensaje que su madre me había hecho llegar. Ello me transmitió un poco más de fortaleza, sí, pero exigua en comparación con el vacío que cada día se acrecía como una oscuridad pronta a devorarme. Y que no bastó, de allí en adelante, para mitigar una sensación creciente de que, deslumbrada por las magnificencias del *otro mundo*, mi damita había terminado por olvidarme.

XXVIII

Tal idea, pronto transmutada en obsesión, empezó a atormentarme entrado ya el mes de diciembre, cuando iba a hacer un año de mi internamiento en el San Patricio. Su fundamento fue bastante endeble: provino, en un rápido proceso movido tal vez por la penosa soledad de mis noches, de un número de sueños que ni siquiera sé determinar ahora, en los cuales veía a Aitana a mi lado, pero obstinada siempre en no emitir palabra como si abrigase contra mí reproches insondables. El primero de ellos consistió en una imagen fugaz, en la cual nos veía rodeados de sombras nocturnas, en un centro de Bogotá desierto y fantasmagórico. Caminaba ella taciturna junto a mí y mi memoria conservaba la imagen de su muerte, pero trocando la realidad en sueño y el sueño en realidad, o sea, que en la visión todo había sido soñado y yo le hacía por consiguiente una súplica angustiada:

—Tienes que cuidarte más —encarecía—, porque anoche volví a soñar que habías muerto.

Aitana ni siquiera se volvió a mirarme; mantuvo la vista al frente, con los ojos llenos de oscuridad, y su mutismo me laceró. La visión fue instantánea y dio paso a un despertar poblado de angustias. En el sueño siguiente, la pareja de vascos a que dos veces he aludido en estas páginas vivía pared mediante de nosotros y habíamos recibido de ellos una invitación a almorzar. Nos hallábamos, pues, instalados en su sala y, con nosotros, había también un grupo impreciso, gris de personas de aire crepuscular y lejano. Sorprendentemente, parecíamos perpetuarnos a la espera del matrimonio oferente, que por razón ignota se encontraba en algún otro lugar. De pronto, viendo a aquellos otros invitados que poco entusiasmo suscitaban, pedí a Aitana permanecer allí en representación de ambos, pues prefería volver a nuestra vivienda, que como dije era frontera. Mi esposa nada respondió. Acompañé el deseo con la acción y me trasladé solo al que era, en el sueño, nuestro habitáculo: un apartamento pequeño, con acceso por la sala y asimismo por la cocina, la cual daba al pasillo donde se ubicaba el elevador. Cavilaba en la posible descortesía en la que estaba incurriendo, cuando vi a Aitana entrar por la puerta de la cocina y, sin pronunciar palabra, alargarme una hogaza de pan. Se marchó luego, tan silenciosa como había llegado.

En este segundo sueño cabía interpretar una preocupación de mi damita, donde se encontrara, por seguir compartiéndolo todo con nuestros hijos y conmigo. El pan era el símbolo. Fue al menos lo que quise entender. Pero la mudez de Aitana de algún modo me entristecía. ¿Por qué rehusaba hablarme? ¿No era en cierta manera ese silencio una prolongación de la Aitana incomprensible de mis delirios en el San Patricio? La ambigüedad, la sospecha, la paranoia fueron apoderándose de mí, al extremo de romper en llanto no bien me hallaba solo. Interrogaba mentalmente a mi esposa sobre la razón de aquel mutismo inquietante y también en la pura esfera mental recibía una respuesta alentadora: mi damita me aseguraba nada tener en mi contra, sin explicar, empero, el porqué de esa especie de actitud intransigente en las honduras oníricas. Aunque, el día en que almorzamos con Yadira, creí apropiado encarecer a nuestra amiga la factibilidad de esos diálogos mentales con difuntos, ahora era yo el que se negaba a darles crédito. La impresión de estar inventando todo, de conversar sólo conmigo mismo, me aplanaba como un peso corpulento. Un golpe de mente me hizo preguntarme entonces qué condenada torpeza me había hecho pasar por alto la posibilidad de comunicarme con ella a través de Maritza Ordóñez. Me apresuré a telefonear a la médium, para solicitar la consulta. Respondió una voz viril, que ante mi requerimiento se identificó como uno de sus hijos. Así me enteré de cómo la familia de Maritza había resuelto costearle una estancia de seis meses en Suiza, en la esperanza de que los aires sutiles de los Alpes diluyeran un poco en su mente ésas que juzgaban ideas atolondradas de invocación de espíritus y tratos con entidades metafísicas.

De tres en tres días, la soledad (mis hijos se ocupaban en sus respectivos empleos y María Jimena en el cuidado de su hogar o de la gata o de qué sé yo) me impulsaba a libar sin compañía, íngrimo cual un náufrago en medio del océano, agitando no los brazos como en el símil de Ovidio, en el cual no se ve tierra por ningún lado, sino la mente en procura de una comunicación con el trasmundo. Un día de aquéllos, mientras charlábamos en la sala, mi nuera me había asegurado intuir la presencia de Aitana en el que fuera su sillón favorito. Ahora, intentaba dirigirme a ella como si ocupara ese lugar, y no bien creía obtener alguna respuesta, me abrumaba la sensación de hablar conmigo mismo y ser por ello el más iluso entre los ilusos, el más tonto entre los tontos. En ocasiones era tal mi desesperación, que la idea de quitarme la vida, por unirme de una vez a ella en el *más allá*, me rondaba como un enjambre de abejones implacables.

Quizás mis únicos momentos de distensión los cosechaba en la tertulia de siempre, a la que cada vez acudían más estudiantes y personas interesadas en mi obra o, en general, en las letras. No olvidaré el día en que me hizo saber John Aristizábal que a Bogotá iba a arribar esa tarde la gringa Mary Jo. Casi saltaba de contento. Planeamos reunirnos con ella en mi apartamento al otro día, pero es lo cierto que el joven letrado acudió solo, pues la muchacha había caído en cama poco después de tocar tierra, fulminada por una gripa de ésas que en las alturas andinas decuplican su saña. Unos dos o tres días después, al retirarse de la tertulia, Aristizábal me expresó que partía hacia Cali al día siguiente en compañía de la estadounidense, a quien prometía presentarme tan pronto estuvieran de vuelta. No podíamos maliciarlo, pero esa vuelta era quimérica. Aquel mismo mediodía, Nicolás Sarmiento me hizo saber que la Fiscalía había archivado la investigación por el asesinato de Leonor Pizano, en el supuesto de haber sido Helena Jáuregui la indudable envenenadora. Sabedor, gracias a la revelación hecha por Aitana acerca del cianuro de hidrógeno y su uso en joyería, de que contra Rufino Borja hubiera tenido que pesar algo más que una sospecha, torné a maldecir, como tantas otras veces, de la justicia de los hombres, presta siempre a favorecer al criminal. Por si aquello fuera meramente anecdótico, recibí esa tarde la visita de Carmenza Beltrán, que sólo ahora se enteraba del fallecimiento de mi esposa, y supe de boca suya que la «organización no gubernamental», con sede en Ginebra, para la cual laboraba Richard Nessler, había logrado sobornar al juez que conocía de su caso, y así el joven alemán había visto despejado el camino para abandonar el país y proseguir quién sabe dónde su apostolado terrorista. Mi vieja amiga me formuló esa vez una propuesta pasmosa: viudo como había quedado, dijo, *me ofrecía* casarse conmigo para atenuar nuestras mutuas soledades. Con tristeza, pues en la propuesta venía envuelta cierta dosis de buena voluntad, le comuniqué que no me consideraba viudo, que sería por siempre el esposo de Aitana y ella mi compañera indeclinable.

—Puede sonar a tópico —añadí—, pero ella fue sin duda la razón de mi existencia, aun antes de conocerla.

—Siempre creí que lo era la literatura —objetó Carmenza.

—Después de ella —respondí, con harta convicción.

Huelga decir que la nochebuena y también la nochevieja de aquel año fueron las más melancólicas de mi vida. Mis hijos y mi nuera trataron de rodearme con la esperanza de que sintiera junto a ellos algo capaz de recordar el antiguo calor hogareño, brotado de la proximidad de Aitana, esa dilecta sensación de comunión propia de tales fechas: cualquiera comprenderá, sin embargo, que sin Aitana no existían, para mí, espíritu navideño ni de año nuevo que fuesen remotamente viables. La ausencia de mi damita (aunque María Jimena insistiera de buen talante en saberla allí con nosotros) era la sola cosa perceptible. Temprano en la mañana del primero de enero, sonó el teléfono y experimenté un presentimiento tétrico cuando la voz que me habló dijo pertenecer a la madre de John Aristizábal. Abatida por el dolor, me informó que a su hijo, mientras compartía con Mary Jo la habitación en un hotel de Cali, le había reventado un aneurisma cerebral o, en otras palabras, le había sobrevenido la dilatación y ruptura de un vaso sanguíneo de aquéllos que llevan oxígeno a la masa encefálica. Ahora, ésta se hallaba nadando en sangre y los médicos, que se alistaban a practicar un drenaje muy delicado, no daban casi ninguna esperanza, máxime si aseguraban que, de sobrevivir, el joven quedaría reducido a una existencia vegetativa. Lo más cruel radicaba, por desdicha, en el hecho de haber el joven presentado los síntomas propios de aquella disfunción —sus ya viejos dolores de cabeza—, pero no haberlo hecho saber a nadie que estuviese en capacidad de leer en ellos.

Me confió la pobre mujer que, aunque no nos conociéramos, había resuelto buscarme porque varias veces «Johncito», como lo llamaba, le había asegurado con entusiasmo ser yo para él «como un segundo padre». Cuando transmití a Fabián la mala nueva, estuvimos de acuerdo en que la muerte era preferible a una sobrevivencia inútil. Aquélla se presentó más o menos a la misma hora del día dos. Durante varios meses, la abrumada madre habría de insistir en hacer contacto conmigo, con la esperanza —perfectamente baldía— de que, por haber sufrido una pérdida análoga unos meses antes, pudiese proporcionarle consuelo. No; todo conato de consuelo por un fallecimiento consigue sólo acrecer la pena. Asegurar a una madre que su retoño ha viajado a un estado más puro es hacérselo más lejano e inalcanzable. Alrededor de una semana más tarde, Sarmiento trajo a Mary Jo a la tertulia habitual. A Aristizábal le había sobrevenido el colapso cuando se disponían a dormir juntos y, en medio de vómitos y de un brutal dolor de cabeza, el joven sólo atinaba a implorarle el perdón por esta anomalía inexcusable que casi constituía, según lo imaginó en el paroxismo de su confusión, una perfidia. Meses después supe que Mary Jo, de regreso en su patria, había incubado hacia Colombia un aborrecimiento injusto, pero explicable. Nuestra patria, tan desacreditada hacía tiempos en la suya por creernos a sus hijos legión de narcotraficantes y de sicarios, debía antojársele algo así como una cueva de túneles sinuosos en los cuales se emboscaran como alimañas infernales horríficas visiones de muerte.

Me repetía que, de no obrar efecto pronto el contramaleficio emprendido por Isidro Patarroyo, ¿qué no podríamos temer ya? Armando García no parecía saciarse con el estrago consumado, su sed diabólica de vindicta rebasaba los linderos de lo humano, era inextinguible, famélica, maniática. Ignoro si a él serían atribuibles asimismo dos incidentes que alteraron notablemente a Nicolás Sarmiento en aquel enero triste. Primero, la noticia, de boca del editor que había contratado el libro sobre Alfonso Reyes, de su desistimiento de publicarlo; una averiguación posterior permitió conocer que había sido la camarilla tribádica de la Filotécnica la que se ocupó en hacer llegar a oídos del gestor editorial los chismes más descabalados acerca del joven ensayista. Las frecuentes interpelaciones con que, en sus días de estudiante, procuraba enmendar barrabasadas didácticas de aquellas profesoras, habían alzado sin duda más ronchas que todas las por él imaginadas. En segundo lugar, hubo un oscuro incidente con los góticos, que lo dejó en cama con varios huesos rotos. Jamás quiso revelarme, pese a mis instancias, si aquello había obedecido a haber el joven amigo mostrado alguna vez un interés, nada real, sino movido por una curiosidad temeraria, en las actividades de la secta. En ello pensaba una de las primeras mañanas de febrero, cuando al abrir el diario matutino me sacudió la noticia: a tres columnas y exornado con una fotografía de juventud, el titular anunciaba el deceso, en Cali, «del *conocido* poeta don Armando García, precursor en el país de la poesía urbana y uno de los talentos más finos de la generación que rondaba los setenta y cinco años». Mi alivio lindó casi con el estallido de alegría cuando corrí donde Fabián a darle cuenta de la novedad venturosa, pero al rompe un abatimiento aflojó mi organismo al considerar que, si hubiese adoptado la decisión de dejar hacer a Isidro Patarroyo cuando nos entrevistamos por vez primera, quizás Aitana estuviera aún con nosotros.

De todas formas, una sensación de libertad parecía ensanchar mis poros y calentarme la sangre. Aquella noche, al encender la televisión con el propósito de ver el noticiero de las siete —y en circunstancias de no hallarse conmigo ninguno de mis hijos—, advertí en el aparato una actividad del todo extravagante. En vez de la telenovela que precedía a las noticias, mostró la pantalla un cuadro de líneas entrecruzadas entre carmesíes y amarillas, como si hubiera un daño en la transmisión, en la antena o en el equipo. Por regla general, ese género de fallas o de interferencias supri-men el color, que ahora, en cambio, parecía restallar. De improviso, una imagen que no persistió más allá de tres o si acaso de cinco segundos, proyectó con nitidez el rostro de Aitana, como reproduciendo una fotografía en la cual, al mirar con fijeza a la cámara, diera la sensación de clavar la vista en el observador. Todo fue tan instantáneo que no supe si achacarlo a una alucinación o si creer con firmeza en un mensaje. Mis latidos cardíacos se habían acelerado y un enervamiento arriaba mis fuerzas físicas hasta casi des-madejarme. En cosa de un segundo, sin que oprimiese nin-guna tecla, la presentadora del noticiero ocupaba la pan-talla, informando sobre esos episodios de policía que, en los últimos tiempos, han reemplazado a las noticias sobre hecatombes y desmanes de los grupos alzados en armas. De-bí recostarme en la cama para pastorear la debilidad que aquejaba tanto mi cuerpo como mi entendimiento. ¿En ver-dad mi damita había establecido contacto a través de un electrodoméstico? Por esas ironías del alma humana, la vi-sión me había colmado de tristeza. Y era la tristeza como un ácido que me corroyera, aunque tal vez mi espíritu quisiera rebelarse contra aquella dejadez y preservarse enhiesto. Per-manecía aún en el lecho cuando, al cabo de un rato, el so-nido de la puerta me indicó que Fabián había llegado. Le narré en detalle lo acontecido. Mi hijo mayor se limitó a bosquejar una sonrisa que era quizás de perplejidad pura, pero en la cual también hubiera sido posible leer descrei-miento o, más bien, sospecha prudente. Me mortificó que pudiese estar vislumbrando en mí síntomas de locura.

No concilié el sueño esa noche. En cambio, creía ver por todas partes el rostro perfilado en la pantalla del te-levisor, aquel rostro amado que tanto anhelaba besar una vez más, aunque fuera una única vez más. Cruzó por mi recuerdo una noción aprendida en fuentes mediúmnicas años atrás: tomaba tiempo a los espíritus adiestrarse en el dominio de artefactos eléctricos para a través de ellos acercarse a los vivientes. ¿Lo habría logrado Aitana? La sola perspectiva comenzó a llenarme de esperanza. Sentía a ratos como si, frente a mi mente, se pusiese de manifiesto la posibilidad maravillosa de saber —era ésa la promesa que afloraba— más conmigo a Aitana en muerte que en vida. Como si ahora fuera más mía que nunca, pues en lugar de constituir una realidad exterior se me había tornado tan íntima como la propia médula de mis huesos. Hasta aquel momento, la desesperación por no moverme en el mismo orbe que mi damita me hacía sentir que el habitar entre los vivos hacía de mí un muerto más evidente, pues sólo ella brillaba con vida inexhaustible. De improviso, intuía que mis manos, esas mismas que por años acariciaron su cuerpo con unción tan ferviente, ahora podrían, con devoción más espléndida, acariciar el contorno incorpóreo pero acaso más firme de su espíritu. Percibía, como llovida de su mano compasiva, una experiencia de renovación. Nueva sangre corría por mis venas, nuevo aliento en mi vida. Entonces memoré el día en que alguien me hizo saber que Aitana, mientras agonizaba yo en el San Patricio, había expresado confianza en mi sobrevivencia por el hecho de haberle prometido agregar a mi obra un libro más, todo ofertado a ella. Me dije que esa promesa debería honrarla cuanto antes. Vi la primera luz del día filtrarse por las cortinas de la alcoba y de un salto me desprendí del lecho. En el estudio, el computador que no encendía hacía más de un año —desde mi hospitalización— parecía reclamarme con una intensidad irradiante. Me instalé frente a él, hundí las teclas de encendido. Las imágenes preliminares urdieron en la pantalla su ceremonia consabida, lo cual me hizo saber que el desuso no lo había estropeado. El icono de inicio me condujo al documento virgen de Microsoft Word. La pantalla tenía que haberse visto vacía, para permitirme iniciar en ella un texto novísimo. Mas, para mi asombro, se configuró allí un grupo de letras, en mi habitual Times New Roman. Al principio, no entendí qué hacían en ese lugar, si no había solicitado ningún archivo ya existente. Paseé entonces por ellas la vista y la maravilla me desgonzó cuando leí: «Amor: No dejaré de esperarte. Cuando mueras, estaremos juntos».

Ahora, no restaba espacio para la duda. Aitana se me había aproximado toda ella, espíritu y vida, por la vía electrónica y sus palabras eran decisivas e iluminadas. A nadie, salvo al que lea el texto presente, he dado antes cuenta del milagro operado. Ni siquiera a mis hijos. Poco me importa si el lector de este testimonio me haya o no de creer. Lo cierto es que, con el alma llena de luz como una hoguera de fe, procedí a digitar el libro que aquí concluye. Escribí: La tarde en que Aitana murió, alentaban erectas todavía, en el jarrón de la mesa esquinera, las rosas blancas que un día antes habíamos traído…

BOGOTÁ, MARZO/SEPTIEMBRE, 2006

Este libro
se terminó de imprimir en los
talleres gráficos de Editorial Nomos S. A.,
en el mes de abril de 2007,
Bogotá, Colombia